U0097037

中國學術思想 研究輯刊

十六編

林慶彰 主編

第 10 冊

司馬光哲學研究
——以荀學與自然氣本論爲進路

張晶晶 著

花木蘭文化出版社

國家圖書館出版品預行編目資料

司馬光哲學研究——以荀學與自然氣本論為進路／張晶晶 著

— 初版 — 新北市：花木蘭文化出版社，2013〔民 102〕

目 2+212 面；19×26 公分

（中國學術思想研究輯刊 十六編：第 10 冊）

ISBN：978-986-322-135-7（精裝）

1.（宋）司馬光 2.學術思想 3.宋元哲學

030.8 102002265

ISBN-978-986-322-135-7

9 789863 221357

中國學術思想研究輯刊

十六編 第 十 冊　　　　　　　ISBN：978-986-322-135-7

司馬光哲學研究——以荀學與自然氣本論為進路

作　　者　張晶晶

主　　編　林慶彰

總 編 輯　杜潔祥

出　　版　花木蘭文化出版社

發 行 所　花木蘭文化出版社

發 行 人　高小娟

聯絡地址　235 新北市中和區中安街七二號十三樓

　　　　　電話：02-2923-1455／傳眞：02-2923-1452

網　　址　http://www.huamulan.tw 信箱 sut81518@gmail.com

印　　刷　普羅文化出版廣告事業

封面設計　劉開工作室

初　　版　2013 年 3 月

定　　價　十六編 25 冊（精裝）新台幣 42,000 元　　版權所有·請勿翻印

司馬光哲學研究
——以荀學與自然氣本論爲進路

張晶晶　著

作者簡介

張晶晶，1982 年生，台灣彰化人，現居台北。國立政治大學中文系學士，中文研究所碩士。現就讀於國立台灣大學中文研究所博士班。

提　　要

　　司馬光的哲學在中國思想史與哲學史上，由於其思想性格與日後宋明理學的主流不符，再加上其史學與政治成就過於顯赫的緣故，其意義與地位向來未受人重視。但若跳脫以程朱陸王理學為主流的研究觀點，以另一承自先秦、衍至明清的哲學理路來重新檢視司馬光的哲學，便可重新發現其在思想史與哲學史上的重大意義。此一哲學理路即是過去在哲學史上隱而未顯，在儒學陣營中與孟學並為兩大哲學思想典範的荀學理路。荀學在孟學取得獨尊地位後，其發展彷彿中斷，但明中葉後興起的一股以王廷相、吳廷翰、顧炎武、戴震為主要代表思想家的「自然氣本論」思潮，其所主張的「有限價值的本體觀」，極有可能與荀學一脈相承，證明荀學並未絕後。但由於荀學從先秦到明清之間的發展軌跡未明，這使得荀學與自然氣本論一脈相承的說法，尚欠缺有力的證明。司馬光哲學的發現，正可補足此一思想史上的空窗。司馬光處於北宋中葉，時值學術史上漢學與宋學的典範轉移期，其在程朱理學尚未取得主流地位之前，以荀學的理路進入理學時代的氛圍中，建構起一荀學色彩濃厚的哲學。其一面表現了荀子哲學的特徵，另一面也同時表現出明清自然氣本論的初步雛型，這兩種哲學表現在司馬光哲學架構中的貫通，正是荀學與自然氣本論理路相承的最佳證明。司馬光哲學亦表現出在宋學建構初期，各種哲學理路百花齊放的歷史真實景象，在學術史與哲學史上極富時代意義。

謝　辭

　　我曾經以為，這一刻永遠不會來到，但等到我終究熬過，迎來這一天的此刻，先前那些痛苦忍耐的日子，卻彷彿才是從來就不存在的，空白的那一端。我想起李維史陀曾說過的：「每當我的著作一完成，我就馬上忘了它們。」不知大師心裡的原意究竟是什麼，但此刻當我拿著這本卑微的論文時，我彷彿可以明白這種感受：麥苗萌芽，種子消失；蝴蝶出繭，毛蟲死去；作品誕生，作者死亡。這本論文埋葬了我某段時間的自己，那樣的自己，我已不再能真切地想起，因為我已經不再是原來的那個我。

　　因此，看著這本論文，我心裡留下來的回憶，不再是那些曾經孤獨痛苦的自己，而是那些幫助我走過這段時光的，過於豐盛的溫暖：敬愛的師長、萍水相逢的知音、惺惺相惜的同學、無條件支持我的家人們……。面對這樣鮮明的、溫暖的、無私的、心靈相通的、信任的、真摯的你們，我總覺得任何一種回應都不夠完美，都會褻瀆你們給我的這些過於慷慨的高貴情誼。在我極軟弱黑暗的時候，如果沒有了你們向我伸出的那些雙手，我不可能還是一個仍相信道德與上蒼的人。能走到今天，不是因為我自己有什麼能耐，而是因為有你們在我身邊。沒有了你們，我將永遠不可能是一個完整的我，你們已經成了我生命的一部分，一切的實踐與工夫，只有在你們中間才有真實的意義。雖然我知道我不能說的很完美，但還請容我向親愛的你們，說一聲最笨拙的感謝：

　　感謝劉又銘老師七年來的教導，您引領我走進學術殿堂，指引我的方向，讓我看見遠方那些隱藏的美好風景。在我失去勇氣的時候，您永遠不吝惜給我的肯定與支持，是我在這條路上的最大推力。老師在面對學術時，那一絲不苟的嚴肅與認真，是我在學術上最好的榜樣。老師在面對人生時，那對軟

弱黑暗的誠實磊落，是我迷惑時最深刻的安慰。若只是言語上的道謝，一點都無法道盡我內心對老師的感動，所以我要向您許諾：在未來的道路上，不管我在哪裡，我一定會記得我在您這裡所學到的所有寶藏，繼續往我們共同的願景前進。

感謝兩位口考老師：陳昭瑛老師與王俊彥老師。您們的仔細閱讀與檢驗，讓這本論文有了進一步與學界對話的可能，而非只是我電腦裡的私人文件。關於荀學，關於氣本論，我仍有許多需要進一步學習的地方，非常感謝老師們給我的寶貴意見與鼓勵，讓我有勇氣繼續下一段的探險。

感謝親愛的好友婉琳：我們是彼此的光，你給我的溫暖和陪伴，無法數算。不怕一路轉太多彎，我們約在終點站，旅途越精采，越能享受赴約的狂歡。很多事情，只有你懂，謝謝你，陪我走過這段不容易的時光。

感謝親愛的學姊芸儀：求學的路上，你總在我前頭當我的榜樣，你的鼓勵和建議，一直都是我往前的動力與方向。希望未來有一天，我們真能明白神要我們繼續走這條路的目的。

感謝我的好同學兼室友珮文：你的信任與擁抱是我重要的寶物，謝謝你總把我看得那麼重要，生活裡的那些大小故事，一切盡在不言中，感謝神，還好有你在。

感謝政大碩班的好友們：佩蓉、志瑋、嘉瑋、文鉅、安恬、右典。和你們一起討論、努力、互相鼓舞打氣的那些記憶，是我求學路上最美的景色。你們教會了我作夢的勇氣，還有對人的無私與信心，謝謝你們。

感謝「劉門」的學姊們：錦雯學姊、雅茹學姊、宜廷學姊。在荀學與氣本論這條孤單不被理解的路上，謝謝你們一直當我的啦啦隊。在忙碌的工作中，謝謝你們還抽空傾聽我在這條路上的每個發現，同理我遇到的每種困難。我會帶著你們滿滿的祝福與支持，繼續在這條路上勇敢向前的。

感謝教會的姊妹們：淑儀姐、碧華姐、文霓、秀貞。謝謝你們的代禱與安慰，這些溫暖，我都點滴銘刻在心，感謝神將你們擺在我身邊。

在荀學與氣本論的研究上，如果我比別人更能體悟、感受這樣的哲學，要特別感謝我的家庭給我的栽培與薰陶。感謝親愛的哥哥與妹妹，你們是我最能放心倚靠與傾訴的人，沒有你們的陪伴與幫助，我無法完成這本論文。在許多關鍵的時刻，你們最知道我的弱點與需要，包容我所有的任性與脾氣，在我身邊扶持我經過許多的風暴。謝謝你們總站在我這一邊，給我最無條件

的支持。

　　特別感謝我的另一半沛翰，你給我的包容和愛，是我這一路上的舵與錨，沒有你我無法前進，你替我保管所有的夢想與煩惱，不看我的消極與黑暗，催促我不斷往前。這段時間，你辛苦了，謝謝你的不離不棄，希望在未來，我也能在你的夢想裡陪伴你。

　　最後，請容我將這本論文獻給我的父母，謝謝您們讓我在這樣的家中長大，培養我成為這樣的人，給我最大的支持與信任，讓我能毫無後顧之憂的完成這幾年的學業。謝謝您們教我相信，終有一天，軟弱會變剛強，嘆息會變歡呼，信望會成眼見，所有的眼淚都會在它潛藏的脈絡裡，找到真實的意義，尋到它可以放心存在的空間。我會繼續學著謙卑倚靠，仰望天上來的恩典，在這條路上慢慢學習往前。

晶晶 2009.7.20 於木柵

目

次

第一章 緒 論

第一節 研究動機與研究目標

在北宋的學術史中，司馬光並不是個陌生的名字，光憑《資治通鑑》一書即已足以使他留名青史；但若從哲學史的研究來看，這名字卻異常冷清，要不是無一言論及，就是僅有略略數語簡單敘述。而這簡略的記載，又往往只與北宋時《孟子》的升格運動有關。「《孟子》升格運動〔註1〕」可說是宋學建構過程中的重要轉捩點，其宣告了經典的輪替，也預告著學術思想的發展已告別由五經所代表的舊典範，迎向以四書爲主的宋學新典範。司馬光在政治上既身爲與王安石激進新黨相對的保守舊黨領袖，在這一影響宋學甚鉅的學術事件中，也相當「稱職地」扮演著反對的角色，是爲疑孟或反孟派的代表人物。這樣的思想從以孟學發展爲宋明理學發展主軸的哲學史立場來看，自然是時代的障礙，不值得作進一步的研究。因此，司馬光的哲學未能受到傳統哲學史寫作者的青睞，自是可想而知了。

但司馬光的哲學是否真只是個被時代淘汰的失敗品而已呢？他所主張的反孟思想是否只是單純的保守思想，爲反對而反對而已呢？若非，則導致其不喜孟子之背後的哲學型態、架構與定位爲何？這種哲學在宋明清理學或中國哲學發展史中，是否一定是偶然出現的孤例？若非，則其是在怎樣的哲學脈絡下發展出這種哲學，又是怎樣在其特有的時空下承繼這種脈絡的哲學，

〔註 1〕 關於孟子升格運動中的反孟思想家，參見施輝煌：《王安石與北宋孟子學》（成大中文所碩士論文，1999）第三章〈王安石與北宋反孟思想〉，頁 86～141。

寓以自己和時代的意識，將其推向進一步發展的？而這樣的發展即使並非日後理學的主流發展理路，但其是否仍與哲學史上的其他理路有所呼應？我們若能跳脫前段所述之傳統的哲學史論述角度，那麼，這樣的思想在哲學史上的意義就仍有被重新檢視與詮釋的豐富可能性，並且極有可能會讓我們能以小見大，發現在傳統主流論述下的哲學史發展中，較少被關注，但其確實曾經存在，並且默默發展的哲學理路。這會使中國哲學史的研究從一元理路的單線發展，逐漸往一個多元網絡並進、相互影響、相互牽制、相互作用之複雜的歷史真實來邁進。在這樣的思考下，司馬光便不再只是一哲學史上可有可無的名字，而是一相當值得探尋與開發的新研究課題。

作爲北宋著名的學者，司馬光在史學與政治上聲名赫赫，但在上述之哲學史傳統立場下，綜觀司馬光的著作，除了《資治通鑑》外，他所寫作的大量哲學著作多乏人問津。在這些著作中，可以發現司馬光對於漢代揚雄的作品尤其有興趣，如《潛虛》、《太玄集注》、《法言集註》均是他注釋或是模仿揚雄著作而有的作品。在經學方面，他注釋《易經》、《孝經》、《大學》、《中庸》，著有《溫公易說》、《古文孝經指解》與《大學中庸義》（已亡佚）。在子學方面，除了前述的揚雄著作外，尚有注釋《老子》的《道德真經論》。其文集《傳家集》中，除了詩詞作品與奏章類文字外，亦有許多表述其哲學思想的文字，如〈疑孟〉、〈中和論〉、〈格物致知論〉等文章。這些哲學著作中應已足夠表達出司馬光的哲學基本主張與性格，對於了解北宋學術與哲學發展相當有幫助。可惜大多長期遭到學界冷落，亟待進一步的研究。

司馬光的疑孟立場，在儒家思想陣營中實非全無先聲，早在先秦諸子時期，同爲儒家立場的荀子就已非難過思孟學派，孟學與荀學同爲儒家思想，但卻在諸多主張上顯露出兩條各自發展，又互相影響的理路。而當孟學爲宋代重心性天理之學的理學家們所推崇發揚後，荀學地位卻因性惡論而一落千丈，自此儒學發展史上就往往只見「孔孟」之學，不見「孔荀」之學。但荀學這一脈的儒學思想是否真的就因理學的昂揚而完全中止了發展？明代中葉到清代，理學陣營中開始出現一股「以氣爲本」的哲學思潮，其中以王廷相、吳廷翰、顧炎武、戴震爲主的一脈，以素樸渾沌但自能運行有序的自然元氣爲本體，可以說是一種「有限價值蘊涵的本體觀」，此即「自然氣本論〔註2〕」。

〔註2〕 此用劉又銘先生的分類，認爲宋明清氣本論可分爲兩類三型，即「神聖氣本論」與「自然氣本論」，其中「神聖氣本論」一類，以蘊有全幅價值的「神聖

這種有限價值的本體觀與荀學性惡的內在主張，從深層結構看來，實有相通的可能性。因此已有人提出這樣的說法，即明清自然氣本論的興盛，可說是荀學的復興〔註3〕，其二者實均同屬一中國哲學史上較為隱微曲折的發展理路。但這樣的理路橫跨先秦到明清，在這漫長的時間過程中，我們是否還能在哲學史上找到可能的中繼者？綜觀司馬光重禮尚實的外王學術性格，加上其性善惡混的主張，實與荀子思想有接近相通之處；另一方面，司馬光處於氣本論與理學萌芽的時代氛圍中，其哲學思想中特殊的氣論主張，在這樣的理路可能下，更加具有研究之空間與價值。

　　因此本文擬基於上述動機，對司馬光的哲學思想作一深入的考察與詮釋。期能從對司馬光思想之定位與相關研究，重新理解中國哲學史的另一種可能的發展脈絡，即荀學與氣本論這一理路在此時代中的可能發展。藉由檢視司馬光哲學與哲學史上同樣常被主流忽略的荀學與氣本論之關聯性，證明此一哲學理路在中國哲學史上的存在，清晰其理路的基本性格，為這脈隱微曲折的哲學思想建立起更完整的發展譜系，以澄清其在哲學史上曾有過的可能影響與貢獻。

第二節　前人研究成果

　　司馬光哲學思想的研究目前仍相當缺乏全面且深入的討論，除了少數的司馬光研究專著外，學者的意見主要散見於相關的思想史專書或單篇論文中。司馬光的研究專著有陳克明的《司馬光學述》〔註4〕、宋衍申的《司馬光傳》〔註5〕、李昌憲的《司馬光評傳》〔註6〕、董根洪的《司馬光哲學思想評述》〔註7〕等書，而散見於專書中的重要意見者則如漆俠的《宋學的發展和演

　　　元氣」為本體，其理論性格與理論效果大致跟理本論或心本論相當。而「自然氣本論」則以素樸渾沌但自能運行有序的自然元氣為本體，可以理解為一種「有限價值蘊涵的本體觀」。參見劉又銘：〈宋明清氣本論研究的若干問題〉，收入楊儒賓、祝平次編：《儒學的氣論與工夫論》，（台北：台灣大學出版中心，2005），頁203～246。

〔註3〕劉又銘：〈宋明清氣本論研究的若干問題〉，收入楊儒賓、祝平次編：《儒學的氣論與工夫論》，頁214。
〔註4〕武漢：湖北人民出版社，1990。
〔註5〕臺南：大行，1994。
〔註6〕南京：南京大學出版社，1998。
〔註7〕太原：山西人民出版社，1993。

變》〔註8〕、余敦康的《漢宋易學解讀》〔註9〕等。在這些研究中，對司馬光哲學在思想史上的定位與特點，大部分均是繞著司馬光與理學和荀學之關係這兩個命題來發揮的；另外，司馬光哲學中的「氣論」亦是其思想中值得關注的焦點。以下約略按此一順序討論相關的前人研究成果：

一、司馬光與理學的關係

由《宋元學案》將司馬光的思想與後學特別列出〈涑水學案〉來記載，朱熹將司馬光與北宋五子合稱爲道學六先生，二程在語錄中時常提到司馬光，司馬光又與張載、邵雍、二程等人亦多有交往等情形來看，司馬光在理學發展史中，似乎並非是一個可以輕易略過不論的角色。但過去在理學史上，司馬光卻鮮被論及，又多因政治與史學的因素而被排除於道學家譜系之外，因此其在宋明理學發展史上的影響與意義隱晦不明。除了司馬光在史學上的地位掩蓋其哲學光彩等因素外，由於司馬光在北宋歷史中作爲政治上的保守黨形象深植人心，因此在宋代理學史或孟學史中，司馬光種種反理學或疑孟的立場，也就常被視爲在王安石孟子升格運動之背景下，爲反對而反對的無深義之學說，或是指其哲學思想與政治思想一樣保守，所以並無可觀之處〔註10〕。有的學者雖能指出司馬光疑孟的動機不一定如此淺薄，其思想核心應有與王安石思想相對立的特出之處，但限於研究的目的，未能全面深入探查司馬光的思想底蘊〔註11〕。

在少數關於司馬光的研究專著或傳記中，對於司馬光哲學雖較有正面的肯定，但對其在理學史上的意義仍未有更積極的闡釋。如宋衍申認爲司馬光是「理學之偏師〔註12〕」，意指其思想雖已處於理學的氛圍之下，但畢竟無法與日後理學之重要人物如二程等人相提並論。李昌憲的《司馬光評傳》是一本目前對於司馬光生平與思想等相關資料蒐集與評述較爲全面的專書，他對

〔註 8〕 河北：河北人民出版社，2002。

〔註 9〕 北京：華夏出版社，2006。

〔註 10〕 如夏長樸：〈司馬光疑孟及其相關問題〉（《臺大中文學報》，1997 年 6 月，頁 115～144）、施輝煌：《王安石與北宋孟子學》，頁 86～141。

〔註 11〕 如黃俊傑在《孟學思想史論（卷二）》第四章〈宋儒對孟子政治思想的爭辯及其蘊涵的問題—以孟子對周王的態度爲中心〉（臺北：中研院文哲所，2006，頁 170～171）的註 86 對司馬光的「治心」與「修身」作了一定程度的解釋，在內文中（184 頁）也提到司馬光的思想受荀子相當程度的影響，但因研究目的在孟學的發展史上，故未能在此點上多加著墨。

〔註 12〕 宋衍申：《司馬光傳》。

司馬光哲學的研究更為深入，指出司馬光的虛氣說、中和論、天人關係以及善惡相混的人性論之特色，但他亦認為司馬光是「平實之樸儒，道學之偏師」，認為司馬光雖然為道學初期的創建作出了自己的貢獻，但「在學術上，他與北宋五子尤其是與二程存在著重大的分歧〔註13〕」，所以在性命、義理之學這方面始終無法形成自己的哲學思想體系，故不足以與二程等人抗衡。李昌憲指出司馬光與「道學正統派」的距離是一很值得參考的意見，但「偏師」一詞，似乎就認定了司馬光在理學史上無甚重要；但由李昌憲的研究來看，司馬光哲學所表現出來的種種與正統不同的特色，表示其在哲學史上的定位尚缺乏被放在一個更大的脈絡中來思考，即當理學在建構之初期，是否只有北宋五子所代表的這種可能性而已，而日後之理學典範的確立背後，是否仍有許多待挖掘的，不同立場之思想的影響。由此來看，司馬光在理學發展史中的意義，不會只有「偏師」一詞可以涵蓋而已。

　　除了上述對司馬光哲學與理學之關係較為傳統的說法外，亦有少數學者對於司馬光哲學在理學上之影響作出了積極的肯定，如漆俠在《宋學的發展和演變》一書的第十二章「中庸之道與司馬光哲學」中，從《中庸》的詮釋史角度來肯定司馬光哲學對理學的貢獻。他指出司馬光是宋代士人中，第一個撰寫《中庸》詮釋專著的人〔註14〕，認為司馬光「對宋學的發展所起的重要作用，就是他對《中庸》的論述和闡釋。這個論述和闡釋，構成了司馬光哲學獨具的色彩。〔註15〕」，儘管司馬光對《中庸》的詮釋還不夠完整，但從司馬光的詮釋來看，其毫無疑問地給二程之理學有力的影響，司馬光的哲學傾向與洛學也比較接近，所以雖然朱熹的道統觀否定了司馬光同伊洛之間的關係，但他們之間的關係實在有待更進一步的研究。漆俠的看法很細緻地提到了司馬光哲學對理學的直接影響與關聯，並且努力提出論證，很有參考價值。但司馬光對理學之影響是否只限於其對於《中庸》的詮釋而已？漆俠將司馬光哲學的其他側面（如天命觀或虛氣論）評為駁雜，但司馬光哲學是否真沒有一個哲學的核心概念與體系可論？這是需要進一步去思考的問題。

〔註13〕李昌憲：《司馬光評傳》，頁 371。

〔註14〕此為漆俠的說法，但據漆俠的學生王曉薇博士論文《宋代《中庸》學研究》（河北大學歷史系，2005 年 7 月，頁 58）對其師說的補充，認為晁迥與胡瑗的《中庸》著作尚早於司馬光，但司馬光仍可算是宋代士大夫中論述《中庸》較早的一個。

〔註15〕漆俠：《宋學的發展和演變》，頁 366。

董根洪的《司馬光哲學思想評述》一書是目前已知對司馬光哲學最深入且全面的研究，本書對於司馬光哲學在理學史上的影響採取相當正面積極的肯定。他認爲司馬光哲學是優秀的自然唯物主義氣本論，其氣本論與同時代的張載可相提並論，且其亦是中國傑出的無神論思想家。由此可知本書的寫作強烈受到當時的時代氛圍影響，難免對於理學或中國哲學有些片面的刻板印象（如堅持司馬光氣本論中的「氣」，必定是物質的氣），但也因此能跳脫出理學道統對司馬光的某些成見，肯定其思想中的特色，並試圖建立起司馬光哲學的完整體系，將司馬光哲學中的本體論、心性論、認識論、工夫論等聯成一整體。董根洪的研究關注到司馬光哲學中的氣論，蘊含著氣本論發展的可能脈絡，使司馬光哲學與理學之發展關係得到了更深一層的聯繫，值得更進一步研究。

近來學界亦有學者由兩宋理學史的研究，重新肯定了司馬光對於理學的影響，亦即肯定了朱熹理學道統的背後尚有多元理學發展的可能性。邱佳慧的博士論文《諸儒鳴道與道學之再檢討》〔註16〕一書，由一本在南宋時流傳在北方的學案式文集《諸儒鳴道》的研究中，發現北方學界所認同的道學道統，與南方事實上有著很大的差異，且這當中所收錄的學者，多與司馬光的後學有關，由此可懷疑所謂的理學道統並不眞如朱熹所說的那樣一脈單傳，而司馬光在理學史上的地位，也應重新予以重視。這樣的說法雖有待進一步研究，但至少可證明司馬光在理學道統所造成的歷史斷裂下，尚有著許多待挖掘的可能性，其哲學所表現出來的特色，究竟在整個中國哲學史的發展脈絡中有何更積極的時代意義與價值，亟待探尋。

二、司馬光與荀學的關係

研究司馬光的學者大多同意司馬光的思想屬於儒家（司馬光對佛道的態度相當排斥），但又必須承認司馬光思想很明顯地與孟子思想有著相當的距離。面對此點，研究其史學思想或政治思想的學者多籠統地以「儒家思想」或「封建傳統」帶過〔註17〕；研究其哲學思想的學者，亦有許多只意識到其

〔註16〕邱佳慧：《諸儒鳴道與道學之再檢討》，文化大學史學研究所博士論文，2005。
〔註17〕如許凌雲：《儒學倫理與中國史學》第四章〈政治倫理史學的樣板—論司馬光的史學思想〉（濟南：齊魯書社，2004，頁303～337）中雖然多處指出司馬光史學思想或政治思想與荀子的相似處，也反對把司馬光思想稱作「唯心主義的英雄史觀」，但終究未能深入分析司馬光的儒學思想定位，只籠統地說「司馬光以儒家綱常名教、道德人倫做爲修史的指導思想」（頁310），這可能是因

與正統理學間的距離，只斥之爲保守舊學或傳統風習未脫，未能更進一步探索其哲學的精神內蘊。簡單地說，這極可能是因中國哲學長期「尊孟抑荀」的態度使然，所以二者有意或無意間，均未能更積極地將司馬光哲學的特點與儒家的另一典範：「荀子」關聯起來，使其哲學能在哲學史上聯繫上此一更爲深層的發展脈絡。

　　注意到司馬光哲學與荀子關係的學者，大多是因司馬光的天人關係論而注意到其與荀子之相近處的。司馬光在《迂書·天人二則》中說：「天之所不能爲而人能之者，人也；人之所不能爲而天能之者，天也。稼穡，人也；豐歉，天也。〔註18〕」，這很明顯地與荀子天人相分的理路相近似。加上司馬光除了在經學方面最推尊揚雄外，在先秦諸子中對於荀子最有善評，如在〈中和論〉〔註19〕中讚賞荀子「虛壹而靜」，亦曾在〈答范景仁書〉中引用荀子〈天論〉：「養備而動時，則天不能病」來說明他的養生之法〔註20〕。雖然他在人性論上批評孟荀主張性善或性惡均不對，性應是善惡混，但他的人性論從蘊謂層來看，實與荀子人性論相近，而不近於孟子。其他如重禮和重外王之學，也與荀學脈絡相近。司馬光甚至曾上書請求重新刊刻《荀子》一書〔註21〕，而對於孟子，卻站在懷疑的立場上寫了〈疑孟〉一文。由此均可見司馬光之思想在儒家思想中的偏向。

　　雖然司馬光思想中有著很明顯的荀學色彩，但仍有學者對於此點表示懷疑與反對，甚至刻意要劃清界線。這樣的疑問主要有一部分來自於對司馬光人性論之主張的理解，另一部分則來自於對司馬光天人關係論的理解。在人性論方面，承上段所述，若未能深入理解荀子人性論的深層結構，很容易就依司馬光表面對荀子的批評而認爲司馬光哲學並非屬於荀學一路，故而看不出二者的相近之處。而在天人關係論方面，如漆俠認爲司馬光的天人關係近於董仲舒的「天人感應」，天是有人格會賞罰的至高權威，只有嚇唬老百姓的一面，所以與荀子的天人關係論不同〔註22〕；李昌憲則以爲司馬光的天人關係論近於荀子「天

史學家認定「司馬光的本色不是哲學家，而是政治家、歷史家」（頁335）而有的研究侷限。
〔註18〕《司馬文正公傳家集》（臺北：商務印書館，1965，以下簡稱爲《傳家集》）卷七十四，頁916。
〔註19〕《傳家集》卷六十四，頁793～796。
〔註20〕《傳家集》卷六十二，頁753。
〔註21〕〈乞印行荀子揚子法言狀〉，《傳家集》卷十八，頁276。
〔註22〕漆俠：《宋學的發展和演變》，頁375～376。

人相分」的概念，但也不乏天人合一的成分，所以也與荀子不同〔註23〕。相較之下，漆俠觀察到的面相較為偏狹，而李昌憲的觀察則較為詳實，司馬光的「天命論」中，確實明顯存在著這兩端彷彿對立的矛盾。但事實上，這樣的疑惑應來自於過去對荀子之「天人相分」與董仲舒之「天人感應」的刻板印象，荀子之「天人相分」實未先預設天人完全分開沒有關聯，而是一種「合中有分，分而能合」的天人關係，且此脈實與董仲舒之「天人感應」一脈相承〔註24〕，而司馬光的「天命論」也應屬於此一理路的發展。〔註25〕

　　雖然不少學者都指出司馬光思想與荀子思想的某些相近處，甚至指出司馬光是北宋唯一承襲荀子學說的哲學家〔註26〕，但仍未有學者對此作全面性的考察與研究、對比，也因此司馬光與荀學的關係目前仍是個極需釐清的思想史與哲學史課題。

三、司馬光與氣本論

　　較之前述之「司馬光與理學」或「司馬光與荀學」等命題，關於司馬光哲學中的「氣」或「虛氣」的部分，是目前研究司馬光思想中極少有人關注到的。由於司馬光尚平實，不喜論天道、天理，其宇宙論或本體論部分的建構也就更不容易為人所知了。但由司馬光的幾部著作如《潛虛》、《溫公易說》、《太玄集注》中可知，司馬光絕非沒有自己的本體論、宇宙論可言，只是需作更進一步的文本分析，才能揭其奧義。

　　目前對於司馬光哲學中的「虛氣」研究在論述上均受到唯物主義的影響，有些研究由於基於想把司馬光哲學說成唯物主義的立場，所以跳過此不論。如漆俠由於從司馬光對《中庸》的詮釋來看司馬光的哲學，因此便認為「虛」即是「中」，又由於覺得這會使其流於唯心主義，故不但未加深論，且還據此評論司馬光哲學為「駁雜」。〔註27〕。不過這種表面上的內在矛盾，其實也暗示了司馬光哲學中的「氣」並非可以全用唯物主義來解釋。

〔註23〕李昌憲：《司馬光評傳》，頁348～354。
〔註24〕關於荀子與董仲舒之天命論，參見劉又銘：〈合中有分——荀子、董仲舒天人關係論新詮〉，《臺北大學中文學報》第二期，2007年3月。
〔註25〕關於此點論證，參見拙著：〈論司馬光對《中庸》之詮釋及其思想史意義〉，《東方人文學誌》第六卷第一期，2007年3月，頁75～97。
〔註26〕董根洪：〈司馬光是理學的重要創始人〉，《山西大學學報》，1996年第4期，頁58。
〔註27〕漆俠：《宋學的發展和演變》，頁378。

　　對司馬光哲學中的「虛氣」研究目前大致上有兩種說法，一種認爲氣自
虛出，另一種認爲氣即是虛。司馬光在《潛虛》開卷語：「萬物皆祖於虛，生
於氣，氣以成體，體以受性……故虛者，物之府也；氣者，生之戶也；體者，
質之具也；性者，神之賦也……。〔註28〕」這段話中的「虛」與「氣」的詮
釋，在論者眼中往往傾向於老子道家式的詮解，認爲司馬光的「虛」即老子
的「虛」，太虛生氣，故其宇宙論便有「虛」與「氣」兩層的生成過程，「虛」
與「氣」似道家「無」與「有」的關係。如李昌憲在《司馬光評傳》中提到：
「司馬光提出了萬物的最高本體是『虛』和『氣』這兩個範疇，司馬光在探
討世界本原這一命題時，顯然受了老子影響。〔註29〕」所以司馬光認爲：「『虛』
也是充滿『質性』的客觀物質世界」，因此「這表明了司馬光在自然觀方面是
『氣本原論者』。」〔註30〕，並提出張載與陳淳對於司馬光「虛」之理論的批
評。這種認爲司馬光以「虛」爲本體的論述，是很容易單單從上述數語之字
面上得出的結論。

　　但《潛虛》此段話實無法只由字面上來詮釋，因爲它放在《潛虛》之首
的用意實在於要點明《潛虛》的全幅架構，《潛虛》有氣圖而無虛圖，是相當
值得重視的線索，此在董根洪的《司馬光哲學思想評述》一書中有詳細的論
證〔註31〕。董根洪根據司馬光的文本，提出司馬光理論中的「虛」與「氣」
其實是一樣的，即「虛即氣」，「潛虛」即是「潛氣」，與張載一樣虛氣一體，
並不主張氣之上還有虛作爲本體。由《潛虛》一書中所昭示的宇宙全幅以氣
爲本的圖像，可以說明司馬光的哲學與張載一樣同屬於氣本論。本書的成果
相當值得關注，但可惜太過囿於唯物主義的限制，對於司馬光氣本論的細部
尚有未能自圓其說之處，是其缺憾，也顯示出司馬光的氣本論還有許多研究
空間。司馬光之氣本論在宋代出現的意義、與同時代張載的關係、與明中葉
理學中出現之氣本論的關係，均是有待進一步釐清的思想史課題。

第三節　研究進路

　　承前所述，學者對司馬光哲學的研究主要多由下列兩個進路來詮釋：

〔註28〕　《潛虛》（臺北：中國子學名著集成編印基金會，1978），頁 1。
〔註29〕　李昌憲：《司馬光評傳》，頁 338。
〔註30〕　李昌憲：《司馬光評傳》，頁 340。
〔註31〕　董根洪：《司馬光哲學思想評述》，頁 70～75。

一、從司馬光研究的角度來看，因這有助於釐清司馬光在政治與史學上的相關問題。司馬光的哲學思想，自然是與其政治思想和歷史思想一脈相承的。如果不了解司馬光的哲學思想與其基本架構，對於其政治與史學思想之主張，亦無法真正深入了解。例如司馬光由於與王安石在政治上針鋒相對，因此後人多認為司馬光疑孟是因為反對尊崇孟子的王安石之故，由此看來司馬光似乎並沒有自己一貫的哲學理路，純為反對而反對，但這樣的結論實際上是在沒有全面深入探究司馬光哲學思想的情況下作出的。因此，若能對司馬光哲學有進一步清楚的掌握，必能有助於釐清司馬光的基本性格與其在史學與政治上的深層信念，進而釐清相關研究上的問題。但由此進路來研究其哲學的學者，往往已經對司馬光的政治或史學思想有一定的理解，再以此先入為主地去了解其哲學思想，雖然欲肯定其在哲學上亦有所成，反而不容易以純哲學的角度去對其作一哲學史上的積極定位。

二、從思想史與學術史研究的角度來看，因這有助於釐清宋明理學建構初期的思想發展脈絡。司馬光哲學在理學史上戲劇性的被遺忘掉，其何以一開始被重視，而後又被排斥，顯見其必有與日後理學主流不同之處，這當中充滿了思想史與學術史的課題，相當值得進一步探究。前述之前人研究成果中，大部分想積極肯定司馬光哲學價值之研究的目的多在於此，或藉著對其後學的研究來鋪衍其對理學發展之可能影響〔註 32〕，或以司馬光平生與理學家之交往狀況來強調其對理學的影響力，或只以司馬光的某些思想與同時期的理學家相較，期望能找出司馬光是理學先行者的證據〔註 33〕。但這樣的進路很容易遇到盲點，很容易把司馬光的哲學思想侷限在「不成熟的理學」這個框架中；又或者即使證明了司馬光哲學曾興盛一時，但仍未能明確證明其學說在哲學史中所留下的影響為何，在哲學史上的意義仍然不大。這是因為司馬光哲學思想的全幅體系架構與其思想性格的定位仍不見明朗，其哲學思想的脈絡也尚未能與整個中國思想史的大脈絡接軌，若只是用所謂的「正統

〔註 32〕 如邱佳慧在《諸儒鳴道與道學之再檢討》中的第二章第三節「司馬光在《諸儒鳴道》中的地位」（頁 46～51）就試圖透過對司馬光後學的研究來強調此一失落之學派的重要性。

〔註 33〕 如漆俠在《宋學的發展和演變》第十二章〈中庸之道與司馬光哲學〉中即試圖證明司馬光在某些理學範疇上的見解是超越同時代思想家的（頁 361～387）。又如董根洪在《司馬光哲學思想評述》第九章〈司馬光哲學的作用與地位〉（頁 366～378）中認為「司馬光的哲學頗為系統地提出了理學的基本思想和根本範疇」。

理學」的標準來衡量其哲學思想，勉強詮釋其為正統理學的某一「外圍環流」，至多也只能遺憾司馬光是「被遺忘的思想家」而已，未能彰明其哲學中可能蘊含之更積極的意義。所以目前這些創見雖有出於歷史課題的思想史意義，但還缺乏進一步從哲學史的環節中來觀察司馬光哲學與理學或其他中國哲學典範間的理路邏輯推衍關係，使得這個切入北宋哲學思想史的線索無法有更進一步的深入，相當可惜。

因此這便是本文擬跳脫以傳統宋明理學為標準來判教的研究進路，以另一新的哲學進路來重新詮釋並建構司馬光之哲學體系的原因所在。司馬光與荀學和氣本論的關係暗示了司馬光的哲學屬於另一哲學理路的可能性，此即是在司馬光的哲學中，表現了荀學與氣本論之內在理路一脈相承的可能。司馬光在心性論上主張性善惡混、把人性分為上、中、下三品，與荀子人性論一樣，亦屬於一種「弱性善觀〔註34〕」，不相信人先天就能有一神聖飽滿的天理存在（即性在未經教化的當下即是善的），但道德價值仍可靠後天修養學習而來；在工夫論上重團體秩序，禮法節欲，以及後天的教養學習；在天人關係論上反對迷信佛道，主張天人有分，這些都與荀子的哲學理路相當接近。承前文所述，司馬光哲學與荀子哲學在哲學理路上的接近，在過去的研究中已多有人注意到。但由於對荀子哲學的誤解，使得論者或站在維護司馬光哲學的立場，刻意與荀子哲學劃清界線〔註35〕；或是乾脆在司馬光哲學與荀子

〔註34〕此為劉又銘先生用語。參見劉又銘：〈荀子的哲學典範及其在後代的變遷轉移〉（《漢學研究集刊》，雲林科技大學漢學資料整理研究所，2006 年 12 月，頁38）：「荀子的人性論表面上是性惡論，但它實質上卻是孟子性善論之外另一種型態的儒家性善論，可以稱作「弱性善觀」（相對於孟子的「強性善觀」）或「人性向善論」（相對於孟子的「人性本善論」）。」此一概念實來自其更早的一篇文章：〈從「蘊謂」論荀子哲學潛在的性善觀〉（《「孔學與二十一世紀」國際學術研討會論文集》，台北：政治大學文學院，2001，頁 66）：「人在一開始的時候，雖然情感、欲望處於混沌狀態，但在具體的現實處境尤其是現實亂象當中，人的道德意識、道德良知便會逐步呈現，來尋求一個解決與向上之道。……這樣的包括「情──欲」與「心知」兩面在內的人性，雖然不是當下一開始就表現為善，卻充分具備厭棄（所見的）惡而朝向（所見的）善以及一步步確認（所找到的）善和完成（所認定的）善的內在根源與動力。因此我們在這裡要重新斷定，在荀子的「蘊謂」層次裡面確實包含著一個性善觀──一個荀子所不曾意識到卻又是十足荀學性格（而非孟子型態）的性善觀。」

〔註35〕如余敦康認為司馬光雖繼承了荀子天生人成的思想，但因為荀子思想「畢竟不同於易道，……著眼於從分的角度去把握天人關係而不見其合，……易道則是分中見其合，從合中見其分，貫徹了一條推天道以明人事的思路，把天

哲學明顯相合之處，貶低司馬光哲學的價值，批之爲矛盾，只表彰司馬光哲學的其他部分〔註36〕。也有論者把司馬光哲學只籠統貶之爲舊學，而不去注意其哲學典範的根源。或者認爲司馬光疑孟只是爲了與王安石對抗，並非眞心想要懷疑孟子，其實他的文章中還是有許多地方引用孟子，試圖以此解消司馬光與孟子之間的距離，以證明司馬光仍是在某種「正道」上。事實上，這樣的顧慮是不必要的，荀學自有其一貫的理路與價值，不需要只以孟學爲儒學或理學的唯一標準。筆者曾在〈論司馬光對《中庸》之詮釋及其思想史意義〉〔註37〕一文中對於司馬光與荀子哲學的關係進行可能的論證，認爲二者理路相當一貫，因此司馬光極有可能代表著宋代理學建構初期，以荀學這一路思想來參與理學討論與建構的思想家。若單純由司馬光對日後宋明理學主流之發展影響來看，司馬光哲學的意義有限（其畢竟未成爲主流），但若由荀學的角度來看，司馬光哲學的存在不但證明荀學並未在此時代之思想史中缺席，只是不被顯題化而已；更可貴的是，其展現了一被「理學化〔註38〕」之荀學的可能樣貌，有助於我們去探究在過去被廣泛定義爲「理學」的眾多思想中，是否仍有內在理路較偏向荀學這一路儒學發展之思想的可能。司馬光爲荀學，正好可以釐清宋明理學建構初期，孟學與荀學交流共構的可能思想圖像，亦可與其他疑似荀學的宋明清理學思想作對照，以重新尋回中國荀學史上遺落的環節。

人關係看成一個受『一陰一陽之謂道』所支配的統一的整體。」認爲司馬光把天與人、自然與社會歸於一元，所以他對天人關係的看法是本於易傳而不同於荀子的。這樣的看法很明顯地是要與荀子哲學劃清界限，把司馬光哲學詮釋定位爲合乎易傳思想的正統思想，好提升司馬光哲學的地位。但荀子之天人關係事實上並非眞的那麼割裂，天人相分之外事實上也有合的部分，這樣的偏見除了侷限了荀子與司馬光在思想上可能的聯繫，甚至也侷限了荀子與易傳思想間可能的聯繫。參見余敦康：《漢宋易學解讀》第九章〈司馬光的《溫公易說》〉，北京，華夏出版社，2006，頁168～171。

〔註36〕 如漆俠只表揚司馬光對《中庸》的詮釋，對於司馬光天論的部分則認爲是駁雜的、矛盾的，是「比董仲舒更董仲舒」。參見漆俠：《宋學的發展和演變》，頁375～376。

〔註37〕 《東方人文學誌》第六卷第一期，2007年3月，頁75～97。

〔註38〕 此處的「理學化」一詞，是指「理學」作爲某一時代共有的思想典範而言，此時代所有思想在發展上均會在命題、思辨方式、哲學用詞、理論架構上受到此一典範指導，但其內在之基本哲學性格差異仍會存在。如果說宋明理學的發展，顯示了孟學由先秦、漢學之傳統中被「理學化」的過程，則荀學在此時代也應有經過「理學化」過程之轉化的可能。

　　司馬光哲學思想中另一顯著的特色是氣本論,雖囿於時代,不可能像明清氣本論那樣體系完整,但在其著作中已可看到其本體宇宙論以氣爲本的架構雛型,亦可與差不多同時代的張載氣本論互相發明,證明張載並非北宋唯一的氣論思想家。關於司馬光的氣本論,筆者在〈論司馬光《潛虛》中的氣本論〉〔註39〕一文中,透過對司馬光《潛虛》一書的詮釋,已有初步的論證。司馬光的氣本論中,氣爲一切萬物生成的根本成分、根本基質,氣的運行中自有一潛存的秩序,但並非先天現成,而是要在實際事物中運行才會慢慢形成價值,並沒有離開物而存在的神聖理體,若違背此潛存的秩序,則會造成不好的後果。陰陽二氣相互作用,形成萬物,萬物的消長均在氣之中,氣聚則生,氣散則亡。表現在工夫論上則是要人治心養氣,但此養氣與孟子的養浩然之氣不同,而是要讓身體的中和之氣「徐徐自復」,用正常的禮樂法度來規範自己,不去打擾氣的恢復,氣就會自己順著那潛存的秩序去發展,使自己恢復到最恰到好處、合於禮的狀態,亦即中和的狀態。司馬光這種氣本論思想,並沒有一個強大的心體或理體來作氣的主宰,而是相信氣中自有一潛存的秩序傾向,因此有實現秩序的可能,這與明中葉以後的自然氣本論可說有某種理路上的一貫性。

　　明清自然氣本論與荀學在內在理路上的可能一貫,是一個新的哲學史課題。而司馬光處於北宋,其哲學思想的基本型態傾向荀學,而其氣論又呈現出自然氣本論的型態,對於荀學與氣本論在哲學型態上的接軌,有著思想史與哲學史上極重要的意義。和清代戴震相比,在北宋孟子升格運動尚未大幅展開之時,司馬光可以大膽的疑孟,也可公開推崇荀子、揚雄,不需「孟皮荀骨〔註40〕」地在蘊謂層中方與荀子思想暗合,這在荀學史上相當具有意義。這樣的哲學型態,在宋明清理學的發展上,除了更爲明顯地證明自然氣本論與荀學理路的一貫外,更可爲自然氣本論的源流找到可能的證據,與張載的氣本論一起充實我們對於北宋氣本論的理解,重新釐清這段有些模糊的發展脈絡。

　　承上所述,本文希望由荀學與自然氣本論的進路出發,深入詮釋司馬光的哲學基本架構,以期釐清司馬光哲學中所蘊藏的哲學思想史脈絡,使宋明理學、荀學、氣本論之間的種種相關性,能在本研究中得到更進一步的澄清。

〔註39〕《道南論衡:2007 年全國研究生漢學學術研討會論文集》,臺北:政大中文系,2008 年 4 月,頁 175～200。

〔註40〕劉又銘先生用語。參見劉又銘:〈從「蘊謂」論荀子哲學潛在的性善觀〉,頁 62。

第四節　司馬光生平與著作

一、生　平

司馬光，字君實，號迂夫，晚號迂叟，陝州夏縣涑水鄉人，世稱涑水先生。生於宋眞宗天禧三年（1019），卒於宋哲宗元佑元年（1086），享年六十八歲，死後贈太師，封溫國公，諡文正。

司馬光出生於一個官宦世家，其族爲晉安平獻王後裔，父祖均舉進士而爲地方官，父司馬池爲眞宗、仁宗時名臣，在鄉里間以氣節聞名。司馬光幼時早熟聰慧，不喜華靡奢侈，對於讀書求知非常認眞。六歲開始讀書，七歲就已「凜然如成人〔註41〕」，尤其喜歡讀《左傳》，手不釋卷，常和家人一起講論其大旨。和一般人印象不同的是，司馬光其實並非神童或天才，相反的，他年幼時因記憶力不如人，所以當一起讀書的堂兄弟們都已休息時，他往往「獨下帷絕編，迨能倍誦乃止〔註42〕」，所以「用力多者收功遠，其所精誦，乃終身不忘也。〔註43〕」這樣發憤苦讀、朝誦夕思的結果，使他十五歲時已「於書無所不通，文辭淳深，有西漢風。〔註44〕」

二十歲，司馬光考上進士，是年爲仁宗景祐五年，自此展開他鞠躬盡瘁一生的政治生涯，其學術上的成就也與其在政治實務中的磨練息息相關。司馬光二十六、七歲時，開始接觸揚雄的著作，自此對其大爲傾服，三十二歲時，他上書要求朝廷印行《荀子》與揚雄《法言》，由此已可見其學術性格的傾向〔註45〕。三十一歲時曾在貢院任職，見考題爲「民受天地之中以生」，當時許多考生紛紛解爲「民之始生，無不秉受天地中和之氣也」，但司馬光此時即已認爲此「生」不是「出生」，而是「生存」，認爲「中和之氣」是人生存、生活、日常工夫的關鍵，可見他哲學的基本路線在此時就已隱然成型〔註46〕。從三十歲到四十歲，司馬光在太常禮院、國史館檢討、群牧司判官等職的磨練中，逐漸展露了其在禮學、史學、政治上之長才。

〔註41〕 〈宋史司馬光傳〉，轉引自《司馬光年譜》（（明）馬巒，（清）顧棟高撰；馮惠民點校，北京，中華書局，2006），頁441。

〔註42〕 《司馬光年譜》，頁28。

〔註43〕 同上註。

〔註44〕 同上註。

〔註45〕 〈乞印行荀子揚子法言狀〉，《傳家集》卷十八，頁276。

〔註46〕 〈答范景仁書〉，《傳家集》卷六十二，頁752～755。

　　四十三歲到五十一歲是司馬光政治上被重用的時期，司馬光任諫官，在政治上非常活躍，多次進諫，尤其在仁宗英宗兩朝立嗣事上功勞尤大，名聲開始顯揚。四十六歲，他進呈《歷年圖》，此即日後巨著《資治通鑑》之肇端。此時司馬光多用力在史學著作上。

　　五十二歲到六十六歲是司馬光政治上不得志，轉而隱居洛陽，專心著述的時期。五十歲時，因政治上與王安石所主張之變法衝突，慢慢淡出政治的中心，五十二歲辭去翰林學士等職，僅以端明殿學士的身分卜居洛陽，專心與劉恕、范祖禹等人編寫《資治通鑑》。從熙寧四年到元豐八年，司馬光在洛陽隱居了十五年，雖不過問中央政事，但卻是他學術上最豐收的一段時期。他在洛陽與邵雍、張載、二程、蘇軾兄弟等理學家、文人多有來往，並且專心於學問〔註47〕，因此在此時他不但完成了《資治通鑑》（六十五歲）、還有《揚子法言集註》（六十四歲）、〈疑孟〉（六十四歲）、《太玄經集注》（六十五歲）、〈致知在格物論〉（六十五歲）、〈中和論〉（六十五歲）等哲學著作，其餘如《易說》、《潛虛》等晚年未完之著作，咸信也應是此時期的作品。由這些著作可看出司馬光的哲學已成熟，有其一貫且獨特的主張與架構，並且參與了宋代理學語言的建構過程。

　　六十七歲時，神宗駕崩，司馬光應太后之請，重回汴京掌政，盡罷新法，聲望達到巔峰。但或許是年歲已高，又積勞成疾，上任僅一年多便去世了，享年六十八歲。

　　關於司馬光的學術傳承狀況，《宋元學案》中立有〈涑水學案〉，其較為親近的弟子有劉安世、范祖禹、晁說之等人〔註48〕。

二、重要哲學著作

　　司馬光的著作眾多，據蘇軾〈司馬文正公行狀〉中記載，計有：

> 《文集》八十卷、《資治通鑑》三百二十四卷、《考異》三十卷、《歷年圖》七卷、《通歷》八十卷、《稽古錄》二十卷、《本朝百官公卿表》六卷、《翰林詞草》三卷、《注古文孝經》一卷、《易說》三卷、《注繫辭》二卷、《注老子道德論》二卷、《集注太元經》一卷、《大學中

〔註47〕 范淳夫：〈布衾記〉中述司馬光在洛陽的生活：「一室蕭然，圖書盈几，經日靜坐泊如也。又以圓木為警枕，小睡則枕轉而覺，復起讀書。」可見其讀書之自苦勤奮。轉引自《司馬光年譜》，頁252。

〔註48〕 《宋元學案‧涑水學案》（黃宗羲原著，全祖望補修，北京：中華書局，2007。），頁273～362。

庸義》一卷、《集注揚子》十三卷、《文中子補傳》一卷、《河外諮目》
三卷、《書儀》八卷、《家範》四卷、《續詩話》一卷、《遊山行記》
十二卷、《醫問》七篇。〔註49〕

除此之外，還有蘇軾未及統計進去的著作如《涑水紀聞》十七卷、《潛虛》一卷、《溫公瑣語》一卷、《類篇》四十五卷、《司馬溫公切韻》二卷，可見司馬光著作之弘富。其中哲學類的著作主要爲《潛虛》、《易說》、《注繫辭》（今與《易說》合併）、《集注太元經》（即《太玄集注》）、《集注揚子》（即《法言集註》）、《注老子道德論》（又名《道德眞經論》）、《注古文孝經》、《大學中庸義》（已亡佚）。此外，尚有收錄於《文集》（又名《司馬文正公傳家集》，以下簡稱爲《傳家集》）中的《迂書》、《疑孟》、〈中和論〉、〈格物致知論〉等與哲學相關的文章。

由於司馬光的哲學著作大多是詮釋類的著作，而詮釋經典又常會受到「疏不破注」的傳統所影響，所以難免會因著要順應經典原文而在詮釋上有所曲折。雖然詮釋亦表現了其自身的理路與歷史性，但這種詮釋中的哲學理路畢竟不及作者自行爲文立說來的直接明朗。因此，在詮釋並重建司馬光的哲學理路時，應以其直接立說的哲學著作爲首要參考文獻，這包括了其在《文集》中的文章以及其模仿揚雄《太玄》而自行創作的《潛虛》〔註50〕，可視爲司馬光對於自己哲學理路的直接表達，其餘著作的詮釋若與之大意有所衝突，當以其意見爲首。

其次，司馬光的其他作品如《資治通鑑》、《家範》等哲學性較弱的著作雖亦是其思想在外王領域中的展現，但由於這些作品所受到的歷史性、時代性、社會性的羈絆比起前述作品來的強，因此本研究並不以此爲主要詮釋依據文本，只論列參考。

以下依序簡介下列重要哲學著作概要：

（一）《潛虛》

《潛虛》一書是司馬光哲學著作中原創性最高的一部，也是最重要的一部。本書內容由八圖所組成〔註51〕，分別是：氣圖、體圖、性圖、名圖、行

〔註49〕蘇軾：〈司馬文正公行狀〉，引自《傳家集》附錄，頁1084。

〔註50〕關於《潛虛》的眞僞問題，尚有爭議，尤以朱熹的〈潛虛跋〉一文中指責其爲僞作最屬。相關考證結果，可參考陳克明：《司馬光學述》，頁365～367。

〔註51〕關於《潛虛》究竟有幾圖，仍存爭議。有人認爲「命圖」是後人添加的，所以只有七圖，亦有人認爲「變圖」與「解圖」是後人僞作的，因此只有六圖。

圖、變圖、解圖、命圖（圖參見附錄），體、性、名圖後附有簡短的解釋文字。歷來（如四庫全書以及一些明清叢書選集）多把此書歸類到子部術數類，與易學、太玄經等同列。由於司馬光大部分的哲學思想都隱藏在其對經典的注疏中，而這本書雖由其架構與卷末的自述「玄以準易、虛以擬玄〔註52〕」可知亦是模擬揚雄《太玄》之作，但就如同揚雄《太玄》事實上創多於述，是其哲學的直接表述，司馬光的《潛虛》亦是一部透過重新設計一套不同於易或太玄的圖象符號來直接反映其自身哲學架構的專著，因此最能清楚表達其哲學的真實性格與完整架構。

　　《潛虛》的成書與流傳的過程，歷來仍有爭議。相傳司馬光晚年作《潛虛》，書未完就過世了，只留下殘稿。其遺稿流落民間，在北宋時就已被書肆所廣為流傳，但脫漏很多〔註53〕。南宋時，朱熹見到泉州書肆所印行的《潛虛》首尾完整，並且附上張敦實的《潛虛發微論》〔註54〕，覺得相當可疑。後在司馬光的後代家中，發現了殘稿，就以泉州本的「變圖」、「解圖」文不押韻，斥泉州本為偽書〔註55〕。但《潛虛》卻仍繼續在民間與文人間流傳不已，至今尚有至少四五個版本的流傳，清代亦不只一人為其作註，甚至有人以研究此書為終生職志〔註56〕。清代錢大昕甚至認為朱熹是因為不喜歡揚雄，所以才故意貶低這本書〔註57〕，可見《潛虛》這本書的價值，不能因朱熹的說法而一概否定。目前可見之《潛虛》最早的版本是宋影鈔本，後有南宋淳熙九年陳應行的跋，敘述他由司馬光曾孫手中得到此書，並與舊

但據南宋張敦實的《潛虛發微論》中已有「變論」、「命論」，且由文本內文來看，命圖與變圖、解圖是一脈相承的，很難分開偽造，因此本文仍採八圖之說。各版本中各圖內容互有出入，已據文本內證及各版本校正，詳見本文文末附錄校勘。

〔註52〕《潛虛》，頁72。

〔註53〕關於本書的流傳與成書的考證，參見陳克明：《司馬光學述》，頁365～367。

〔註54〕張敦實，依據《潛虛發微論》書題題為「左朝奉郎監察御史」，他是第一個對《潛虛》作出詮釋的人。《宋史》無傳，四庫提要中述其人：「其始末無考」，疑應是北宋南宋之際的人物。

〔註55〕朱熹：〈書張氏所刻潛虛圖後〉，《朱子大全》卷八十一。

〔註56〕見蘇天木《潛虛述義》跋，收入《麻衣道者正易新法外四種》（《叢書集選》0159，臺北：新文豐，1987）。

〔註57〕錢大昕《潛研堂文集》卷二十七〈跋潛虛〉：「朱文公嘗見溫公遺墨多闕文，而泉州刻無一字闕，疑為贋本，予謂考亭不喜揚子雲，而溫公是書全學太元，故有意貶之，非篤論也。」，引自余嘉錫：《四庫提要辨證》（引自《知不足齋叢書》第十四集《潛虛》後附錄）。

本互相校正的過程〔註58〕。《四庫提要辨證》中亦對此書各種版本的流傳有所考證，但認爲「無以知某條爲脣本，蓋世無原書久矣，姑以源出於光而存之耳。〔註59〕」這或許是比較開放的結論。若因《潛虛》的成書中可能有後人之增添，就將之全棄，不免過於武斷。且由文本內證來看，司馬光就算沒有寫完《潛虛》，但這本書的基本結構在卷首處就已確定，各圖間環環相扣，一脈相承，且有諸多術數邏輯貫通其中，後人若要增添或更動，實也難逃原有的架構方向，只能順逐這本書原有的邏輯建構。除非全書均是後人僞作，否則仍應視其爲司馬光著作無誤。

（二）《溫公易說》

關於司馬光《溫公易說》一書，蘇軾〈司馬文正公行狀〉中載有：「《易說》三卷，《注繫辭》二卷〔註60〕」，今天可見之《溫公易說》共六卷，便是合此二種著作而來的。《易說》的寫作形式爲隨文評點，長篇的論述並不多，多是附在經文後作簡單的評點，並非逐卦逐爻詮釋的嚴格注釋。

晁公武《讀書志》中對此書的評價不高：「易說雜解，易說無詮，次未成書。〔註61〕」朱熹亦曾提及此書：「嘗得《溫公易說》于洛人范仲彪，盡隨卦六二其後缺焉。後數年，好事者于北方五市得板本，喜其復全。〔註62〕」因此《四庫全書提要》認爲：

> 是其書在宋時所傳本已往往多寡互異，其後乃並失傳。故朱彝尊《經義考》亦註爲已佚，今獨《永樂大典》中有之，而所列實不止于隨卦，似即朱子所稱後得之本。〔註63〕

由朱熹的記載來看，似乎南宋時《溫公易說》在南方之版本就已有多種版本流傳，而後也一起失傳，但全本卻得以在北方被保留下來，可見南北方對此書的態度輕重。

〔註58〕 《潛虛》，（臺北：中國子學名著集成編印基金會，1978。此本爲宋版本，以下引文頁碼均以此本爲主），頁113～114。

〔註59〕 余嘉錫：《四庫提要辨證》。

〔註60〕 蘇軾：〈司馬文正公行狀〉，引自《傳家集》附錄，頁1084。

〔註61〕 晁公武：《讀書志》，轉引自《四庫全書提要‧溫公易說六卷》，《溫公易說》附錄（臺北：廣文，1974，以下簡稱《易說》），頁1。

〔註62〕 朱熹：《朱子語類》，轉引自《四庫全書提要‧溫公易說六卷》，《溫公易說》附錄，頁1。

〔註63〕 《四庫全書提要》，轉引自《溫公易說》附錄，頁1～2。

但今存之全本《溫公易說》是否眞爲北宋原本？《四庫全書提要》提出三項可能的證據來證明此應爲宋代原本無誤：一、《易說》釋一卦多只釋一二爻，甚至有全不釋者，〈說卦〉以下甚至只有兩條註解，這種殘破的情形與晁公武所說的「未成書」正好相合，可見這是《易說》本來的型態。二、將《溫公易說》與陳友《文集傳精義》、馮椅《易學》、胡一桂《會通》等書中引用之司馬光對《易經》之說法來核對，並無出入。三、司馬光的另一部著作《潛虛》亦有類似的情形，即其可能本來就是司馬光還未完成的作品，並非今傳本有闕漏。另外，筆者認爲，若有假造，則今存《溫公易說》就不應仍呈現出這種多有闕漏的狀態，應會整齊補全每一卦卦爻辭之註解才對，故此應爲北宋原本。

司馬光在〈答韓秉國書〉中曾抨擊韓維所引用之王弼觀點，認爲王弼：「以老莊解易，非易之本旨。〔註64〕」由此可看出司馬光有意識地排斥傳統老莊式的易經詮釋，而有站在儒家立場上重作新解的企圖。《四庫全書提要》評之爲：

> 其意在深闢虛無元渺之說，于古今事物之情狀，無不貫徹疏通，推
> 闡深至。……大都不襲先儒舊說，而有得之言，要如布帛菽粟之切
> 于日用……。

相當貼切的指出《溫公易說》的特色即在於「平實切于日用」，這與司馬光較重視外王實踐的平實思想性格是一貫的，其重史實的精神也橫貫其中。

（三）《法言集註》

司馬光對揚雄推崇備至，曾譽其爲孔子後第一大儒，連孟荀都比不上〔註65〕。他不但仿揚雄《太玄》作《潛虛》，更爲《太玄》與《法言》作了集注。在揚雄的著作中，相較於《太玄》，《法言》在宋代受到的關注較多。據司馬光在〈註揚子法言序〉〔註66〕中所論，宋仁宗景祐四年國子監就開始校對此書，其後總共有三次的校對，因此著作佐郎宋咸與司封員外郎吳

〔註64〕　〈答韓秉國書〉，《傳家集》卷六十二，頁767。
〔註65〕　〈說玄〉：「嗚呼，揚子雲眞大儒者耶！孔子既沒，知聖人之道非子雲而誰？孟荀殆不足擬，況其餘乎？」（《傳家集》卷六十七，頁834）、〈註揚子法言序〉：「三子皆大賢，祖六藝而師孔子。孟子好詩書，荀子好禮，揚子好易，古今之人共所宗仰。……然揚子之生最後，監（兼）於二子而折衷於聖人，潛心以求道之極致，至于白首，然後著書，故其所得爲多，後之立言者莫能加也。雖未能無小疵，然其所潛最深矣。」《法言集註》，四庫全書本，696-273。
〔註66〕　〈註揚子法言序〉，四庫全書本，696-273。

祕都已註釋過此書,並由官方印行,是爲官修《法言》。而在此之前,晉朝李軌與唐朝柳宗元亦曾註解過《法言》。據司馬光自述:「光少好此書,研精竭慮,歷年已多。今老矣,計智識所及無以復進,切不自揆,輒采諸家所長,復以己意,名曰集註。」可見他對此書的愛好程度,與他寫作集註的動機。

在本書的寫作體例上,司馬光收集了以上所述之四家注釋,最後再加上自己的按語。他認爲李軌的註解在音義上最爲精詳,便以此作爲集注的底本,其餘諸家分別以姓區別,附在經文之下。本書共有十卷,完成於宋神宗元豐四年。司馬光在序文中提到:「凡觀書者,當先正其文,辨其音,然後可以求其義」由此可知其對於注釋經典的嚴謹態度。

(四)《太玄集注》

揚雄作《太玄》是爲了「贊易」,但這種自創一格的做法,歷代多評爲「非聖人而作經,猶……僭號稱王〔註67〕」、「不遵《易》而自爲之制〔註68〕」,少見肯定。而司馬光卻勇於爲其辯解,他認爲《易》與《太玄》是「殊途而同歸,百慮而一致」,且「大道將晦,一書辨之,不若眾書辨之之爲明也」,甚至積極宣稱「然《易》,天也;玄者,所以爲之階也。子將升天而廢其階乎?〔註69〕」由此可看出司馬光對於六經以外之思想體系的存在,其態度是開明的。由他的著作來看,也可看出他相信在擁有一共同之「道」的情形下,可以有不同的詮釋體系同時共存的學問態度。他自創《潛虛》體系、詮釋《老子》而不與儒家思想衝突,應同樣都是基於此信念而來的表現。

依司馬光在〈讀玄〉、〈說玄〉與〈太玄集注序〉等文中的敘述,他在仁宗慶歷年間(約三十歲左右)開始研讀《太玄》,寫成《太玄集注》則是神宗元豐五年(六十五歲),正是他隱居洛陽的期間。寫作期間橫跨青年到晚年,就算和他花費畢生精力寫成的《資治通鑑》相比,他花在《太玄》上的工夫仍不可謂不多。

《太玄集注》集合了由漢到宋的七家對太玄經的注釋,去蕪存菁,最後再加上司馬光自己的按語,此書晚《法言集註》一年寫成,其寫作體例基本上與《法言集註》相同。司馬光發揮了他寫作《資治通鑑》消化各家史料的

〔註67〕《漢書‧揚雄傳》(台北:鼎文書局,1983),卷八十七,頁3585。

〔註68〕〈說玄〉,《傳家集》卷六十七,頁834~835。

〔註69〕同上註。

學術功力，使本書保留了諸家《太玄》注釋，成為《太玄》現存最重要的注釋著作。而司馬光的按語則蘊藏了他自身的哲學主張，常有「借注諷時」的表現，是研究他哲學思想的重要資料。《太玄》總共有十卷，但司馬光所注的《集注》只寫了前六卷及〈玄首序〉、〈玄測序〉，後四卷仿《易傳》的部分如〈玄文〉、〈玄攡〉、〈玄瑩〉等卻不知何故未注，是其缺憾。揚雄著書喜用冷僻古字，因此在《太玄集注》中亦可看到司馬光在文字考證上的成果。

（五）《道德真經論》

本書未收於四庫全書中，今可見本收於專門搜羅道家經典的《道藏》〔註70〕之中，與其他北宋諸家（如王雱、蘇軾、蘇轍等人）的《老子》注釋並列。本書分為四卷，依經文隨筆注解，寫作形式類似《溫公易說》。此書在蘇軾所著之〈行狀〉與《宋史・藝文志》中均有記載，咸信應是司馬光著作無疑。

司馬光對於道家思想向來並不贊同，但他選擇了《老子》來注釋，其用意值得玩味。在本書中可見到司馬光以儒學思想來解釋老子道家思想下的特殊詮釋，雖非盡得《老子》原義，但卻充分地「寄言出義」，表達了自己的哲學理路。其中對於「無」、「自然」、「道」等原屬於道家詞彙，日後成為理學重要命題之概念的解釋，不但與司馬光其他著作中的哲學理路相呼應，對於其宇宙論與工夫論架構的補充尤為重要。

（六）《古文孝經指解》

《古文孝經指解》是司馬光所有注疏作品中最早的一部，寫作目的是為了作為皇帝日常經筵之教材。其第一次進呈為宋仁宗皇祐年間，當時未受重視，第二次進呈則在宋哲宗元祐元年，雖受重視，但是歲司馬光即辭世，未能見此書在經筵中被講說。司馬光弟子范祖禹繼其遺志，就其指解再進一步寫作《古文孝經說》，今存於四庫全書中的《孝經指解》便是合此二書而刊的。

當時孝經的版本總共有三種，以隸書寫成的古文版本、鄭玄注的今文版本與唐玄宗注的今文版本。司馬光取古文為底本，以唐玄宗注為主，在經文和注文後再繫以己指解之說。孝經應從今文或古文，宋以前尚爭訟紛紛，古文在唐玄宗時曾被貶斥，但司馬光將古文經文與唐玄宗今文註解合併，可謂持平，從此書之後，孝經便以古文為主流了。

司馬光在〈古文孝經指解序〉中述其撰作旨趣，此應也可視為是他其他

〔註70〕　《中華道藏》影印本，北京：華夏出版，新華書店經銷，2004。

集注作品的共同理念：

> 夫聖人之經，高深幽遠，固非一人所能獨了，是以前世並存百家之
> 說，使明者擇焉……是敢輒以隸寫古文爲之指解，其今文舊注有未
> 盡者，引而申之；其不合者，易而去之。亦未知此之爲是而彼之爲
> 非，然經猶的也，一人射之不若眾人射之，其爲取中多矣。〔註71〕

司馬光已能意識到有多種「正確」的詮釋同時存在的可能，因此他的詮釋工
作是在一希望能以自己之理解，來對這一爲了趨近經典精義所展開之浩大的
詮釋之流有所貢獻的心情下來進行的。他並不期待自己的詮釋就能盡得所有
經典原義，反而會著重於發揮自己的心得。所以司馬光的經典詮釋往往多有
自己主觀哲學意見的流露，未能以己意出之的經文則多闕，應即是緣於此因。

（七）《司馬文正公傳家集》

此爲司馬光畢生所有詩文的集結，共八十卷，內容包含了各種詩作、奏
摺、書啓、文論等，寫作年代由其青年到晚年，是研究司馬光生平與思想的
第一手資料。蘇軾評司馬光文：「其文爲金玉穀帛，藥石也，必有適於用。無
益之文，未嘗一語及之。〔註72〕」由整本《傳家集》的內容來看，確爲的評。
《傳家集》中收錄的重要文章如〈疑孟〉、〈迂書〉、〈中和論〉、〈格物致知論〉、
〈性論〉、〈與景仁論中和書〉等，多爲晚年寫成，闡發了司馬光不少重要的
哲學思想。

〔註71〕《古文孝經指解》，四庫全書本，182-85。
〔註72〕蘇軾：〈司馬文正公行狀〉，引自《傳家集》附錄，頁 1084。

第二章　本體論與宇宙論

第一節　以氣爲本的宇宙論

一、潛藏宇宙發展脈絡的氣

　　目前對於司馬光哲學本體論的研究有幾種說法，除了以氣爲本體外，亦有以虛、太極、陰陽爲本體的說法〔註1〕。但事實上，若仔細分析其所實際指稱的對象，就會發現，虛、太極與陰陽等詞彙，其實都只是氣這一哲學範疇在不同語境中的不同表述而已。簡言之，若要釐清「氣」在司馬光哲學中的性質、地位與作用，就必須先釐清這些概念與氣的關係。

　　關於氣與虛的關係，承前所述，此關係向來爲人所誤解，認爲司馬光在本體論上受了老子道家的影響。這樣的詮釋大多緣於司馬光《潛虛》的開卷語：

> 萬物皆祖於虛，生於氣，氣以成體，體以受性……故虛者，物之府也；
> 氣者，生之戶也；體者，質之具也；性者，神之賦也……。〔註2〕

許多論者便因此認爲在氣之上有一更高的本體稱爲「虛」，太虛生氣，故「虛」即老子的「虛」。對此董根洪曾提出反對的意見，認爲《潛虛》中的「虛」就是「氣」，「虛」與「氣」是互爲表裡的關係，此與同時代張載所主張的「太

〔註1〕 以「虛」爲本體，如李昌憲的《司馬光評傳》（南京：南京大學出版社，1998），頁340。以「太極」、「陰陽」爲本體，如余敦康在《漢宋易學解讀》（北京，華夏出版社，2006）第九章〈司馬光的《溫公易說》〉中所論，頁168～171。
〔註2〕 《潛虛》（臺北：中國子學名著集成編印基金會，1978），頁1。

虛即氣」屬於同一脈絡〔註3〕。筆者曾參考並綜合董根洪的意見，在〈論司馬光《潛虛》中的氣本論〉〔註4〕一文中論證過「虛」即「氣」的可能性，約略整理如下：

一、《潛虛》沒有虛圖，只有氣圖。《潛虛》的開卷語是全書總綱，由《潛虛》中氣圖到名圖一脈相承，均以氣圖為其基礎，呈現出一完整宇宙生成過程圖像來看〔註5〕，若虛是氣之上的另一本體，不應沒有虛圖。而若將虛視為道家式的虛空無物，則又與司馬光反對本體為虛空無物的立場相反〔註6〕。因此，比較合理的解釋是，《潛虛》中的「虛」與「氣」只是同一本體之兩種不同的敘述。

二、虛和氣之間無派生關係，在論述上常互相取代。前段引文中並無「虛以生氣」這樣的敘述，且由《潛虛》中另一處敘述：「人之生，本於虛，虛然後形，形然後性，……功然後業，業終，則返虛矣。〔註7〕」由虛到形，再到返虛，雖沒有提到氣，但《潛虛》中又說：「萬物始於『元』，著於『衰』，存於『齊』，消於『散』迄於『餘』〔註8〕」，「衰」在行圖中的解釋是「氣聚而物」，而「散」則是「氣散而竭」。由此看來，「衰」之前，「散」之後，氣都呈現出一種無形的狀態。由前文「虛然後形」來看，「虛」應即是「氣」。

三、按行圖「蠱」名中的「陽氣潛萌，品匯咸生，充軔乾坤〔註9〕」，「潛虛」一名應即指此作為萬物本原的「潛萌之氣」。行圖「造」名中亦提到「太虛測冥，開乾闢坤〔註10〕」，「太虛」處於一混沌難測的「潛」狀中，而此「太虛」開闢分化了陰陽乾坤，進而化生成宇宙。因此很明顯的，虛與氣說的是同一本體，「潛虛」即是「潛氣」，指作為本原之尚未分化的氣。

由上可知，氣之上實無一更高的本體「虛」，「虛者，物之府也；氣者，

〔註3〕 董根洪：《司馬光哲學思想評述》（太原：山西人民出版社，1993），頁70～75。
〔註4〕 《道南論衡：2007年全國研究生漢學學術研討會論文集》，臺北：國立政治大學中文系，頁175～200。
〔註5〕 《潛虛》中由氣圖到名圖一脈相承的論證，參見〈論司馬光《潛虛》中的氣本論〉，頁180～186。
〔註6〕 此可參考〈答韓秉國書〉中司馬光與韓維的辯論，韓維以王弼觀點來論「中」，以為「中」只是個空名，但司馬光卻反對這種以虛空無物為本的說法。《傳家集》卷六十二，頁776。
〔註7〕 《潛虛·名圖圖說》，頁11～12。
〔註8〕 《潛虛·名圖圖說》，頁11。
〔註9〕 《潛虛·行圖·蠱》，頁32。
〔註10〕 《潛虛·行圖·造》，頁58。

生之戶也」應可理解爲作爲本體之氣在未分化與開始分化之狀態下的兩種不同名稱而已，虛即是氣。

另一待釐清的關係是太極與氣。司馬光在《易說》中亦有把太極當成本體的敘述：

> 易有太極，極者中也，至也，一也。凡物之未分，混而爲一者，皆爲太極。……太極者何？陰陽混一，化之本原也。〔註11〕

《易經》中向來以太極爲本體，司馬光的詮釋中，太極即爲陰陽混一、物之未分、混而爲一的狀態，即爲「化之本原」。由上文所述之宇宙生成過程來看，此處的「太極」很明顯地可對應到氣在宇宙起始時渾沌未分化的狀態。而氣在宇宙中漸漸開展，形成宇宙萬物時，全幅宇宙便均是氣的開展與完成（如《潛虛》氣圖到名圖的開展）。司馬光在以太極爲本體來敘述的宇宙論中，亦有相似的論述：

> 太極者，一也，物之合也，數之元也。……培而聚之，歸諸一；析而散之，萬有一千五百二十，未始有極也。
>
> 或問：「太極有形無形？」曰：「合之則有，離之則無。」「何謂也？」曰：「請以宮喻。夫宮者，土木之爲也，舉土木則無宮矣。……雖然，合而言之，則宮巍然在矣。〔註12〕」

太極與萬物之關係，和氣與萬物之關係相同。氣同時爲萬事萬物之起源與存在的共同基礎，因此從宇宙生成過程來看，其爲起初混沌未分的狀態，但其又同時是已生成之萬物的共同組成成分。因此只看單一的物，看不到全幅的氣，因此是「無形」的，但當宇宙萬物組合起來，便可看出氣全幅的開展，所以要「合而言之」，才能說其「有形」。太極的無形與有形與此相同，證明以太極爲本的宇宙論中，太極實際上只是氣的另一種敘述，太極不是另一個更高的本體，太極就是氣。

除了太極，司馬光亦有用「陰陽」來作爲本體的例子。《太玄集注·中》：「首者，明天地以陰陽之氣，發斂萬物，而示人法則者也。〔註13〕」「陰陽之氣」一詞，含示了論「陰陽」其實就是在論「氣」的意義，「陰陽」在宇宙化

〔註11〕《易説·繫辭上（十一）》（臺北：廣文，1974。此標號指《易説·繫辭傳》上篇的第十一章，以下類推，不再另作解釋），頁240～241。
〔註12〕《易説·繫辭上（十一）》，頁242。
〔註13〕《太玄集注·中》（北京：中華書局，2003），頁4。

生過程中實質上是以氣的形式來作用的。因此《易說》:「陰陽者,易之本體,萬物之所聚。〔註14〕」、「陰陽之精騰爲日月,散爲水火,鼓爲雷風,流爲山澤。〔註15〕」《道德眞經論》:「萬物莫不以陰陽爲體,以沖氣爲用〔註16〕」,由此可知陰陽實是透過氣來推動宇宙生成的。前文亦論過司馬光稱太極爲「陰陽混一」,太極既是指氣,則陰陽應亦是描寫氣化生萬物過程的另一種表述方式。

在《道德眞經論》中,司馬光詮釋老子的「道生一,一生二」爲「自無入有,分陰分陽〔註17〕」。「一」指的是萬物開始「有」的狀態,應是指太極而言,氣的下一個階段就是開始分陰分陽,因此陰陽是氣最初分化的內在條理,陰陽分化之後,兩端作用之下產生了一最協調狀態,即中和,這些過程都不出氣的範疇。司馬光大部分的時候仍多將陰陽合論,如《太玄集注・唫》:「凡陽施其精,陰化其形,萬物乃生。處暑之氣,陰不化,陽不施,萬物各閉塞之時也。〔註18〕」雖然氣在未分化時應是非陰非陽的混沌狀態,陽無陰亦無法作用,但司馬光在論述時有時會暗示陽的那一面才是氣能活動生養萬物的主因,例如把「萬物負陰而抱陽」釋爲「負猶背也,抱猶嚮也〔註19〕」,即萬物背陰而嚮往陽,這顯示了氣本身潛存著一個傾向「陽」的價值傾向。基於上述原因,有時在將陰與陽分論時,陽會直接代稱爲本體的氣,如《太玄集注・成》:「陽藏地中,潛爲物主,物賴以濟,得成其形也。〔註20〕」、《潛虛》:「陽氣潛萌,品匯咸生,充靭乾坤〔註21〕」。

氣的分化條理除了陰陽之外,還有五行,陰陽作爲本體時,有時也與五行並稱。《易說》:

〔註14〕 《易說・繫辭上(十二)》,頁247。

〔註15〕 《易說・繫辭下(五)》,頁270。

〔註16〕 《道德眞經論(四十二)》(《中華道藏》影印本,北京:華夏出版,新華書店經銷,2004),頁363。

〔註17〕 同上註。

〔註18〕 《太玄集注・唫》,頁117。

〔註19〕 《道德眞經論(四十二)》,頁363。

〔註20〕 《太玄集注》,頁156。揚雄《太玄》中,首與首之間是以陽與陰的消長來遞嬗的,因此司馬光此處直接說「陽藏地中」,應是受到揚雄原文「陽藏於靈」的影響。

〔註21〕 《潛虛・行圖・蠱》,頁32。

> 天文地理，皆不能離陰陽五行，以其所見揆所不見，則知幽明之理，
> 一也。〔註22〕

> 易者，道也。道者，萬物所由之塗也。……故易者，陰陽之變也，
> 五行之化也，出於天，施於人，被於物，莫不有陰陽五行之道焉。
> 〔註23〕

易道作為萬事萬物所遵行的道路，為陰陽與五行所變化而成，自然與人文秩序均為陰陽五行之道的延伸，因此，五行與陰陽一樣，均能代表本體之氣內部的某種條理、秩序、素質。所以，陰陽五行亦只是氣。

承前所述，作為本體的氣，在宇宙化生的最初仍是未分化的潛藏狀態，但其已包含了陰陽、五行等分化的初步理路，而這理路順著氣的化生萬物，也就成為自然與人文世界的共同規律。關於氣這樣的性質與內容，司馬光在《潛虛》「氣圖〔註24〕」中講的更清楚。「氣圖」由十個代表天地自然之數的符號所組成，按一到十分別為「ı」、「ıı」、「ııı」、「ıııı」、「Ｘ」、「T」、「ㅠ」、「ㅠ」、「ㅠ」、「十」，整幅「氣圖」主要都在顯示這十數和五行、方位間的關係〔註25〕。因此，氣作為宇宙始源，在未分化的渾沌狀態中時，即已包含了陰陽（天地）、數、方位（空間）與五行等元素與秩序。

由此看來，氣並非道家式的氣，也並非唯物式的純物質的氣。因為「氣圖」顯示氣在未分化時就已蘊含著相當鮮明的條理與秩序，即四方與五行已以一種相當素樸的狀態，先天存在於氣之中，因此氣不可能是虛空無物的道家式的氣〔註26〕。氣當中的五行與四方顯然還未成為具體的物質，只是代表

〔註22〕《易說・繫辭上（三）》，頁213。
〔註23〕《易說・易總論》。
〔註24〕圖見本文附錄，頁191。
〔註25〕根據董根洪的說法，氣圖源於揚雄《太玄・玄圖》中的下述數訣：「一與六共宗而居乎北，二與七為朋而居乎南，三與八同道而居乎東，四與九為友而居乎西，五與十相守而居乎中。」而來，揚雄將《易經》中的天地自然之數，即天一地二天三地四天五地六天七地八天九地十，加以方位化，而司馬光則更進一步在此基礎上將之五行化。因此氣圖便呈現出這樣的圖像：天一地六在北，分別被取名為代表「水」的「原」與「委」（即源與流）；地二天七在南，分別被取名為代表「火」的「熒」與「焱」；天三地八在東，分別被取名為代表「木」的「本」與「末」；地四天九在西，分別被取名為代表「金」的「丱」與「刃」（即礦與刀刃）；天五地十在中，分別被取名為代表「土」的「基」與「冢」。參見董根洪：《司馬光哲學思想評述》，頁64。
〔註26〕氣圖作為《潛虛》的首圖，其豐富的內容，和同時代的易圖相比，更能顯示

某種宇宙中的秩序跟理序，這樣的秩序包含了自然與人文世界，實已具有某種超越的價值意涵，所以亦不能說氣只是唯物主義定義下的那種物質的氣。要特別注意的是，「氣圖」中尚未明確出現五行之名，十數之名均是以一種暗示的狀態出現，暗指著五行，卻不明言，顯見由於此時氣尚未分化「成體」〔註27〕，因此五行也不是一開始就已完美存在的某種理體，它在此時還只是端倪，只是會形成五行的傾向與秩序而已。因此，氣中的宇宙發展脈絡並非一開始就是某種完美的理體，它只是潛藏，待發展的某種自然脈絡而已，也就是說，它必須在現實中才能漸漸開展成形。

氣中的各種理序既然並非是一開始就神聖完美的終極理體，而只是一潛藏待發展的狀態，在宇宙生成上，它就不是一個具有強大推動力的理體，而只是按此潛藏的脈絡來自然形成萬物，當萬物由此氣所組成時，也就自然能依氣所蘊含的規律來自行生成。所以《易說》：「乾坤變化，萬物自成。〔註28〕」，《易說》（釋「鼓萬物而不與聖人同憂」）：「振動之而无爲〔註29〕」。《道德眞經論》：「天地無爲而自生〔註30〕」，此種「無爲」與「自生」並不是道家的理路，而是在以潛藏宇宙發展脈絡之氣爲本體的背景下，對宇宙生成過程的體會。

二、氣的開展與完成：宇宙的化生過程

司馬光的本體論與宇宙論以氣爲本，承前所述，當潛藏宇宙發展脈絡，作爲宇宙起始狀態的渾沌之氣在時間進程中漸漸分化，讓此脈絡在現實中漸漸成形，宇宙萬物稟氣而生，便依氣中潛藏的脈絡逐漸開展爲全幅的宇宙，宇宙的一切均是氣的流行，整個宇宙的成立，便是氣的開展與完成。

但氣如何從形上、無形的階段，分化至形下、有形的階段呢？對於此問

其特殊性。按易圖的慣例，首圖通常都是在論本體，而同時代的易圖描繪，在以神聖完美之理體爲本體的哲學家手下，如周敦頤的《太極圖說》、……，其首圖通常都是一空虛的圓圈或實心圓，或者是簡單陰陽二分的太極圖像，不會有太多元素。後代易圖中，在首圖就有豐富內容的，有清代的焦循，焦循的哲學性格亦傾向自然氣本論，此可作爲司馬光哲學與明清自然氣本論相互呼應的另一內證。歷代易圖圖像參見鄭吉雄《易圖象與易詮釋》，臺北：臺大出版中心，2004。

〔註27〕《潛虛》開卷語：「氣以成體」。

〔註28〕《易說·繫辭上（一）》，頁 207。

〔註29〕《易說·繫辭上（五）》，頁 217。

〔註30〕《道德眞經論（七）》，頁 354。

題，司馬光在《道德眞經論》、《潛虛》與《易說》中都有所描述，而以後二者較爲詳細，過程名目雖有不同，但其進程實互相呼應，均表現了一以氣爲本的宇宙觀。

　　在《道德眞經論》中，司馬光詮釋「無，名天地之始；有，名萬物之母〔註31〕」爲：

> 天地，有形之大者也，其始必因於無，故名天地之始曰無。萬物以
> 形相生，其生必因於有，故名萬物之母曰有。〔註32〕

在宇宙中，天地是有形之物中最大的，是宇宙中第一個「有」形之物，所以其當然開始於「無」。而萬物均爲有形之物而生，均是由有到有，所以「有」爲萬物之母。司馬光並未說天地的本體是「無」，只是用天地確實是宇宙間第一個「有形」的事實來解釋「無名，天地之始」，因此「無」與「有」其實是在形容宇宙在形上與形下兩種成形階段。〔註33〕他詮釋「常無，欲以觀其妙；常有，欲以觀其徼〔註34〕」爲：

> 萬物既有，則彼無者宜無所用矣。然聖人常存無不去，欲以窮神化
> 之微妙也。無既可貴，則彼有者宜若無所用矣。然聖人常存有不去，
> 欲以立萬事之邊際也。苟專用無而棄有，則蕩然流散，無復邊際，
> 所謂有之以爲利，無之以爲用也。〔註35〕

〔註31〕此處爲司馬光的斷句，並非《老子》目前較爲通行的斷句。

〔註32〕《道德眞經論（一）》，頁353。

〔註33〕關於司馬光對於《老子》中的「無」、「有」和氣之關係的理解補充：《道德眞經論（四十二）》釋「道生一」爲「自無入有」，「一」即指太極，亦即指氣；由此來看似乎「無」才是作爲最根源之本體的「道」。但《道德眞經論（十六）》：「物出於無，復入於無」，這又與氣的循環相符，故「無」似又明顯指向未成形分化前的「氣」。綜合二者來看，「無」最有可能的解釋是指「無形」，即指氣未分化、未成形之前的整個狀態，包括了完全空洞無物到潛藏脈絡之氣出現，但尚未分化形成萬物的這一階段。前文提到虛與氣的關係，在司馬光哲學中，「氣」被細論爲虛與氣兩層，虛雖先於氣，但虛當然仍是「氣」，所以這不影響司馬光哲學以氣爲本的結論。同樣的道理，司馬光將空洞無物與有潛藏脈絡之氣這兩階段全都涵蓋在「無形」這一階段中，亦是合理的。司馬光絕非以道家式的「無」爲本體，其整個宇宙論的發展是以氣爲本，由氣來發展的，因此可以說是以「有」爲本的。當然，司馬光以這樣的前理解來強行解釋《老子》，自然就會有許多無法合理圓說的地方，這樣的詮釋是一個很有趣的詮釋學題材。

〔註34〕此處爲司馬光的斷句，並非《老子》目前較爲通行的斷句。

〔註35〕《道德眞經論（一）》，頁353。

萬物既已成形，無形這階段在宇宙化生過程中就沒有什麼用了（天地一成形後，萬物均由有生有），但聖人之所以要不斷討論此階段，是爲了探索窮盡宇宙生成變化的奧妙。無形的階段雖然可貴，但聖人並無因此而不論「有」的階段，因爲從有形的現實層次才能「立萬事之邊際」。若物仍在無形的階段，就無法測知物與物間合理的分寸，也就無法設定能和諧並存的秩序，因此世界就會動盪流散。因此，討論形下世界是爲了有利於現實世界秩序的維持，而研究形上階段則是爲了得其變化之奧妙原理，才能應用在現實之中。司馬光對《老子》的詮釋顯然是寄言出意地在描寫自己對宇宙生成過程的理解，亦透露出他雖認爲兩階段都很重要，但他對形下世界還是比較重視的，這與其不喜言天道的性格相符。

司馬光將宇宙生成過程分爲「無」與「有」兩階段，其散落在各文獻中的宇宙化生過程論述的重點，也就各有偏重。不過在這些論述中，以《潛虛》描述得最一貫而全面，八圖〔註 36〕很完整的表現了這一由形上到形下的整體宇宙化生過程。以下擬以《潛虛》爲其總綱來論述此一過程：

《潛虛》首圖「氣圖」顯示一包含了陰陽、五行、數等潛存之自然脈絡的氣，是宇宙在萬物未成形前的狀態。從第二圖「體圖」開始，宇宙開始進入有形的階段。「氣以成體〔註37〕」，「體圖」由「氣圖」中的十個符號兩兩配對成五十五種組合，並且依數列規律分成十等〔註 38〕，呈金字塔形排列，每

〔註36〕指《潛虛》中的八圖：氣圖、體圖、性圖、名圖、行圖、變圖、解圖、命圖。詳見第一章第四節重要哲學著作簡介。

〔註37〕《潛虛》開卷語。

〔註38〕體圖排列的規律是先由「ｌｌ」開始，第一等只有一個組合，第二等則有兩個組合由左到右：「ｌ ｌｌｌ」與「ｌｌｌ ｌｌｌ」，第三等則有三個組合：「ｌ ｌｌｌ」、「ｌｌ ｌｌｌ」、「ｌｌｌ ｌｌｌ」，依此類推排列到第六等。由第七等開始，最左邊原本應由「ｌ ｎ」開始，卻變爲「ｎ ｌ」，而其餘數列與原本規律相同。第八等則由左邊數來有兩個變格「ｎ ｌ」、「ｎ ｌｌ」，第九等一樣由左邊數來有三個變格，第十等則有四個（變格的部分，有些版本沒有，詳見附錄中的體圖校勘）。體圖由第七等到第十等的十個變格，看來似乎破壞了數列的規則性，但由司馬光在體圖圖說中的解釋：「位愈卑，詘越多，所以爲順也」，「詘」應是彎曲之意，階級越往下，越要能曲順上層。但「詘雖多，不及半，所以爲正也」，這可能與司馬光對象數學的主張有關，所謂「陰不可過於陽」，所以陽多於陰是爲正，正與順的搭配組合，正如陰陽、天地的相互調和，因此是「篁隳（天地ｌ）之大誼也」。但體圖這樣硬是改變數列規則，似乎還是有點牽強，若要解釋其原因，則很有可能是因爲司馬光想要與下一圖「性圖」配合使用同一套符號的結果（這樣的牽強也證明了司馬光用同一套符號是有意爲之的設計，他有意識地要建立起一套以氣爲本，由氣而出的宇宙論系統）。

一等分別代表一種社會階級：王、公、岳、牧、率、侯、卿、大夫、士、庶人。「體者，質之具也〔註39〕」，顯示體之意應爲讓氣質能具體實存的形體，氣以成體，正代表氣是組成物質的基本元素與動力。「體圖」中這些排列整齊的數列，強烈表現了當「氣」形成「體」時，「氣」當中隱藏的秩序，使其在形成「體」時自然展現出某種規律（因爲「體圖」的排列順序是基於「氣圖」中的數字規律而來的）。這規律在人間社會中，表現爲所謂「一以治萬，少以治眾」的「綱紀〔註40〕」，從群體的角度來看，當氣形成眾多有形的「體」時，個體的形成本來就先天有等差，屬於王的體只能形成一個，而庶民之體卻有十個，這樣的等差來自氣的潛藏脈絡，使形下世界自然就有了上下組織的秩序，現實世界的秩序在氣之秩序中找到了形上的根據〔註41〕。而從個人的角度來看，當氣形成個體時，代表的是一個人先天所有外在條件的形成，包括具體的身體、出生時的社會地位等條件。

　　「體圖」之後是「性圖」，司馬光將「體圖」中的五十五個組合，分別命以金木水火土五行之性，其排列的順序亦是從「氣圖」而來的〔註42〕，從「氣圖」的一路醞釀，至「性圖」才出現五行之名。「性圖」的「性」，由卷頭語

〔註39〕《潛虛》開卷語。
〔註40〕《潛虛·體圖圖說》，頁5。此一綱紀在人間的實際表現即爲「禮」，司馬光在《法言集註》中將「說體者，莫辯乎禮」解釋爲：「禮主上下之體」（四庫全書影印本，頁696-308）。由此可知氣爲禮的形上根據，關於司馬光其他對「禮」的論述，參見第四章第三節。
〔註41〕氣形成體時，體天生就帶有等差，這不只是表現在人文世界的階級中而已，也表現在自然界中。《易說·繫辭上（一）》：「天地萬物皆有卑高，故易之六位亦有貴賤。」（頁205）《易說·繫辭下（八）》：釋「爻有等，故曰物」：「上下剛柔，各有貴賤，等級不同，以象萬物。」（頁279）萬物本來一形成，一出生就有卑高貴賤之不同，這等級亦是從氣之脈絡發展出來的一種秩序，這並非表示人的階級註定一輩子都不可改變（但人出生時有些條件確實是預先註定好的），只是要描寫形下世界的秩序是氣中潛藏脈絡所自然形成的，並非某些形下之物刻意的創造。
〔註42〕「性圖」的規律，依「性圖」圖說：「凡性之序，先列十純，十純既決，其次降一，其次降二，其次降三，其次降四，最後五配，而性備矣。始於純，終於配，天地之道也。」（頁8）所謂的「十純」，就是組合中左右符號均相同的，如「∣∣」、「∥∥」等，共有十個，所以叫做「十純」。第一行列「十純」後，接下來第二行把右邊的符號加一，第三行加二，第四行加三，第五行加四，但若超過十就回到一重新開始。最後一行則以「五配」作結，「五配」即前述氣圖中的天數地數的組合：一六、二七、三八、四九、五十，因此其規律亦來自於氣圖。

「體以受性」、「性者，神之賦也〔註43〕」來看，似乎意味著性是體形成之後，某種超越天命的賦予。但「性圖」與「體圖」實為同一套符號，雖然排列的規則不同，但是每個組合的五行之性實由其右邊的符號所決定〔註44〕，而符號的五行屬性均是在「氣圖」時就預定好的，「性圖」所謂的「受性」，只是將這一組合之屬性正式彰顯並確定下來〔註45〕，並沒有在符號上再多加什麼變化，故「受性」並非在氣之外再額外由天賜予某一神聖飽滿的理體，降臨在體之上。所以當氣化生為形下之物時，物的體與性幾乎是同時形成的，體與性之間並沒有生成的關係，其均由氣發展而來，但因性不是一個能夠獨立存在的實體，必須就著形下實體來說才有意義，所以其在生成的順序才會稍後於體，故曰「體以受性」。而「性者，神之賦」則是司馬光對「性」的定義，「神」指的不是天神，而是指心神。《太玄集注》：「神者，心之用也〔註46〕」、「虛者，神之所宅也。〔註47〕」，《法言集注》：「物之神者莫如心。〔註48〕」因此「性」指的應是萬事萬物內在的本質（內在的精神或五行之性質），在人即為人的意識、精神、意志、情感等。在經過了體與性的過程後，由氣而生的形下之人或物的整體才算真正成立了〔註49〕。

在個體的體與性成形後，氣的開展進入一如何讓個別個體進入團體秩序，集合為一完整宇宙的過程，「性圖」之後的「名圖」很具體的體現了此一進程。「性以辨名」，「名者，事之分也〔註50〕」，儒家傳統中，正名即正位，因此必須在個體的性質確定後，才能進一步給予名號，意即安排其在宇宙中的位置。「名圖」中的「位」是由空間、時間與人文秩序等脈絡交織而成的。空間由其排列

〔註43〕　《潛虛》開卷語。

〔註44〕　例如「ⅢⅢ丌」，其五行屬性就由右邊的「丌」來決定，二七為火，因此此體之性就是「火」。

〔註45〕　「體圖」中的五十五個組合，都還是個別標出其左右邊符號之名稱，未如「性圖」已將兩個符號正式視為同一整體看待。

〔註46〕　《太玄集注·中·次二》，頁5。

〔註47〕　《太玄集注·戾·初一》，頁16。

〔註48〕　《法言集註》，頁696-296。《法言集註》：「人亦以神明精粹，經緯萬方。」（頁696-297）也是在講心的作用，由此可證心與神的關係密不可分。關於心的能力與功用，詳見第三章第三節第一大點。

〔註49〕　關於司馬光對「體」「性」的解釋與其人性論的關係，詳見第三章第一節「『體』與『性』：對『人』的定義」。此處所論的「先體後性」是就著哲學理路的先後順序來論，因性必須就著體來說才有意義，其並非能獨立於體之外的實體。但在實際的氣化生成過程中，體與性實為同一階段。

〔註50〕　《潛虛》開卷語。

方式來表現，「名圖」將五十五組符號給予名號後，以「XX齊」為中心，將其餘五十四組按方位排成圓形，此順序是在「氣圖」時就已決定了，因為每組符號的方位位置均是由其左邊符號的五行性質來決定的〔註51〕。另外，此圖還配合天象〔註52〕，將由「氣圖」而來的二維空間擴展為三維空間。時間方面，五十五名以「元」為首，「餘」為末，「名圖」圖說：「奧至之氣起於元，轉而周三百六十四變，變尸一日，迺授於餘而終之，以步蒦軌，以叶歲紀。〔註53〕」從元到餘，正好代表一整年的時間〔註54〕。人文秩序方面，五十五名代表了人生活於世間的所有具體過程與事務，分為十一組，依形、性、動、事、德……功、業、形的順序排列，前後組間互有派生的關係，表現出人由氣成形到消散之一完整的循環過程。人間一切規律均由氣而來，這證明司馬光哲學由本體論、心性論到工夫論的全幅圖像，均是以氣為本的。

　　承上所述，在「氣圖」中所蘊含的五行與四方的潛藏秩序，到「名圖」時已擴大實現為一具有空間向度、時間向度、物質向度（五行）的具體完整宇宙圖像，整個宇宙均是潛藏脈絡之氣的開展結果，整個宇宙就是氣的完成。若純由人文世界的演變來看，「名圖」代表的是當人由氣所生，體性具足，便會在社會脈絡中衍生出種種行為、情感、道德、家國責任，最後又回歸消散於起初之氣的過程。

〔註51〕　「氣圖」中的方位是與五行相配的，「名圖」中的符號排列便是根據每一組合中左邊符號的五行性質來決定其方位的，例如「||||〒」，其「名圖」的位置由其左邊的「||||」來決定，四七為「金」，金屬西方，所以其位置在「名圖」中就置於西方。「名圖」依四方分為四個部分：「北水」、「南火」、「東木」、「西金」，而土行則是代表中間與四維：東南的「報德」之位，西北的「背陽」之位，東北的「常陽」之位，西南的「蹟通」之位，一行均分別分配到十一名（關於土行的分配狀況，詳見附錄中的名圖校勘）。前述「性圖」之性由右邊符號決定，「名圖」方位則由左邊符號決定，可以說當氣形成體之後，每一體之性與其在宇宙中的位置都已經幾乎同時被註定好了。

〔註52〕　「名圖」圖說中提到：「印（仰）而瞻之，宿躔從度，印則為蒦（天），頫則為墮（地），印得五宮，頫得十數」（頁11），意即仰觀天象，此圖的排列法正與天象的二十八星宿之位相合。

〔註53〕　《潛虛·名圖圖說》，頁11。

〔註54〕　「名圖」五十五名中，以「元」為首，「餘」為末，「齊」為中，除此三名之外，其餘每一名都有七「變」，當「奧至之氣」由「元」起始，聚而為物之後，經過每一名的七種變化，因此共有三百六十四變，最後生命雖已消散，但形體作為屍體要完全消失還需要一點時間，所以算是一日，加上「變尸一日」，正好符合一年三百六十五天之數。

　　從「氣圖」到「名圖」，是氣由形上到形下的發展過程。「名圖」階段，宇宙大致底定，而從「名圖」之後的「行圖」到「命圖」，則是屬於氣在形下世界中的開展階段。「行圖」與「變圖」、「解圖」可視爲同一組圖來解釋，其分別模擬《易經》中的卦象與卦辭、爻辭、以及附在每句爻辭後的小象傳，用具有喻意的半抽象文字來表達此一以氣爲本的哲學在人世間的種種具體實踐方向。《潛虛》卷頭語中說：「名以立行」、「行者，人之務也〔註55〕」，當性確定了事物之名後，宇宙萬物都在這一由氣而來的秩序中找到了確定的位置，而每一位置都有其固定的常分。但每一常分在現實脈絡之實踐中會因種種因素（環境、與不同他者的交涉、時機等）而有諸多的變化，因此一行有七變，正象徵這種種變化的過程與情形。這些變化交互形成種種複雜的人生處境，人在這些不同處境中要如何決策、行動，好適當地、負責地完成其人生的常分，此即「行」所要表達的意涵。「行」代表了所有人生事務在現實中的種種開展可能，也包含了各種人事物的來往影響網絡。

　　在「行圖」所述之種種人生處境的變化中，還蘊藏了吉凶變化的脈絡，這一脈絡即最後一圖「命圖」。「命圖」講的是事物的吉凶，在「行圖」七變當中，「初」與「上」兩變作爲事物變化之起始與終結，並無吉凶可言，其餘二到五變則在「命圖」中輪流配以吉、臧、平、否、凶五種「命」，每五「行」循環一次，由「衰」（聚）開始，結束於「散」（「元」、「餘」、「齊」無變〔註56〕，「命圖」均不提，顯示命是氣在形下階段、在現實事物之變化脈絡中才有需要考慮的事〔註57〕，因此在八圖中爲最末圖）。從「變圖」「解圖」之文字即可明顯看出該變在「命圖」中的吉凶狀況，所以「命圖」的秩序是隱藏在行圖之中的，在「行圖」確立時，「命圖」的秩序就已同時確立了。

　　但「命圖」的數列規則與「氣圖」符號數列不同，它並未如「氣圖」到「體圖」、「性圖」、「名圖」那樣，有明顯可見的邏輯關係，其規則無法由「氣圖」到「名圖」之數列規則來推衍。從表面來看，「命圖」似乎是另一與此

〔註55〕　《潛虛》開卷語。

〔註56〕　「名圖」圖說：「萬物始於『元』，著於『衰』，存於『齊』，消於『散』，迄於『餘』。」（頁12）「元」和「餘」是萬物的起始與終點，是氣未分化前的無形狀態，所以沒有「變」。而「中」則涵蓋照顧了整個萬物化生的過程，所以位置不能固定在任一方上，自然也無「變」。

〔註57〕　事物有變才有吉凶可言，命與變的關係，暗示了司馬光對天人關係的理解，詳見本章第三節。

氣之秩序無關的形上秩序，且這秩序的來源神秘隱晦。由卷頭語「名以立行，行以俟命」、「命者，時之遇也」可知，命與命運、鬼神、天道相關，其與已成形之自然世界與人文世界中種種清楚的規律秩序相較，是另一種很難去直接掌握的秩序。這秩序往往是由不得人、人無法完全掌控的，所以只能承認其存在，並且盡量透過可能的機制來尋找、感應其規律，然後配合其規律來進行人的種種活動。這就是「俟命」，此亦為「人之務」之「行」的重要內容之一。但這並不表示命的秩序必定來自於氣的秩序之外，因為「命圖」之秩序仍必須透過氣在形下世界中的開展才能顯其存在。「命圖」規律既隱藏於「行圖」之中，而「行圖」的形成是接續由「氣圖」到「名圖」這一秩序而來的。當「行圖」開展出三百六十四變時，這些變在形成時就已自然帶有此一吉凶的循環規律，故這表示「命圖」的規律其實仍是由氣而出的，為以氣為本之宇宙規律中的一部分，只是因為其為氣之流動秩序中較為隱微精妙的部分，不是常人可以輕易理解的，所以無法用一般常道去推衍。但「命圖」的存在也同時暗示了此一隱密的規律之存在是人有機會能去掌握的，人可以透過聖人對命的掌握來了解「命」〔註58〕，可透過占卜與經典來掌握「命」的可能規律。這種既承認天道之隱微難解性，又認為人仍有機會掌握天道的天人關係，實與荀子「合中有分」〔註59〕的天人關係有某程度的相通，此留待本章第三節再作進一步的論述。

由《潛虛》八圖的解析中，我們可以得到一幅司馬光以氣為本之宇宙化生過程的清楚圖畫：

虛／氣　→│體　→　性　→　名　→　行　→　命

（無形）│（有形）

此一過程顯示，宇宙的一切即是潛藏脈絡之氣的開展與完成。

除了《潛虛》之外，司馬光在《易說》中亦有宇宙化生過程的敘述，他對「象、器、法、神〔註60〕」之關係的解釋，正可與《潛虛》之結構相互呼應，茲列簡表如下：

〔註58〕聖人「格物窮理以至於命」，詳見本章第三節與第四章第一節第三大點。
〔註59〕此一論點引自劉又銘：〈合中有分──荀子、董仲舒天人關係論新詮〉，《臺北大學中文學報》，2007 年 3 月，頁 27～50。
〔註60〕《易說・繫辭上（十）》，頁 239～240。

《易說》	《潛虛》
象（仿像可見而未有形）	由氣圖到體圖性圖（物由無形到有形）
器（形質已定，各有常分）	名圖（體形性質都已確定，各有恆常不變的本分）
法（各守其分，不相為用，故聖人制而用之）	行圖（名以立行，行即為各名間之互動往來的適當關係，意義與禮法相近）
神（出外入內，無所不用而百姓不知，故謂之神）	命圖（行以俟命，命為神妙不測之精微，需聖人體會或透過占卜來得知）

由上表可知，司馬光的宇宙論想法是一貫的，無論是他自創的《潛虛》宇宙論架構，或是在他的《易》詮釋中，都顯示出一由氣而來的完整宇宙論圖像。

三、氣的聚散：宇宙的循環與創造

潛藏脈絡的氣聚而成體，在形下世界中漸次開展為全幅的宇宙，宇宙中一切的規律與秩序均由氣而來。承前所述，這樣的宇宙圖象可以以《潛虛》「名圖」作為代表，而從其圓形的圖式來看，司馬光的宇宙觀是循環的。由氣而生的宇宙成形之後，其規律與秩序是永恆不變的，宇宙中的萬事萬物則依氣的聚散不斷循環往復，形成一生生不息的宇宙。個體的人或物因氣聚而生，氣散而亡，但已散之氣又會再聚成下一個個體，這一過程依《潛虛》所述：

> 故萬物始於「元」，著於「裒」，存於「齊」，消於「散」，迄於「餘」，
> 五者，形之運也。〔註61〕

「元」指的是無形、未聚之氣，「裒」意為聚，物因氣聚而出現。物成形後，存於「齊」，齊即中，只有氣在中和不失衡的狀態時，物才能存活。當氣散時，物也因此而消亡，故消於「散」。而這些消散的氣最後會回歸於「餘」，即回歸原始無形的狀態。在《道德真經論》中亦有類似的敘述：

> 宗本無形謂之道。氣象變化謂之德。聚而成物，質性散殊。生必長，
> 長必成，自然之勢。……及其成功，皆歸於道。〔註62〕

無形的，形上的氣聚而成物，物的質性各自不同，依此質性各自自然地生長、發展，等到這質性都發展極盡了，最後又會復歸於原本無形的道。從人的角度來看，人的一生亦可由氣之聚散來解釋其過程：

〔註61〕《潛虛・名圖圖說》，頁12。
〔註62〕《道德真經論（五十一）》，頁364。

> 人之生，本於虛，虛然後形，形然後性，性然後動，動然後情，情
>
> 然後事，事然後德，德然後家，家然後國，國然後政，政然後功，
>
> 功然後業，業終，則返虛矣。〔註63〕

人由氣而形成形體、精神，產生自主的行為與情感，在人間開始進行各種事務，並由此修養德業。然後便能由個人開始推向團體，從家到國、政，責任越來越重，個人所能發揮的能力與影響也越來越大，最後獲得功業之時，也就達到了人生的巔峰，也就是個人質性發揮最極盡的時候，氣便走向散終，最後又返回無形之氣的狀態。

司馬光相當重視個體散亡這件事，不但視之為宇宙化生規律中自然的一環，如《易說》：「物有始必有終，人有生必有死。〔註64〕」，更將其視為推動宇宙繼續化生循環的重要動力。〈行圖・餘〉：「天地無餘，則不能變化矣。〔註65〕」《太玄集注》：

> 日窮于次，月窮于紀，星回于天，歲將更始。以終養始，以初繼末，
>
> 循環無端，此天道之所以無窮也。〔註66〕

皆顯示這一循環回歸之動作對於宇宙萬物能不斷化生萬物、循環往復的重要性。

由上可知，這一循環的關鍵在於氣之聚散中有一內在規律在自我調節，即物在發展到極盡時，便會自然進入消散毀滅的階段，這一聚散規律維持了宇宙整體的恆定不變，也造成了宇宙萬物的循環生滅。此一規律簡單來講，便是「物極則反」。司馬光在許多文獻中都對此多有強調與論述：

> 物極則反，天地之常也。是故治者，亂之源也；通者，塞之端也。
>
> 〔註67〕
>
> 天生五材，力盡而弊之，有似不仁。〔註68〕
>
> 物成必毀，盈必溢，理之常也。〔註69〕

〔註63〕《潛虛・名圖圖說》，頁11～12。

〔註64〕《易說・繫辭上（三）》，頁237。將死亡視為一宇宙循環中的自然之事，此亦影響到司馬光的生死觀、人生觀，詳見本章第三節與第四章第一節。

〔註65〕《潛虛・行圖・餘》，頁61。

〔註66〕《太玄集注・養・上九》，頁176。

〔註67〕《易說・泰・九三》，頁57。

〔註68〕《道德真經論（五）》，頁354。

〔註69〕《道德真經論（四十五）》，頁363。

> 日中則昃，月盈則食，成窮而入于敗，物理自然，敗敗毀其成矣。君
> 子知成之必毀也，故常自抑損，使不至于成，以終其福祿也。〔註70〕
>
> 凡物極則反，自始以來，陰陽之相生，晝夜之相承，善惡之相傾，
> 治亂之相仍，得失之相乘，吉凶之相反，皆天人自然之理也。〔註71〕

物極則反，是天人自然之理，不只大自然如此循環，人間事物亦是如此。萬物在「成」之後，便會因「力盡而弊」，因此《太玄》中說君子必須要「毀成」，就是因爲「成窮」會「入于敗」，這與儒家講「滿招損，謙受益」的傳統是一致的。值得注意的是，最後一處引文列舉了幾個宇宙間幾個主要對立循環的概念：陰陽、晝夜、善惡、治亂、得失、吉凶，這些概念同時代表了自然秩序與人間秩序與價值，司馬光認爲只要這兩方中的一方過度發展，也就是失去兩方間的平衡，便會推動替換改變的產生，亦即會產生氣之聚合或消散的流動。

　　承上所述，可以將司馬光對於個體氣化之循環過程整理如下：

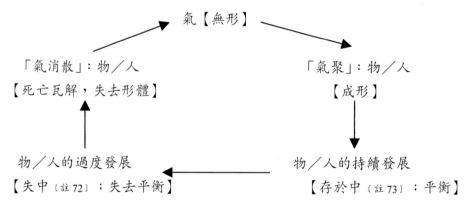

雖然在司馬光所主張之循環的宇宙觀中，宇宙的秩序與大致的規模是永恆不變的，但這並不表示宇宙萬物的具體種類、內容，亦是完全固定而無變化的，在敘述宇宙這一循環往復之過程中，司馬光仍強調宇宙有創造、新生的一面。

　　首先，雖然宇宙是循環的，前也述及司馬光相當重視散亡的這一面，但散亡終究是爲了新生，在其宇宙論的觀點中，還是比較強調「生」的這一面。

〔註70〕《太玄集注・成・上九》，頁158。
〔註71〕《太玄集注・踦贊一》，頁176。
〔註72〕關於「失中」與「存於中」，參見下節〈氣潛藏的內在原則：中〉。
〔註73〕同上註。

〈答韓秉國書〉：

> 自有天地以來，陽極則陰生，陰極則陽生，動極則靜，靜極則動，……
> 萬物莫不由之，故曰：「一陰一陽之謂道」，此皆天地之心。然復者，
> 陽生之卦也，天地之大德曰生，……天地之道，雖一往一來，本以
> 好生爲心也。〔註74〕

此處司馬光藉著對《易·復卦》的詮釋來辯駁韓維的道家觀點，他認爲宇宙中陰陽、動靜這兩面及其相互的循環過程，雖均是屬於天地之道，但由復卦來看，天地之道仍是重「生」的，宇宙循環的目的並不單純只是爲了機械式地重複一樣的事物，而是爲了不斷地產生、創造新的生命，因此天地並非以寂然虛空的「無」爲本，而是「以好生爲心」。

其次，這些由新的循環所產生的新生命或新物品，並非只是上一次循環的複製，每一個生命或物品都是新的、獨特的、是與其他個體有差異性的，天地間的循環永不停止，因此宇宙中的萬物亦是變化無窮的。《易說》釋「生生之謂易」：「形性相續，變化無窮〔註75〕」、釋「天地之大德曰生」：「日新〔註76〕」均在說明宇宙的形式雖不變，但萬物的內容是日日更新，變化無窮的。《太玄集注·贏贊二》：

> 數之踦贏，雖天地不能齊也。夫惟不齊，乃能生生變化無窮。〔註77〕

司馬光以此言作爲《太玄集注·玄測》的結語。揚雄《太玄》共有八十一首，一首九贊，要換算成一年的日數，最後數字還是差一點〔註78〕，因此他又多附了兩贊來補足〔註79〕。司馬光註解時即藉此發揮，認爲天地之數本來就不能「齊」，而這樣的「不齊」，正好讓宇宙每次的循環都能產生新的變化，宇宙便能永遠充滿無窮的創造力。

承上所述，司馬光宇宙論以氣之聚散爲宇宙循環的原理與基礎，氣每次的聚散循環都會產生新的、不同的個體，形成一個循環不已又變化無窮的，充滿創造力的宇宙。

〔註74〕〈答韓秉國書〉，《傳家集》卷六十二，頁767。
〔註75〕《易說·繫辭上（五）》，頁218。
〔註76〕《易說·繫辭下（一）》，頁254。
〔註77〕《太玄集注·贏贊二》，頁176。
〔註78〕太玄兩贊象一日，八十一首共象三百六十四又二分之一日，還差一日之數。
〔註79〕揚雄此爲疑象易經乾坤多用九兩贊。

第二節　氣潛藏的內在原則：中

一、「陰陽之間必有中和」：以「中」爲中心的宇宙觀

　　司馬光的宇宙論以氣爲本，潛藏了宇宙發展脈絡的氣不斷開展，形成以氣爲本原本體的規律宇宙，氣中潛藏的各種內在規律、條理、傾向、元素，隨著氣的聚散，形成一運行不斷，有次有序的宇宙。前述之陰陽、五行、數等氣中潛藏的元素與傾向，便隨著氣的運行，不斷地交互發生作用，形成所有宇宙中的事物。

　　在這些各種不同的傾向與元素在氣之聚散與流動中形成、推動宇宙的過程中，氣有一最爲重要的內在原則，那就是「中」。在司馬光的各種文獻中，有時因側重不同的經典文本或偏重某方面的意涵，而會跟「和」與「正」一起合稱爲「中和」或「中正」來論述，雖然詞彙不同，但基本上都還是以論「中」爲主〔註80〕。「中」在司馬光宇宙論中所具有的特殊地位，可以從司馬光對「大衍之數」的解釋來看。《易說》：

> 易有太極，一之謂也。分而爲陰陽，陰陽之間必有中和，故夫一衍
> 之則三而小成，十而大備，小衍之則六，大衍之則爲五（十）〔註81〕。
> 一者，數之母也；數者，一之子也。母爲之主，子爲之用，是故小
> 衍去一而爲五行，大衍去一而爲揲蓍之數。〔註82〕

關於「大衍之數」的解釋，歷來多是易學家傷腦筋的地方，因爲不但要解釋從太極（一）推衍到大衍之數（五十）的合理數列關係，而且這些數列演算邏輯還必須要能與宇宙的化生過程合理對應。因此，「大衍之數」的演算過程，亦代表了這些易學家對宇宙化生過程的理解。在司馬光對「大衍之數」的解

〔註80〕雖然司馬光在使用「中和」與「中正」等詞時，多是專注於「中」義的闡發，但細論之，司馬光所謂的「中」與「和」，「中」與「正」還是有意義上之分別的。司馬光對「中和」一詞的詮釋主要來自於《中庸》「喜怒哀樂之未發謂之中，發而皆中節謂之和」，「中」與「和」之分別多在於心性功夫論上不同階段的講究，重點仍是在「中」；「中正」則多來自於對《易經》的詮釋，司馬光曾有把「中正」解釋爲「正得其中」的例子，顯見其用此詞仍是偏重在對「中」的解釋上，但「中」與「中正」仍不能直接畫上等號。此段論證詳見拙著〈論司馬光對《中庸》之詮釋及其思想史意義〉（《東方人文學誌》，第六卷第一期，頁75〜97），頁78。

〔註81〕原文無「十」，據下文「大衍去一而爲揲蓍之數」，司馬光明顯並未改變「大衍之數五十」的定義，因此此處應是漏字。

〔註82〕《易說・繫辭上（八）》，頁230。

釋中，最特別的就是他對傳統易經「太極生兩儀，兩儀生四象……」之數列規則的解釋，明明是由一到二，由二到四的過程，他卻加入了「一衍之則三」的特殊詮解。一即為太極，為萬物之始，是一整個未分化之無形的「氣」的狀態。此「氣」第一次的分化是分為陰陽兩端沒錯，但由於司馬光認為「陰陽之間必有中和」，所以當氣一分化，雖然仍是在「一生二」的程序下，但在這一最初的分化中，在分為陰與陽兩端的同時，兩端之間就自然形成了能均衡兩端的「中和」，所以便有了「一衍之則三」這樣的狀況，陰陽與中和是同時出現的。由此可知，司馬光認為氣從最初的分化開始，到之後的每次分化，「中」這一原則都是如影隨形的，由此可看出在司馬光哲學中，「中」地位的特殊與重要。

　　若將此一數列規則與前述《潛虛》諸圖所代表之宇宙化生過程作一對比，則可知《潛虛》中「祖於虛，生於氣」，其「虛一氣」的階段應指在「氣圖」前的這一宇宙分化的過程（但這不表示有高於「氣」的「虛」存在，「虛」由各種線索來看，都是指「氣」無誤〔註83〕，因此其可能是特別指未有任何分化前的「氣」）。而由「氣圖」中有由一到十之「數」的內容來看，所謂的「一衍之則三而小成，十而大備」，氣初次分化為陰、陽、中和後，再分化至「十」，天地自然之數〔註84〕便「大備」了，正與「氣圖」所述之宇宙化生階段相合。

　　而所謂的「小衍之則六，大衍之則為五十」，則又是基於另一邏輯而來的。司馬光在此應參考了關子明〔註85〕的說法，「數兆于一，生于二，極于三，此天地人所以立也〔註86〕」，所以「小衍」與天地人「三才」有關，「六」為「三才」之衍〔註87〕，而「三」則明顯指前述之「陰、陽、中和」。「大衍」則是

〔註83〕詳見本章第一節第一大點。

〔註84〕《易說‧繫辭上（十）》釋「天一地二天三地四天五地六天七地八天九地十」：「此天地自然之數，所以成變化而行鬼神」，頁236。

〔註85〕關朗，北魏人，字子明，《四庫全書總目》卷七載有《關氏易傳》一卷。按郭彧《續四庫提要辨證（經部易類）》的考證，朱熹曾在《易學啓蒙》中引用關子明的話，但在《朱子語類》中認為：「關子明易是阮逸作」（卷六十七）。而由清代江永《河洛精蘊》所引關子明傳自其祖《洞極眞經》之言來看，朱熹所引用的是《洞極眞經》之言。此二書究竟是否為關子明所作，或為後人僞作，眞僞難辨，今均已失傳，不知司馬光所引用之語出自何書，但關子明與道家之關係深厚，應是可以確定的。

〔註86〕《易說‧繫辭上（八）》，司馬光先引用關子明的說法，而後才講述他自己對「大衍之數」的看法，頁230。

〔註87〕小衍「六」的推算邏輯，這裡有兩種可能的解釋，一為「一、二、三」之總合，另一則是《易說‧說卦》：「三才者，天，陽也；地，陰也；人，陰陽之

因「地二天三，合而爲五」所以有五位，而「五位皆十，爲衍之極」，因此「大衍」是五十。「小衍去一爲五行」，小衍去「一」代表五行亦由「一」所生所主，即由「太極」（氣）而來。此階段應在潛虛氣圖之前，也在「十而大備」之前，此亦與《潛虛》「氣圖」中即有五行脈絡相合。「大衍去一爲揲著之數」，大衍之數是占卜之數，其爲數衍生之極盡與終點，數的完成象徵著整個宇宙的完成。此猶如《潛虛》「體圖」中五十五體的成形。大衍之數是用來進行實際占卜的，表示其已可代表一個完整宇宙人事的實際脈絡，所以在此之前都還是形上無形之氣的分化，由此之後宇宙應就進入了形下的階段。此一《易經》中的數列規則與《潛虛》之對應如下圖：

易　經	太　極	陰陽，中和 （陰陽中必有中和）		天地自然之數 （天數五、地數五）	
數	【一】	【三】 小成	小衍【六】（去一爲五行）	【十】大備	大衍【五十】（去一爲揲著之數）
潛　虛				氣圖（天地之數、五行潛藏的狀態、方位）	體圖

不管是由「小衍」而來的「五行」，或是由「小成」而來「十而大備」的「天地自然之數」，其數列的基礎均由「一衍之則三」而來，亦即《潛虛》「氣圖」中的十數與五行的來源均與「中」有相當的關係，因此，「中」確實爲氣在分化時的根本原則。這種「一衍之則三」，重視「中」在宇宙論中之地位的論述，在《道德眞經論〔註88〕》中亦有提及，如「道生一」、「一生二」、「二生三」分別被釋爲「自無入有」、「分陰分陽」、「濟以中和」。《老子》中的宇宙生成過程雖不同於《易經》，但在司馬光的詮釋中，依然可明顯看到從「一」（由無到有，「一」即未分化之氣的出現）到「三」亦是以「陰陽之間必有中和」來解釋的，與其對《易經》的詮釋相同，證明此爲其一貫的理論。

與「太極生兩儀」的傳統宇宙論相比，「一衍之則三」的架構顯示出司馬光對「中」之重視的特殊性。對「中」的重視，暗示了司馬光對於「陰」與「陽」在宇宙生成過程中之作用的理解，此意味著無論是「陰」或「陽」所

中也。……三才之中，復有陰陽焉，故因以重之，以爲六爻，則天下之能事畢矣。」「三才」代表著「陰、陽、中」，而此三者又各自分陰陽，因此衍爲「六」。

〔註88〕《道德眞經論（四十二）》，頁363。

代表或主導的氣之分化脈絡，都無法獨力形成宇宙萬物，宇宙要能眞正成形，必須要靠二者間的交互作用，才能讓氣形成萬物。「分而爲陰陽，陰陽之間必有中和」，「中」並非是外於氣的另一更高的標準或是在氣當中的另一分化脈絡，而是在「陰」與「陽」兩端當中必定自然存在的一種最適切的調和狀態。換句話說，「陰」與「陽」雖是潛藏在氣當中的發展脈絡，但其要能眞正發展、實現出來，還必須其能相互作用、調和到恰到好處，亦即必須合乎「中」這一氣潛藏的內在原則，氣化生宇宙萬物才有可能實現。

在《易說・說卦》中，司馬光以「陽、陰、中」來解釋「三才」：「三才者，天，陽也；地，陰也；人，陰陽之中也。〔註89〕」「三才」傳統指天、地、人，「中」代表的是人，爲「陰陽之中」，這表示「人」必須由陰與陽共同交互作用，在取得最和諧之「中」的狀態下，才能氣化成形。不只人需要合乎此一「中」的原則，整個宇宙的生成、存續，都是以「中」爲其原則的。此一以「中」爲中心的宇宙觀在《潛虛》「名圖」中表現得尤爲明顯。前節第二大點述及「名圖」以「✗✗齊」名爲中心，將其餘五十四名按方位排成圓形，此代表著全幅的宇宙與宇宙萬物的氣化循環過程。作爲全圖中心的「齊」，其「行圖」之辭爲：

> 齊，中也。陰陽不中則物不生，血氣不中則體不平，剛柔不中則德
> 不成，寬猛不中則政不行，中之用其至矣乎！〔註90〕

由此可知，「中」不論是在宇宙化生萬物的過程中，或是在人的生命健康上是萬物能形成、生存、存活的關鍵，在個人道德修養與團體社會的政治實踐上，亦是使之能成功的關鍵。前節第三大點亦有提到，從「名圖」圖說：「故萬物始於『元』，著於『衰』，存於『齊』，消於『散』，迄於『餘』，五者，形之運也。〔註91〕」可知，物因氣聚而成形後，要存於「齊」，亦即存於「中」，只有氣保持在這種中和不失衡的狀態下，物才能存活。氣若未能保持於「中」，物就會因氣之消散而散亡，「中」是氣聚散的關鍵。具體的物質如此，抽象的規則或世間秩序、價值亦然。世間萬物既由氣所形成，「中」爲氣之原則，則自然由氣而來的各種脈絡、規則、原理，也均是以「中」爲原則的。道德修養與政治實踐以「中」爲原則，此意指人間的秩序與價值亦是一以「中」爲

〔註89〕《易說・說卦》，頁285。
〔註90〕《潛虛・行圖・齊》，頁61。
〔註91〕《潛虛・名圖圖說》，頁12。

準的。此點由「名圖」的設計來看更爲明顯，「名圖」中的五十五名被分爲十一組，每一組內前後排列順序均與前述之氣化規律相呼應〔註92〕，因此其均以中間之名爲全組之核心〔註93〕，以「名圖」中央的「齊」爲中心，具體而微地展現出一層層以「中」爲原則和標準的宇宙、人間圖畫。

司馬光在《易說・繫辭傳》中強調：

> 陰陽相違，非太極則不成，剛柔相戾，非中正則不行，故天下之德誠眾矣，而萃于剛柔；天下之道誠多矣，而會于中正。剛柔者，德之府；中正者，道之津。……嗚呼！中正之于人也，其厚矣哉！剛者抑之，柔者披之，不慮而成，不思而得，不卜而中，不筮而吉，天下同歸而殊途，一致而百慮，非中正而何？〔註94〕

「天下之道」有很多，意即萬事萬物有許多種道理或發展的可能脈絡，但這些脈絡全都遵循著這一共同的，由氣而來的大原則，就是「中」。「中」是「天下同歸而殊途，一致而百慮」的，是宇宙間之價值與秩序的來源。司馬光這種強調「中」之地位，以「中」爲中心的宇宙觀的主張，實由其主張「中」爲氣本身內在的潛藏原則而來。

二、氣的終極規律與價值傾向：中

司馬光這種「一分爲三」的宇宙生成模式，看起來似乎較接近於道家老子式的「一生二，二生三，三生萬物」，但其理論性格卻又是儒家的，因爲其所主張之宇宙生成過程基本上還是在「一生二」的框架下，仍是在《易經》經文可容許的解釋範圍內。司馬光所謂的「一衍之爲三」並不直接等於「一生三」，因爲「中」在程序上仍必須在「二」出現之後才能出現，所以「中」之地位雖然相當重要，但其並不是等同於陰陽五行那種潛藏於氣當中，待實

〔註92〕十一組名依形、性、動、事、德……功、業、形的順序排列，其中「形」是氣化過程的簡單縮影（故萬物始於「元」，著於「衰」，存於「齊」，消於「散」，迄於「餘」，五者，形之運也。）而其餘十名則由抽象的性、動、情等內容，不斷向具體的社會開展，如家、國、政等，最後在完成功、業之後，人生也到了盡頭，於是就又復歸於氣之中，完成整套氣化循環的過程。每一組中之各名的排列順序是對應著「元衰齊散餘」之關係來排列的，因此由其排列的順序，約略可看出其對各組事物之發展過程的看法。

〔註93〕例如「形之運」中「齊」的作用爲「中」，各組的中間名如「雍」、「慮」、「得」、「庸」等，亦在各組中發揮如「中」的作用，與「包輸萬物」的「齊」遙遙相應，表現了司馬光哲學以「中庸」、「中和」、「中」爲最終價值之一貫理路。

〔註94〕《易說・繫辭上（十一）》，頁242～243。

現的分化脈絡，也不是一種能外於氣而獨立存在的理體，而是氣本身具備的一種特性，是氣分化、活動時的原則。

　　由前述司馬光《易經》詮釋與《老子》詮釋的通同無礙可以得知，這樣的詮釋從另一個角度來看，其實正代表著早期理學在融貫儒道二者上的一種嘗試。在「一分為二」的模式下隱藏著「一分為三」的新解釋，在「一分為三」的新解釋中堅持以「一分為二」的形式來表達，這顯示理學正處於一種儒道互攝的過渡階段。南宋的陸九淵也有類似的說法：

> 有一物必有上下、有左右、有前後……故有一必有二，故曰一生二。
> 有上下首尾前後表裡則必有中，中與兩端則為三矣，故曰二生三。
> 故太極不得不判為兩儀，兩儀之分，天地既位，則人在其中矣。三
> 極之道，豈作《易》者所能自為之哉！〔註95〕

由此可知，這種看法後來已經融入了理學的語言，由此所顯示出來的儒學新趨勢，便是對於「中」的重視，這是宋明理學的一個相當重要的特色。司馬光在宇宙論中所顯示出對「中」的重視，正呼應於此一理學之演變潮流。司馬光對於「中」之哲學理論的建構，或許限於時代與其自身特殊理路的限制，而與日後宋明理學之主流有所不同，因此較少被理學家所提及，但若由思想史的角度來看，其理論實呈現了理學的某些演變脈絡與發展可能。

　　司馬光在《易說·繫辭傳》中的一處文字，可清楚看出「中正」與「太極」、「陰陽」、「五行」的關係：

> 陰陽不相讓，五行不相容，正也；陰陽醇而五行不雜，中也；陽盛
> 則陰微，陰盛則陽微；火進則木退，土興則水衰。陰陽之治，無少
> 無多，五行之守，無偏無頗，尸之者，其太極乎？故太極之德，一
> 而已。〔註96〕

「陰」與「陽」之間、「五行」彼此之間力量的均衡相當，使其不至於被某一方壓過而消滅，這就是「正」；而「陰陽」與「五行」保持在無雜無混，最能表現其中心品質的狀態，這就是「中」。而宇宙間陰陽五行彼消我長，永遠循環不息，質量守恆的這一機制，是由「太極」來主持、主管的。由本章第一節可知，「太極」在司馬光的哲學架構中，其實就是氣。因此所謂「太極」對

〔註95〕 陸九淵：〈三五以變錯綜其數〉，轉引自龐樸：《一分為三》（深圳：海天出版
　　　　社，1996），頁97。

〔註96〕 《易說·繫辭上（十一）》，頁244。

宇宙間陰陽五行的運行主持，其實就是指氣透過其聚散機制對宇宙循環的一種牽引與主宰。而陰陽五行之所以能如此循環不息，正因爲其遵循著「中正」這樣的原則在運作。「中」所指的「陰陽醇而五行不雜」，更是特別直指「陰陽五行」符合了某一價值標準之狀態來說的，因此「中」很明顯的與那些待發展實現的具體事物之脈絡不同，其爲氣在宇宙中聚散、運行之原則，是氣當中潛存著的價值傾向。

「中」作爲氣本身具備的一種原則、特性、價值傾向，猶如水具備有往下流的傾向、火具備有往乾燥地方延燒的特性一樣。《道德眞經論》中釋「物或損之而益，益之而損」爲「滿招損，謙受益，皆所以去甚泰，就中和〔註97〕」宇宙間由於以氣爲本，氣的傾向與原則既是「中」，因此宇宙萬物便都會有這樣的傾向：「去甚泰，就中和」，便自然地往這一傾向來發展，宇宙間所有的規律與發展過程都是往「中」來進行的，《太玄集注·中》釋「陽氣潛萌於黃宮，信無不在乎中」：

> 「中」直冬至之初，陽氣潛生於地中，如人居宮室也。信無不在乎中者，揚子嘆三儀萬物變化云爲，原其造端，無不在乎中也〔註98〕。
>
> 信，辭也。

「中」在《太玄》中象徵著冬至之時，陽氣仍潛於地中之象，氣在潛伏時即已有「中」之象。引申而論，當氣生發爲宇宙萬物，萬物的種種變化作爲，便沒有不在「中」這一原則之下的。因此，「中」可以說是氣的終極規律。

承上所述，更積極地說，「中」這一特性，更是潛藏於氣之中的價值傾向。《易說·坤·六三》：「陽非陰則不成，陰非陽則不生……物以陽生，得陰而成〔註99〕」、《易說·說卦》：

> 坎，北方也，陰之極也，陰極則陽生其中矣；離，南方也，陽之極也，陽極則陰生其中矣。故坎離者，陰陽之交際，變化之本原也。
> 〔註100〕

以上引文均指出物必須由「陰」與「陽」共同交會而生，「陰」與「陽」不能獨自化生萬物。由此來看，「陰」與「陽」都各有所欠缺，並不完美，但其所欠缺的卻正是對方所擁有的，只要二者合一便能達成適合萬物生成之條件，

〔註97〕《道德眞經論（四十二）》，頁363。
〔註98〕有些版本此處作「中心也」，此處依明抄本。《太玄集注·中》，頁4。
〔註99〕《易說·坤·六三》，頁21。
〔註100〕《易說·說卦》，頁290。

即達到「中」的狀態。所以當氣當中的「陰」與「陽」因著氣本身對「中」的傾向與要求，而自然產生互相交會、融合、彼此作用的動作時，萬物便在這樣不完美之兩方的衝擊、權衡、度量後，以一個雙方最適度的結果來誕生於世上。所有能生存於世上之萬物所組合起來的種種生存法則與規律，便是「中」這一價值傾向的具體表現，亦即氣潛藏之價值傾向的展現。

因此，在司馬光這樣的哲學中，價值的來源就不一定要由一神聖完美之理體來作為價值的起點，價值的來源可以是來自於一素樸渾沌、還待開展之氣的，在經過此氣內部所潛藏之未完美脈絡的互相交會作用下，在經過彼此不斷權衡、衝擊、度量後，將此一潛存於氣之中的價值傾向，漸次具體實現出來。其並非一種獨立於氣之外，一開始就神聖完美，可作為價值實體的理體；而是在萬物氣化過程當中的一種價值傾向，其具體實質內容必須要在萬物的具體開展中才得以充分呈現。《太玄集注・常・次五》：「五為中和，常之盛也。〔註101〕」《太玄集注・爭》：

> 陽氣泛施平均，物皆爭進，求遂其宜也。《詩・由儀》美：「萬物之生，各得其宜也。」〔註102〕

萬物都有一朝向「宜」去發展的共同傾向，我們可以判斷此一傾向應正是指萬物之最合宜狀態：「中」。當萬物不斷爭著往氣之宜（中）的方向去生長，「中」這一潛藏於氣當中的價值傾向至終形成了宇宙間的常道，將宇宙維持在一最適切生存與運作的狀況中。但「中」仍無法獨立於氣，或獨立於萬物來論，因為其必須在氣的不斷分化之中，才能顯出其作用。

二、「徐徐自復」的中和之氣：隱藏的調和機制與毀滅機制

作為萬物本原與本體的氣潛藏了能發展為宇宙的種種發展脈絡與素質，氣所具備的終極規律與價值傾向「中」，亦隨著氣的不斷生化循環，漸次形成了宇宙間種種的秩序與價值。承前所述，「中」並非獨立於氣之外，一起始就神聖完美的終極理體，而是一隨著氣在具體現實中的開展才能慢慢實現出來的價值傾向。因此，作為本體的氣雖然具備了「中」的價值傾向，但其性質仍只是自然樸素、渾沌待開展之氣而已，其對萬物之影響與作用的方式，只是透過氣在聚散中展現出來之原本潛藏的規律與傾向來對萬物作出影響。由於氣之開展與聚散都由其是否符合「中」之狀態來決定，而「中」這樣的具

〔註101〕《太玄集注・常・次五》，頁107。
〔註102〕《太玄集注・爭》，頁53。

體價值必須經由氣內部的調和與發展來慢慢產生，所以氣在影響萬物發展的速度與作用上，往往並非快速且顯明的，而是緩慢且隱藏的。氣的流動順著「中」的傾向而有其固定不變的規律，它不能突然強力的去改變什麼，因爲萬物要達到「中」或失去「中」，氣才能對其造成影響，可是這過程往往是漸進的而非突然的，因此萬物便感受不到氣在萬物生成時有何強烈的干預動作，只是自然地隨著氣的規律生滅。所以表面上看來，萬物好像都是自己自然而然生成或毀滅的，事實上，萬物之生滅，都仍是由氣作爲其存在的底蘊來維持的，並非眞正的「無爲」。

這種價值與規律緩緩隨著自然元氣而慢慢開出的本體，在與理本論型態的本體相較之下，就顯得較爲隱藏、無爲、緩慢，甚至是較爲「無力」的。如果把理本論型態的那種價值一開始就神聖飽滿、永恆存在、能存有又活動的「理」視爲宋明理學本體論的主流的話，那麼司馬光哲學中的這種「氣」之本體，相較之下可稱爲「弱性〔註103〕」的本體。但此「弱性」，並非指其效果比理本論型態之本體還來的差，只是特別指出其對宇宙萬物之影響模式與理本論型態之不同處。它對宇宙秩序的調和與維持雖然較爲隱藏且緩慢，並非直接且快速地讓萬物感受到，但對於維持宇宙之秩序與運作，其同樣是一種相當有效的調和機制。

司馬光在論老子的「道」時，對於「道」無爲、隱藏的特性與萬物的自行生成，多有強調，如：

> 釋「道沖而用之，或不盈，淵兮似萬物之宗」、「湛兮似或存」：「深不可測，常爲物主」、「湛然不動，若有若亡〔註104〕」
>
> 微而不絕，若亡若存，無物不用，而未嘗勤勞。〔註105〕
>
> 道之升，萬物以生而不可見。道之降，萬物以息而未嘗亡。〔註106〕
>
> 天地無爲而自生。〔註107〕

道爲「物之主」，此在司馬光脈絡中正指作爲本體的氣，它「深不可測」、「湛

〔註103〕關於「弱性本體」，可參考劉又銘：〈從蘊謂論荀子哲學潛在的性善觀〉（《「孔學與二十一世紀」國際學術研討會論文集》，台北：政治大學文學院，2001）頁66。

〔註104〕《道德眞經論（四）》，頁354。

〔註105〕《道德眞經論（六）》，頁354。

〔註106〕《道德眞經論（十四）》，頁356。

〔註107〕《道德眞經論（七）》，頁354。

然不動，若有若亡」、「微而不絕，若亡若存」，這表示這樣的本體並非一種強勢鮮明的存在，反之是一種弱性的存在，似有若無，不會有太大的動作，但這並不影響其作為本體的地位，因為它雖然「未嘗勤勞」，可是卻能「無物不用」。道之升降，正可對應氣之聚散來說：氣聚萬物因而生成，但卻不能見氣之實體；氣散萬物消滅，但氣並未因此而消失。氣作為宇宙萬物存在之基底素質，看似隱藏無為，讓萬物彷彿是「無為而自生」，但實際上其聚散升降在萬物未覺之處默默主導了宇宙的生滅循環。

　　氣內部的調和不斷朝向「中」的傾向去發展，這樣的特性是氣之聚散循環的關鍵。組成萬物之氣仍不斷地在發展流動，若這樣的流動發展能維持在「中」的狀態，則能維持萬物的存在，但若萬物中之氣的流動最後無法維持住「中」的狀態，那麼萬物就會朝毀滅與氣散的方向去發展。本章第一節第三大點所述之「物極則反」，即指物中之氣的發展走向極端，失去平衡，失去「中」之時，便會造成氣散，導致氣新一波的循環。由於氣本身就有往「中」發展的傾向，因此在萬物中就自然產生一種調和與維持其生存的機制，也就是說，當氣形成萬物時，萬物中的氣會自然有一種往「中」去維持的傾向與規律，只要人與物可以主動順服或不去刻意破壞自己身上這一氣的規律，便可以讓氣自動發揮其傾向於「中」的特性，就能將自己維持在「中」的狀態，不至於太快進入毀滅散亡的危險中。

　　司馬光在〈與王樂道書〉中論到他對「中和之氣」的理解與應用：

> 凡人之所賴以生者，天地中和之氣也。若不節飲食衣服，直以極熱極寒疏利之藥，循環攻之，使中和之氣，何以自存乎？

> 加之棄置萬事，勿以經懷，沉聽內視，藏心于淵，恬淡消遙，歸於自然，使神安志適，骨肉都融，則中和之氣油然自生。如此養之旬月，何疾不瘳矣？夫欲速則不達，半歲之病豈一朝可癒，但當去其害之者，勿令過與不及，俟血氣徐徐自復，則善矣。〔註108〕

所謂的「中和之氣」不是指人體內某種蘊含現成道德的神聖之氣，而是指組成人與萬物，以「中」為原則與特性的氣。「中和之氣」，指的就是氣在人與物身上那種潛存的調和機制，以人為例，如果人的行為不合於這原則，那麼這潛存的調和機制就不能好好發展，無法發揮其維持身體平衡的作用，身體就會因失於中和而生病。但人若行為符合這潛在的機制，就能使之有發展的

〔註108〕《傳家集》，卷六十二，頁751。

機會，它便會「油然自生」、「徐徐自復」了。但此一過程並非一蹴可幾，從「油然自生」與「徐徐自復」都可看出，從開始「養氣」到中和之氣真的能發揮效用，是一個相當緩慢的過程，甚至必須「養之旬月」。由此可知，氣作為本體，與宋明理學中的「理」或「心」那種一發用便即刻可以達到效果的本體，相當不同。氣中存在的「中」之機制不會強力的要求或主宰人或物的意志，其只是作為一個最合理的規律，必須要人或物主動配合才能達到其功效，因此其可說是一「弱性」的本體。但從另一面來說，只要人能配合氣這一中和的要求（去其害之者，勿令過與不及），氣便可以自己恢復並發揮其原有的功效（例如病痛就會自己不藥而癒），這也表現了司馬光對於「中和之氣」這一機制的信心，氣作為本體，雖然是隱藏而緩慢的，但其功效仍是與理本論之「理」、心本論之「心」相當的。

司馬光對中和之氣這一機制的信心亦可由其對「養氣」的解釋看出。有趣的是，司馬光的「養氣」理論雖典出於《孟子》，可是他卻錯誤地理解了孟子的「養浩然之氣」，將之作出了荀子式的詮釋。在〈中和論〉中他提出：

> 故孟子養德，以氣言之，蓋能謹守中和之志，不以喜怒哀樂亂其氣，則志平氣順，德日新矣。故曰：「持其志，無暴其氣。」及夫德之成也，沛然不息，確然不動，挺然不屈。〔註109〕

他認為孟子的「養浩然之氣」是在「養德」，養浩然之氣便是不要去打亂氣的發展，這樣便能使德日新日成，漸漸積累，等到「德之成」，便能夠「沛然不息，確然不動，挺然不屈。」但孟子的理路並非是等到「德之成」，浩然之氣才「浩然」，而是一開始就是「至大至剛」的浩然之氣。這是司馬光自己亦未察覺的誤讀，這顯示了其與孟學理路之間的距離，而反與荀子的「積善成德〔註110〕」理路較為相近。氣之發展只要不用人為的情感慾望去干擾它，它就會自然將原本潛藏的脈絡與朝向「中」的價值傾向一步步實現出來，累積起來便是道德的形成與確立，這樣的本體雖一開始是渾沌、質樸、自然的，但其確實能作為道德價值的來源，並且確立一套有效的修養工夫，由此可看出司馬光哲學理路上的完整一貫。

〔註109〕《傳家集》，卷六十四，頁794。

〔註110〕《荀子‧勸學》（北大哲學系譯注：《荀子新注》，臺北：里仁書局，1983），頁6。

　　承前所述，「中」雖是氣當中隱藏的調和機制，它也同樣是氣當中隱藏的毀滅機制。若人或物沒有主動配合此一「中」之規律，則同樣會因此而慢慢步向毀滅之途。因「失中」而帶來的毀滅也與因「得中」而帶來的恢復一樣，並不是瞬間發生的，而是漸漸慢慢的。因此司馬光的哲學當中，對於「時」與「漸」有著相當的重視，咸信亦與此有關〔註111〕。

第三節　氣本論下的天人關係：合中有分

一、常與變：天的有限性與人的有限性

　　承前所述，司馬光的哲學以一潛藏著宇宙發展脈絡的待開展之氣為其本原與本體，氣因其本身所潛藏的內在原則「中」而產生自然的聚散，在這一聚散機制中將潛藏之宇宙脈絡發展、實現出來，確立了整個宇宙的形成。氣既作為宇宙萬物存在的基本素質，作為氣之終極價值與原則的「中」，也就成為整個宇宙發展的目標與原則，當宇宙萬物都朝著「中」這一方向發展時，以「中」為基礎，宇宙間就慢慢在氣化過程中自然形成了各種規律與秩序。這種價值與規律緩緩隨著氣之聚散而慢慢開出的哲學型態，其本體並非一開始就是一神聖完全、價值飽滿現成的理體，而只是一渾沌、素樸，價值未成形的自然元氣。以上種種證據顯示，司馬光的哲學與明清氣本論中之自然氣本論的理路非常相近，這在思想史與哲學史上饒富意義。

　　自然氣本論這種以價值非先天現在，而為後天積累形成之本體（弱性本體）為價值來源的哲學型態，與論「性惡」的荀子在內在理路上有著某種相通之處。荀子性惡論中強調善均是由人後天的造做而來的，從另一個角度來講，此即是在否認人性在人未學習前即已先天存在著具體的善，並且承認人在學習後即可呈現出善；若再加上荀子其實認為性為「本始材朴〔註112〕」（所謂性惡是從性若不經學習必會趨向惡來講，並非性的本質是中性的，性並未先天存在著現成的惡或善）的定義來看，荀子哲學與這種弱性本體的哲學型態有某種程度上的相似。荀子哲學與自然氣本論這種內在理路上的相近，從司馬光的哲學來看，司馬光的天人關係論歷來多有學者論其與荀子哲學相近

〔註111〕關於「時」，參見第三章第三節第三大點。
〔註112〕《荀子‧禮論》，頁386。

〔註113〕，而其本體論又與自然氣本論理路相近，故其哲學中極有可能蘊含著荀學與自然氣本論理路一貫的線索。因此本節將以司馬光的天人關係論爲論述重點，試著探討司馬光充滿荀學色彩之天人關係論與其以氣爲本之本體論的關聯，以釐清荀學與自然氣本論在內在理路上之相通的可能。

　　依上節所論，司馬光對於氣當中潛藏的「中」這一自然的調節機制相當有信心，認爲只要不以人爲去打擾其自然的發展，「中和之氣」就會漸漸自動發揮其調節秩序的作用，使人或物恢復到原先正常合乎「中」的秩序。這樣的信心表現在其對天人關係的理解上，便呈現出一近似於荀子的「天人有分〔註114〕」的理路：

> 人之所爲苟不失其中，則天之所施雖過，亦弗能傷矣。人之所爲不得
>
> 其中，然後病襲焉。故曰：「養備而動時，則天不能病也。」〔註115〕

司馬光認爲，人之所以會有病痛等非正常的狀態出現，完全是因爲人自己未能願意讓自身之行爲合於「中」這一秩序，而非取決於天之意志的影響或操控。只要人願意合於「中」，「中」這一秩序與機制的運行，是連天也不能違抗或逆反的，因此，天對人的影響是有限而非無限的。換句話說，因爲它也必須服從於氣的秩序，所以人其實不需要在意或害怕天，只要負責讓自己的行爲不失中，就會自然走向一個無病無害的正常狀態。

　　司馬光在此引用了荀子〈天論〉篇之言來作爲其天人關係的註腳，可見其天人關係的立場與荀子的相近。《荀子·天論》：

> 天行有常，不爲堯存，不爲桀亡。應之以治則吉，應之以亂則凶。
>
> 彊本而節用，則天不能貧；養備而動時，則天不能病；脩道而不貳，
>
> 則天不能禍。……故明於天人之分，則可謂至人矣。

歷來多有學者以此論荀子之天人關係爲「天人二分」，天有自己運行的規律，不會因人而改變，所以人只要做好自己的事就好，天與人毫不相干。但荀子雖一面說「天行有常」，不會因人間而改變其規律；但另一面又強調人應該「應之以治」，意思即是人必須主動去了解天的規律，從而順應之以求吉避凶。這一主張與下文的「天不能貧」、「天不能病」、「天不能禍」結合起來看，顯示了天在荀子哲學中已經與宇宙之秩序、規律幾乎合一，天沒有能力違背這一

〔註113〕詳見第一章第二節第二大點〈司馬光與荀學的關係〉。

〔註114〕《荀子·天論》，頁323～338。

〔註115〕《傳家集》卷六十二，頁752。

秩序，因此天無論如何，都只能照此秩序來運行，所以天對人來說，其力量是有限的；但從人這一面來看，當人感受到天的有限性時，其實也同時感受到了自身的有限性，在這一由天所強力代表的秩序之下，人與天同樣的有限，因為人也不能以自身的自由意志來改變、違逆或忽視這一秩序，而必須主動去「應」此一規律，並且因為這樣，人不能不對此一規律進行更為仔細與深入的了解與探求。因此就這點來說，人一面必須意識到天的有限性，不能倚賴天，所以荀子說「天人之分」；但從另一面來說，天與人既然同樣處於同一不可違逆的秩序之下，其二者之間絕不可能毫無關係，人仍然必須順天應天，就這點來看，荀子的天人關係不應是「天人二分」，而是在「天人同一」中特別強調「天人有分」。

司馬光的天人關係論既近於荀子哲學這一型態，從其氣本論背景來看此一天與人的雙重有限性，可以更充分的解釋這種「天人有分」背後隱藏的本體論基礎，並且由此串聯起此種哲學型態的數種演變方向。當宇宙萬物（包括天與人）均以一潛藏自然脈絡、待發展的素樸之氣為本體時，價值並非先天現在，均有待於氣中的中和機制來漸漸創造，在人的感受看來，這一本體在實際運用上是較為弱性緩慢的，不但看不到即時的功效，還必須靠人或物自己願意不打擾其發展，或是積極使自己合於此一規律，才能慢慢看到功效。所以這樣的感受應用在對天人關係之理解上時，人會特別感受到天的有限性（無法快速生效）與人的有限性（不能離開、違背規律）。天的有限性致使人在現實中對人的行為產生更為深刻的信賴感，人只要努力遵行道就不需求天或懼天，反正天亦不能違背道來予人禍福。而人的有限性則會使人在面對人類理性無法輕易解釋的事物時，選擇相信道之中有著更精微玄妙的部分，是一般人難以了解，只有極少數的人可約略得知的（但仍是整個道的一部分），例如聖賢（經過某些特殊的體悟或修養的工夫之後可以有機會參透得知）。人無法離開規律的焦慮感，驅使人們主動去追尋此一道的精微難知之處，人之所以能夠有機會了解道，其背後的本體論基礎即是因人與天同是以氣為本，因此人才能基於相同的素質與規律來感應知曉天道這一精微的部分。

這種雙重有限性使此種哲學類型往兩個表面上看起來截然不同的方向去發展，若著重於天的有限性，其哲學會呈現荀子「天人有分」的性格；若著重於人的有限性，則其哲學便會傾向董仲舒「天人感應」的方向去發展。而司馬光的哲學正好兼有二者，過去有學者據此稱其天人關係有所矛盾，但

若由其深層結構來看，這不但不矛盾，且恰好證明了荀子、董仲舒與自然氣本論之間一脈相承的關係〔註116〕。司馬光在論「道」或天地間之規律時，會有將其分爲「常」與「變」兩部分的描述，前者呼應了對天的有限性的反應，天行有常，人不需過分期待天的作爲；而在論述後者時，則常會出現對於占卜、命、天之賞善罰惡等語言，正表現了司馬光對於人之有限性的深刻感受。

司馬光對《易》的詮釋在相當多時候表現了這種雙重的有限性，《易說・繫辭上》：

> 聖人窮理盡性以至于命，欲立有于無，統眾于寡，故設卦以觀萬物之象。八卦成列以盡天下之象，因而重之，變化備矣。猶未得與眾共之，故聖人復繫以爻象之辭，明言吉凶以告。爻象所言者，有形之常道，猶未足以窮無形之神理，故復以剛柔相推，極變化之數而占事知來。〔註117〕

聖人「窮理盡性以至于命」的目的是爲了設立卦爻象這一套《易》的系統來「立有于無，統眾于寡」，具有社會性的目的，是爲了向一般人「明言吉凶以告」。但爻象中所說的，還只是「有形之常道」，還未能探究到「無形之神理」。要探究到更深一層的「無形之神理」的境界，聖人必須更進一步從爻的陰陽變化去極盡各種變化的可能（此處在解釋占卜中常會出現的變卦，陰陽互變的來由），使人能「占事知來」。這裡司馬光明顯將道分爲「有形」與「無形」兩種層次，有形的是「常道」，聖人已經用言辭向一般人明言其吉凶規律，這是一般人可以直接明白的。但無形的「神理」，卻必須要透過占卜才能展示在人面前，顯示道當中有這樣的一個部分，是一般人不能直接明白，需要透過占卜或聖人的參透才能得知其訊息的。在司馬光的著作中，只要提到「神」，幾乎都與「變化」、「不測」、「難知」、「無形」有關，例如「神之所爲，變化不測，惟易能知之。〔註118〕」、「可測則不爲神〔註119〕」、「陰陽不測之謂神，惟聖人能形容之。〔註120〕」，《法言集註・問神》釋「神心惚怳，經緯萬方」

〔註116〕關於荀子與董仲舒天人關係理路的一貫，可參考劉又銘：〈合中有分──荀子、董仲舒天人關係論新詮〉，《臺北大學中文學報》第二期，2007年3月。段宜廷：《荀子、董仲舒、戴震氣論研究》，政大中文系碩士論文，2007。
〔註117〕《易說・繫辭上（二）》，頁209。
〔註118〕《易說・繫辭上（九）》，頁234。
〔註119〕《易說・繫辭上（五）》釋「陰陽不測之謂神」，頁219。
〔註120〕《法言集註》，頁696-349。

爲「惚恍，無形；方，道也。〔註121〕」，均是在說明道當中此一變化不測的精微部分。而由聖人創造爻象到進一步設計變卦等占卜機制的過程，可以知道此一部分並非來自於另一秩序，而只是屬於道中較爲隱微難測的部分，相較於「常」的那一部分，可以稱此部分爲「變」。《易說·繫辭上》：「著未形而不測，故曰神；卦已形而變通，故曰知。〔註122〕」著草所代表的是未形難測的神理這一層次，與占卜有關；已寫成的卦爻辭是人的一般理性所能理解的，代表的是有形的常道。《易說·繫辭上（四）》：「仁者守其常分，知者應變不窮，易道兼而有之。〔註123〕」仁者守常，知者應變不窮，易道兼有此二者，這種對「常」與「變」的分判，正是雙重有限性之天人關係的特色。

　　由於司馬光同時感受到天的有限性與人的有限性，所以他一面主張「養備而動時，則天不能病」，但也同時會有「天，至大而難知者也。〔註124〕」這類推崇天的語言。由於中國讀書人在現實與理想間常遇到重大的衝突與矛盾（司馬光自身也曾在政治上不得意），在這種狀況下，對於天的有限性往往只是一種哲學與道德信念上的堅持，但對於人的有限性則更多時候是一種切身的體驗與感受，所以筆者認爲這類型天人關係的發展方向主要還是取決於哲學家對於「變」的態度，大致上可以分爲兩種態度：一種態度是比較被動的，僅認知了變道的存在，並無進一步去掌握的行爲，只在自己能努力的常道上繼續努力，此即「盡人事，聽天命」或「修道以俟命」；另一種則會想適度的透過聖人所流傳下來的種種線索或機制（如禮法、占卜）來主動求取或掌握此一超越人類有限性之「變道」（天）的訊息。前者可以以荀子爲代表，後者則可以董仲舒爲代表。而司馬光則在很多時候試圖要兼顧二者，如：

　　　　天之禍福必因人事之得失，人之成敗必待天命之與奪。〔註125〕

　　　　光曰：「李奇曰：常行遜順，以備不虞。」光謂：雖有明智，旁照無極，不能思不虞之患而預防之，使墜失上天福祿之命，猶未足以爲明也。〔註126〕

在這種理路下，天與人之間由於共同分享同一秩序而產生了親密的關係，

〔註121〕《法言集註》，頁 696-296。
〔註122〕《易說·繫辭上（十）》，頁 237。
〔註123〕《易說·繫辭上（四）》頁 216。
〔註124〕《太玄集注·瞢·初一》，頁 145。
〔註125〕《法言集註》釋「天不人不因，人不天不成」，頁 696-328。
〔註126〕《法言集註》，頁 696-303。

但這種關係又不同於孟學式的由內在天理向上冥契而達至的天人合一境界。這種型態的天人關係以及因之而起的工夫實踐，在中國哲學史上可能未必為非主流，只是過去未能辨明其由荀子以降至漢、唐、宋、明清之一脈相承的發展，因此只作為各時代不同的個案來處理，這條線索也就因此隱而不宣了。

以下，筆者試圖從司馬光與荀子和董仲舒之天人關係的分別比較中，詳細證明上述之司馬光哲學與荀子、董仲舒為同一理路之發展的說法。

二、天人有分式的被動自勉：修道以俟命

司馬光天人關係的其中一個側面，可以從他對「命」的態度來描述。在儒家思想中，「命」所牽涉到的意義有天的命令、生命與命運。天之命令的內容、生命的產生與長短、命運的好壞吉凶，都不是人所能掌控或決定的，因此「命」這一哲學範疇的產生，其實就代表著人意識到宇宙間有一無法用人之理性去輕易推知、掌控，且又無力違逆的神秘秩序（力量）。這種對神秘秩序（力量）的認知感，便是來自於人在世間對自身力量之有限的感嘆。「人的盡頭就是神的起頭」，人的有限感引出人對於宇宙間有一無限秩序的想像與嚮往，因此，「命」這一概念的出現，與人的有限感極有關係。

從《論語》「五十而知天命〔註127〕」、「不知命，無以為君子也〔註128〕」開始，「知命」即是儒家思想中的重要追求目標與工夫境界。這一面表示「命」並不是平凡人所能輕易掌握、認識的，另一面又表示對「命」之存在與內容的認知是人生必須的課題。「知命」成為儒家歷代思想家不能迴避的工夫重點，但對於「命」的詮釋則基於其對天人關係之理解的不同而各有側重。

依前所述，在荀學這種由弱性本體而來，雙重有限性的天人關係類型中，「命」這一詞的使用，往往特別指向「命運」這一義。命運是天地間確實存在的，一種人所難以掌握的神秘規律，這正可呼應到前述天人共享規律中較為隱藏的那一部份，亦即前述相對於「常」的「變」的部分。面對此一隱藏神秘的規律，由於天與人的力量都是有限的，所以人無法透過任何祈求天的動作來改變「命」。在這種理解模式下，人既無法改變這一未知的命運，其所能採取的應對模式之一（另一模式是積極的去了解此一規律，然後趨吉

〔註127〕《論語・為政》，引自《四書章句集注》（北京：中華書局，2005），頁54。
〔註128〕《論語・堯曰》，引自《四書章句集注》，頁195。

避凶），便是對「命」採取一種被動豁達的接受態度。「知命」的用意不是要
「改命」，而是要能更好地「俟命」──知道命運無法改變，但在等待命運
的過程中，不會因這不能自己掌控的命運而困擾，而能依舊肯定自己在世上
的作爲。換句話說，「知命」的目的，就是能夠讓自己超脫於讓現實命運來
衡定善惡、自我價值的這種迷思。這種思維適當地切割了人之行爲與不可捉
摸之命運間的因果關係，讓人能從現實的困厄中得到解脫，不會因現實禍福
與行爲善惡間的不對等關係，而對己身遵行正道的選擇產生懷疑。因此，一
面肯定自己只要能夠遵行「常」這一部分人世間已知的規律，就不用害怕「變」
這一部分隱藏無定之命運的打擊（「養備而動時，則天不能病」）；另一面亦
把人在世間的修養成果與現實之吉凶作一適當的切割，無論命運如何，都不
能影響到自我的心境（「樂天知命，知命不憂」）。簡單來說，人既理解自己
無力改變命運，那就該努力不讓自己被命運（變道）影響，依舊能依循人間
正常的規律（常道）來生活，並且對這樣的順應規律能自我肯定其價值。人
對天雖仍抱著應該會禍惡福善的信心（仍相信天不會違背常道），但另一面
亦告訴自己就算沒有得到好的結果（因爲天之規律有更精微、人無法明白的
地方才會如此，並非天違背了規律），但因爲自己「知命」，知道天的有限性，
知道命運的不可改變，所以亦能看開，不以命運的吉凶來衡量自己在人間修
養的好壞。

　　這種對天與人之間關係的適當切割，正是荀學「天人有分」的特色。司
馬光對「命」的態度，相當程度的表現了他「天人有分」的荀學性格。他主
張吉凶有命，認爲現實中確實存在著像「命」這樣，與人之道德善惡、人事
之努力無關的神秘秩序。《法言集註》：

　　　　言顏淵、冉伯牛非不知修人事，而顏淵早夭，伯牛惡疾，何也？
　　　〔註129〕

　　　　周秦楚漢，一廢一興，皆天命使然，非專人事。〔註130〕

第一處引文是在解釋《法言》「……命不可避也。或曰：『顏氏之子，冉氏之
孫？』曰：『以其無避也。』」，顯示司馬光亦贊成用揚雄所說之不可避的「命」
來解釋顏淵和冉伯牛在現實中遭遇困厄的原因，由此可知，人在人事上的修
養，與「命」這一秩序的運作是沒有絕對的因果關係的。第二處引文更是直

〔註129〕《法言集註》，頁696-305。
〔註130〕《法言集註》，頁696-328。

言朝代更迭的因素中，有些因素非來自於人，而是被「天命」這一隱藏的秩序所掌控的。

對於這種人無能為力，無法掌控的神秘秩序，司馬光認為當人認知了其存在與人無法掌控的性質，反而會因切斷了其與人事修養的關聯，所以能豁達地接受它。因為這樣的「知命」，所以能「樂天」，不因命的無定而擔憂（如果有憂慮，也是在憂慮自己能不能掌控好自己能掌控的部分，而非眼前的命運），不強求要改變命運，也不羨慕別人的「好命」：

> 知易，則吉凶有命，惟天所授而樂之，夫復何憂。〔註131〕

> 知命樂天，無憂則賢；樂天知命，有憂則聖。若夫涉世應事，則有常理，始於憂勤，終於逸樂。人無遠慮，必有近憂。〔註132〕

> 死生有命，富貴在天。好學者修己之道，無羨於彼，有羨者皆非好學者也。〔註133〕

> 何謂違天之命？曰：天使汝窮，而汝強通之；天使汝愚，而汝強智之。若是者，必得天刑。……人之刑罰，刑賞其身；天之刑罰，刑賞其神。故天之所賞者，其神閑靜而逸樂，以考終其命。天之所刑者，其神勞苦而愁困，以夭折其生。彼雖僂然而白首，猶貳負之臣桎梏而處諸石下，雖踰千歲，惡足稱壽哉！〔註134〕

以上這些引文，都表現了司馬光「樂天知命，知命不憂」的人生態度。最後一處引文中更是指出：人對命運的安然接受，其賞賜結果並非現實的物質享樂（切斷現實遭遇之好壞與人事修養之好壞的因果關係），而是精神上的閑靜逸樂。反之，人若硬要使用一些違背正道的方法來改變自己的命運，最後就算得到了物質享受，其在精神上只會得到折磨痛苦的惡果。此處的「天」，並非指具有人格神性格的「天」，而是指命運作為宇宙中一隱微之秩序的層面來說。人若能順應這一秩序，則其雖然在現實生活中不一定有物質上的好處，卻會在自我修養的精神層次上自然得到一好的結果，這不是天有意識的賞罰行為（天是有限的，沒有能違背規律的意識），而是因順應規律而自然帶來的善果。司馬光這種被動接受命運安排，不作任何反抗或試圖改變之動作的人

〔註131〕《易説·繫辭上（四）》，頁214。
〔註132〕《潛虛·行圖·罹》，頁27～28。
〔註133〕《法言集註》，頁696-274。
〔註134〕《迁書·士則》，《傳家集》卷七十四，頁906～907。

生態度，實際上來自於前述之對天人雙重有限性的深度理解。

揚雄在《法言》中有許多對於聖人遭厄運，聖人現實遭遇之悲慘的辯答，其中有一處，認為天為何沒有因為孔子道德聖明就讓他舒服渡日，反而讓他困病勞碌一生？司馬光將此處詮釋為：「天日行一周逾一度，未嘗休息，何病乎？」（天沒有休息也並不叫累，所以聖人沒有休息，也只是和天一樣，並不因此而病苦），因此「天聖各得其道，行之自樂〔註135〕」。聖人之所以能「樂天」，並非因為天有給予他什麼好處，而是因為能行與天相應（或說與天共享的）的「道」，因行道而樂。天與人各自有該行的道，實際上彼此間未有明顯直接的因果，但人只有在順應此道的狀況下，才能「樂天知命」。這顯示「命」在這種合中有分的天人關係中，雖司馬光承認其對人有所影響，但其影響在透過人積極對道這一大規律的順應下，被降到了最低。從消極面來講，人只要行正道，就算命運不好仍無損於自己的修為；但從積極面來講，人若能行正道，司馬光仍對天有著某程度的信心，相信天不會違逆其規律，因此仍用「行正道，天不能動」來自我勉勵：

> 正則吉凶不能動矣，故易道貴之。〔註136〕

> 君子以德自防，外患無從而危者也。〔註137〕

> 君子非罪而逢禍者也。儻審己之道，不以禍為禍，天道福善，必將
> 生我也。〔註138〕

在這些引文中，司馬光很明顯的指出了人只要「審己之道」，知道自己並沒有違背自己能掌握的道，就不需要為了命運所帶來的禍患擔心，就算真有禍患，也必須抱持著對「天道」的信心，相信這只是暫時的，因為天是有限的，它不可能違背正道而行，最後一定會回歸福善禍惡的正常規律。在這結局實現之前，雖有禍患，仍要繼續堅持實行正道。這種主張實際上強調了對人之行為的信心，亦適當地否定了天有任何能違反規律的能力（即將命運不符規律出現的狀態拉至一依舊正常的水平裡），表現了天人有分的色彩。

司馬光除了對命的詮釋表現了荀學色彩，在許多方面也表現出與荀學的一脈相承。荀子強調「天行有常」，司馬光亦屢言及此，如《法言集註》：「……，

〔註135〕《法言集註》，頁696-304。
〔註136〕《易說・繫辭下（一）》，頁252。
〔註137〕《太玄集注・閑・次六》，頁13。
〔註138〕《太玄集注・徯・次八》，頁42。

其言合於天地人之常道者，所謂德也，否則皆過言也。〔註139〕」、「……天運行有常，豈妄動乎？〔註140〕」均將天認知為一規律運行的常道。荀子主張「明天人之分」，天有天事，人有人事，人不能與天爭職，必須專心於各自的任務上。司馬光《迂書・士則》：

> 智愚勇怯，貴賤貧富，天之分也；君明臣忠，父慈子孝，人之分也。
>
> 僭天之分，必有天災；失人之分，必有人殃。〔註141〕

智愚勇怯這種天生的才能，跟貴賤貧富一樣，都是被命運所決定的，是人所不能自己掌控的，屬於「天之分」；人所能掌控的只有像君臣父子之道這種為人所知的人間常道，人若妄想去僭越干涉天，也就是模糊天人之間的職分，只會造成反效果。另外，這種「天人有分」的思想除了消解人因命運而來的自責，其實也同時提升了人在宇宙中的重要性，因為雖然有些事是人無法掌控的，但同樣的，也有些事情是只有人能努力作到，而天不能作的。司馬光《迂書・天人》：

> 天力之所不及者，人也，故有耕耘斂藏；人力之所不及者，天也，故有水旱螟蝗。
>
> 天之所不能為而人能之者，人也；人之所不能為而天能之者，天也。
>
> 稼穡，人也；豐歉，天也。〔註142〕

就很明顯的表現了這種「天人有分」的觀點，天與人各有其能力的限度，人必須主動完成人的任務，與天分工合作，才能推動宇宙正常的運行。此亦與荀子所主張的「天有其時，地有其財，人有其治，夫是之謂能參〔註143〕」理路相當。

荀子向來排斥迷信或鬼神之說，《荀子・解蔽》：「凡人之有鬼也，必以其感忽之間，疑玄之時定之。〔註144〕」認為鬼都是人在精神萎靡時自己幻想出來的。司馬光對於迷信與鬼神也多採取理智批判的態度：

> 《法言集註》釋「靈場之威，宜夜矣乎？」：「妄言可以欺愚，不可以誑智。〔註145〕

〔註139〕《法言集註》，頁 696-302。
〔註140〕《法言集註》，頁 696-316。
〔註141〕《傳家集》，卷七十四，頁 907。
〔註142〕《傳家集》，卷七十四（《迂書》中有兩則名為〈天人〉），頁 916。
〔註143〕《荀子・天論》，頁 325。
〔註144〕《荀子・解蔽》，頁 431。
〔註145〕《法言集註》，頁 696-307。靈場，鬼神之壇。

　　《法言集註》釋「神怪茫茫，若存若亡，聖人曼云」：「曼，無也，無言之者。〔註146〕」

　　《法言集註》：「借使有仙，亦如龍龜等，非人類所能學也。〔註147〕」司馬光認為聖人不談論怪力亂神之事，神怪之說只能欺騙愚民，不能欺騙聰明的君子，這與荀子「在君子以為人道也，其在百姓以為鬼事也〔註148〕」的態度相同。

　　另外，荀子對《易》的意見雖不多，但從「善為《易》者不占〔註149〕」的說法可知，荀子對於人所無法掌控的那部份規律，其態度是被動的。《易》中所敘述的很明顯是天人共享之道，「善為《易》者」正是能掌控道之全盤的人。能掌控道的人，便會知道占卜其實是無用的。一面來說，占卜無法改變什麼已經命定好的事情，另一面來說，只要能掌控道的傾向，就算不占卜也能知道吉凶，因此便選擇「不占」。司馬光也有類似的主張，認為「聖人不占」，在《法言集註》中釋「或問聖人占天乎？曰：占天地」為「仰觀象，俯觀法。〔註150〕」顯示聖人之占實為觀察天的規律（象、法），而非占求任何神鬼；釋「史以天占人，聖人以人占天」為「史考察象數，知人事之吉凶；聖人修人事，知天道不能違。〔註151〕」由此可知，因為聖人只要觀察人世間的常道，就可以預先知道天命吉凶的大方向了，所以其並不需要特別運用象數等占卜機制。從以上的諸多例證可知，司馬光的天人關係，實為承自荀學理路的發展。

三、天人感應式的主動探尋：對占卜的肯定

　　司馬光對「命」的詮釋，其「樂天知命」、「正則吉凶不能動」的主張，顯現出其天人關係論與荀子「天人有分」理路的接近。但司馬光的天人關係論還有另一從表面上看來，似乎是與此種「天人有分」理路正好矛盾的面向，此即司馬光對於占卜以及董仲舒那種強調災異的天人感應有著某種程度上的肯定。這一點往往讓學者的評論有很大的出入：或以此認為司馬光的「天」

〔註146〕　《法言集註》，頁 696-325。
〔註147〕　《法言集註》，頁 696-346。
〔註148〕　《荀子・禮論》，頁 396。
〔註149〕　《荀子・大略》，頁 548。
〔註150〕　《法言集註》，頁 696-317。
〔註151〕　《法言集註》，頁 696-317。

有人格神色彩，如漆俠認爲董仲舒的「天人相感論」把「天」神祕化、人格化，而司馬光「對天的認識路線就是沿著董仲舒的路線發展的，而且比董仲舒還要董仲舒！〔註152〕」或是將此部分解釋爲司馬光爲了政治而有的策略性論述，如李昌憲認爲司馬光的思想「基本上繼承了劉禹錫『天人相勝』的思想，而且還提出了『天人共濟』的思想，從而完善發展了荀子在天道觀上的天人相分的思想〔註153〕」，但是由於「封建社會裡權力缺乏有效的制約機制，人們不得不借助天命論、天人感應的學說來『略以助政』〔註154〕」，所以司馬光才會有如「天者，萬物之父也〔註155〕」這樣的論述出現。依前所述，司馬光的天人關係明顯有荀學色彩，因此漆俠的評論並不全面，但其所指出的事實（司馬光對董仲舒天人感應論有所肯定）實爲司馬光思想中無法迴避的一面。李昌憲指出了司馬光天人關係與荀學的關係，但其只以政治的理由來消解司馬光思想中的這部分矛盾，對於司馬光哲學的整體性而言，未免有些過於取巧。筆者認爲，司馬光明顯的同時有荀子「天人有分」與董仲舒「天人感應」這兩面的思想，是不能否認的事實。這二者的思想雖彷彿是儒家思想中對立的兩端，但若由前述之天人雙重有限性這一觀點來解釋，其理路實爲同一種思維下的發展。這不但可消解司馬光思想這種表面上的自我矛盾，並且更加證明了司馬光在荀學這一理路的發展上，有著承先啓後的重要性。

在本節中筆者曾提到，天人共享的「道」可以分爲「常」與「變」兩層，而天人關係的發展方向主要還是取決於哲學家對於「變」的態度，大致上可以分爲被動與主動兩種態度，而司馬光很多時候兼而有之。被動的那一面，可以從他對「命」的解釋來看，人只要掌握好常道，變道（命）既然無法改變，就被動的接受就好，不要硬去求改變。雖然無法改變，但司馬光並不反對對變道有一主動積極的探尋，讓自己更了解變道，行爲就能更合於道。這種探尋只是爲了更能完全認識「道」，而非要試圖扭轉、改變它，所以這和前述「修道以俟命」式的被動接受態度並不衝突。

司馬光對「變」採取主動探尋態度的這一面，可以從他對「變」的詮釋來看。他認爲「物久居其所則窮，故必變而通之。〔註156〕」、「常道久而有敝

〔註152〕漆俠：《宋學的發展和演變》，頁375。
〔註153〕李昌憲：《司馬光評傳》，頁350。
〔註154〕李昌憲：《司馬光評傳》，頁352。
〔註155〕《迂書・士則》，《傳家集》卷七十四，頁906～907。
〔註156〕《易說・繫辭上（十二）》，頁248。

者也，故曰『常疾』。〔註157〕」宇宙中的萬物雖都按常道而有固定的位置與運行的軌道，但宇宙中需要有「變」的存在，來讓宇宙不斷變化創新，才能生生不息，因此變道並非另一種神秘的秩序，而是整個宇宙秩序的一部分，且不能獨立於常道而存在。從《易說‧繫辭傳》釋「通變之謂事」為「物各居其所則無事〔註158〕」、釋「剛柔雜居而吉凶可見矣」為「各居其所而不相交，則無吉凶。〔註159〕」來看，「變」的產生來自於各種事物間的相互來往，當事物彼此間發生關係時，就會產生變動，於是就有種種事情發生，而這種種事情就會產生吉或凶的結果。《易說‧繫辭傳》：「吉凶悔吝生乎動〔註160〕」，正說明變道之所以難以掌握，是因為其來自於各種事物的交互作用，這當中的變化無窮且隱微，牽一髮而動全身，自然是複雜且難以輕易捉摸的。

　　因此，只要能掌握這一複雜隱微的變道，就能夠達到對道的全盤認識。《易說》釋「曲成萬物而不遺，通乎晝夜之道而知」為「知陰陽通變，反覆無窮，則無所不知〔註161〕」對照前述司馬光將道分為「有形之常道」與「無形之神理」這兩層來看，這「陰陽通變、反覆無窮之道」，應正是指著「無形之神理」這一層面來說的，也就是道之中「變」的這一層次。只要知「變」就能「無所不知」，完全掌握道的全幅內容，但能夠知道的人畢竟只有極少數的人，大部分的人是無法輕易知道的。《易說》釋「神而化之，使民宜之」為「變而民莫之知〔註162〕」，由於一般人無法了解變道，所以那極少數能參透掌握箇中奧秘的人就設立了種種法度與機制來讓一般人也有機會知道這一規律。這些人自然就是被後代稱作聖人的人了，《法言集註》：

> 聖人以聰明深美之德，繼成上天之功，測知神靈之理，首出群類，
> 立之法度以為萬事之常道。〔註163〕
>
> 言德與天地參者則為聖人。
>
> （聖人）範圍天地，曲成萬物。〔註164〕

〔註157〕《太玄集注‧常‧次八》，頁107。
〔註158〕《易說‧繫辭上（五）》，頁219。
〔註159〕《易說‧繫辭下（九）》，頁282。
〔註160〕《易說‧繫辭下（三）》，頁260。
〔註161〕《易說‧繫辭上（四）》，頁215。
〔註162〕《易說‧繫辭下（二）》，頁256。
〔註163〕《法言集註》，頁696-313。
〔註164〕《法言集註》，頁696-315。

當聖人透過種種工夫的修煉與摸索後〔註165〕，掌握了全幅的道，由於連天也不能違背這天人間共享的道，因此當人知道了這一限制天的規律，就能進一步來「範圍天地，曲成萬物」了。人與天的關係，就在透過人這種積極主動去認識規律的行爲後，轉而由人來將天地間原本有的種種事物的合理秩序具體化，人不再只能聽命於天的安排，而能在知道了天的規律後，反過來制天用天。

在這樣的思維下，司馬光首先肯定了人有能夠自己了解、認識這規律的能力（但人若不自己主動去發揮這能力，就不能認識這規律），再進一步強調人在天地間有著必須主動理解道，然後依道來安排萬物之任務要執行。《易說》釋「神而明之存乎其人」爲「苟非其人，道不虛行〔註166〕」，顯示人對道的配合在宇宙中的重要性。《易說》：「故謂事之所以然，无有師保，自得楷法，如臨父母，言可嚴畏。〔註167〕」強調沒有天神或外來的力量會直接告訴人現成法則，人必須自己主動從自然中摸索出規律，然後要謹慎地遵行，不能悖離此一規律。另一處引文中的意思也與此相近：「天地能示人法象而不能教也，能生成萬物而不能治也，聖人教而治之以成天地之能。〔註168〕」天地自然只能給人看各種「象」，不能直接教導人規律，所以天地能生成萬物卻不能治理，人必須從這些法象中自己摸索出規律。摸索出規律的人就是聖人，聖人掌握了規律，以此來治理萬物，便是「成天地之能」。這很明顯與前述之荀子天人有分中人「能參」的那一面理路相通，且更爲積極主動。《法言集註》釋「聖人存神索至，成天下之大順，致天下之大利，和同天人之際，使之而無間者也」爲：

> 大順謂上下各安其分，大利謂萬物各得其所。天者不爲而自成，人
> 者爲之然後成，和同其際使之無間隙，皆聖人神心之所爲也。〔註169〕

此處對聖人安頓宇宙秩序之功的論述，強調了人在天地中的能動性與重要性，也顯示了天處於這一大規律下的有限性，因此當人能掌握這一規律後，就能反過來掌握天、治理天，使天人都能各得其所。天人處在同一秩序下，人間的規律與天地自然之規律緊緊結合，沒有方向相左、衝突矛盾的情形發

〔註165〕關於聖人之工夫，詳見第四章第一節與第三節第一大點。
〔註166〕《易說·繫辭上（十二）》，頁249。
〔註167〕《易說·繫辭下（七）》，頁276。
〔註168〕《易說·繫辭下（九）》，頁281。
〔註169〕《法言集註》，頁696-297。

生，而是天人互助，天人互利。

　　聖人安頓宇宙秩序的方法，從現實層面來講，就是設立了許多禮法與占卜機制。在常道方面有禮法制度，在變道方面則是占卜、易經的設立。雖然前文述及司馬光與荀子一樣有「聖人不占」的觀點，但司馬光這種論述在邏輯上，並未絕對禁止一般人進行占卜的行為。相反的，司馬光認為在人還未達到像聖人那樣完全知「道」的境界之前，在遇到變道的困擾時，適當的運用聖人所設計之占卜的機制去對其有所認識，並以此方向來決定自己行為的趨向，這不但不是一種妄求改變命運或迷信的舉動，反而是一種積極要認識道的行為。因為當人認知到命運、吉凶等屬於變道，人難以掌握的秩序時，除了被動的接受此一秩序的安排外，人也可以採取另一種態度，即主動積極探尋此一隱藏秩序的內容，並盡可能的去順應這一秩序。因此，占卜在這種意義下是值得鼓勵的，透過占卜可以進一步了解、認識道較隱藏的那一面（變道），這種了解並不是想要控制或改變命運，而是為了更好地去順應命運，以達到與「道」完全不違的狀態。

　　整理司馬光對占卜的看法，首先，他認為占卜是聖人為了一般不易掌握變道的平凡人所設立的。《易說》釋「知幾其神乎」為「除惡于未萌，消禍于未形，身安而後國治，百姓莫知其所以然。〔註170〕」，「幾」可釋為「道的幾微之處」，應指變道這一層次。只要能掌握變道，就能「除惡于未萌，消禍于未形」，使身安而國治，這正是聖人希望透過占卜能讓一般人能達到的效果（但若是已經掌握道了，就不需要占卜了，所以聖人不占）。其次，《易說》釋「是以明於天之道而察於民之故，是興神物以前民用」為「神物謂著龜，凡卜中然後用之，故曰：『以前民用』。〔註171〕」顯示這一套占卜的機制是經過聖人非常謹慎的親身試驗過後，才讓一般人來使用的，因此它是聖人對於變道之掌握的具體體現，並非迷信的產物。所以司馬光對於人進行占卜的舉動，給予相當的肯定，如《易說》：

> 人以易能言吉凶之所在，故悅之；知得失之有報，故審而行之。
>
> 韓曰：「鬼謀，寄卜筮以考吉凶也。」光謂：「聖人謀之于人，謀之于鬼，以考失得。故此舉無不當，能如是者，則百姓與之。」〔註172〕

〔註170〕《易說·繫辭下（四）》，頁266。
〔註171〕《易說·繫辭上（十）》，頁238。
〔註172〕《易說·繫辭下（九）》，頁280～281。

《太玄集注》：

> ……能以闇求明，如錯著焯龜以決其疑，出於滯泥而入於光明，故曰：「比光道也」。〔註173〕

> 君子消息盈虛，隨時衰盛，如輪之轉，應變無窮，不失正當也。〔註174〕

以上引文均指出，進行占卜，並以此來應變，趨吉避凶，是一件相當正當的事情。占卜中所指示的吉凶與果報，都是與整個宇宙的大規律相合的，因此對一般人可以發揮督促其遵守規律的作用。

但對於變道，是否通過占卜就能完美的掌握其規律了？事實上是不一定的。《道德眞經論》：

> 人知此而避殺就活，是利也。亦有知此而更速死者，害也。豈非天之惡人如此乎？孰能知其意故哉？是以聖人於天道亦不敢易言之。

> 任物自然，物莫能違。隨其順逆，應以吉凶。〔註175〕

所以君子一面要對天存有敬畏謹愼的心情〔註176〕，不可用輕蔑的態度去面對，要盡量能「隨其順逆，應其吉凶」，不要硬碰硬；但另一面，仍不可因爲過度追求對「變」的認識，而疏忽掉對常道的持守。《法言集註》：「聖人志道秉常，隨時應物，如天之陰陽五行變化無窮。〔註177〕」此指出「志道秉常」與「隨時應物」二者皆不可偏廢。必須指出的是，畏天這一態度只是過程，更高的境界是能完全掌握全幅規律之後的「樂天知命」。《道德眞經論》：「畏天者保其國，樂天者保天下。〔註178〕」占卜只是在往「聖人不占」這一境界努力的過程中所採取的輔助手段而已。

承前所述，司馬光雖然肯定占卜，但他也相當強調占卜有其限度（天的限度），所謂的吉凶其實仍主要取決於人，不可以把責任推到天上面（要分判好天與人的能力限度，何爲天之作爲，何爲人之作爲，不能混淆）。換句話說，只靠占卜並不能眞的得到吉，要得到吉，還是要靠人主動與此一規律配合才能得到。《法言集註》：

〔註173〕《太玄集注・童・次二》，頁28。
〔註174〕《太玄集注・更・次二》，頁59。
〔註175〕《道德眞經論（七十三）》，頁369。
〔註176〕《太玄集注・交・次二》：「君子能以明信交於鬼神者也。」，頁37。
〔註177〕《法言集註》，頁696-345。
〔註178〕《道德眞經論（六十一）》，頁367。

人事可以生存而自取死亡，非天命也。〔註179〕

楚莊王以無災爲懼，曰：「天豈棄忘寡人乎？」是得吉猶以爲凶也。

紂淫虐將亡，災異竝臻，而曰：「我生不有命在天」是廢人事而任天命，得凶而以爲吉也。〔註180〕

《太玄集注》：

然以正順而致之則吉，以邪逆而致之則凶。〔註181〕

夫吉凶者，非幸不幸之謂也。得君子之道，雖遇禍猶爲吉，失君子之道，雖遇福猶爲凶。故〈瑩〉曰：「天地所貴曰福，鬼神所佑曰福，人道所喜曰福。其所見所惡皆曰禍。」……明君子守正以順命也。〔註182〕

從以上引文可知，很多表面上看似爲天之作爲的事情（如吉凶），其實只是反應了人之行爲與規律相合或不相合所造成的結果而已，因爲天地鬼神並沒有賞罰人類的自主意識，只是單純反映這一規律而已，所以占卜雖會提到天地鬼神，但並非求神問鬼，而只是在確定自己是否合於鬼神所反映的此一規律而已。因此，吉或凶並非絕對等同於在物質生活境遇上的幸與不幸，而是在反應人順應此規律的結果（因爲很難從現實判斷，所以才要占卜確定）。只要人能主動順應規律，就算表面上遇到禍事，但事實上仍是會得「吉」的，這就是所謂的「得君子之道，雖遇禍猶爲吉」，反之亦然。這樣的思想與前述的「天人有分」、「修道以俟命」很明顯是互相呼應的，這顯示了在這些看似相反的天人關係中，不管是被動的接受命運安排，或是積極的占卜探尋趨吉避凶的正道，都同樣是在感受到人的有限性與天的有限性的情況下發展出來的思想。

司馬光對占卜的肯定，表現了他積極探尋、認識道的這一面向。這種積極，正是一種在天與人有所分別的狀況下，對認識與確定人與天之關係的努力。人之所以能透過占卜等機制來認識、感知天背後的規律（或說聖人之所以能感知規律，設計占卜的機制），其本體論的基礎即來自於人與天均由氣所組成，人可以從自身氣的流動與大自然中在萬物身上之氣的流動，去感受到一共同享有之潛藏規律的內容，這內容的正確與否，人可以從自己身上氣之

〔註179〕《法言集註》，頁696-305。釋「命者，天之命也，非人爲也，人爲不爲命。請問人爲，曰：可以存亡，可以死生，非命也，命不可避也。」
〔註180〕《法言集註》，696-305。
〔註181〕《太玄集注・干・次六》，頁21。
〔註182〕《太玄集注・中・上九》，頁7。

運行的狀況而有所感應，雖然不像理本論或心本論之理或心那樣判斷迅速，但人確實能因氣流動感應的狀況而緩慢的將各種事物的正確價值確認與確立出來。從這一點來說，天人雖然有分，但從其均由氣所組成，人可以透過氣來分享與天共享的這一規律的種種訊息與內容來看，其仍是在一天人合一的大前提下來談天人有分的。

董仲舒的「天人感應」其實也是在這樣的本體論下來論述的，其本體論以元氣為本：「天地之氣，合而為一，分為陰陽，判為四時，列為五行。〔註183〕」其所主張之天人感應、天人合一的基礎為「人副天數」，人之所以會與天同類而能「同類相動」，是因為其均以氣為本，才能「由陰陽性情而感通〔註184〕」，以陰陽之氣為媒介來進行天人感應〔註185〕。跟董仲舒相仿，司馬光也有天人間可以精神感通的主張。《太玄集注》：

> 天人之際，精祲相感，人失其道，妖靈先覺也。〔註186〕
>
> 六為極大，感之盛也。自天地至於萬物，君臣上下夫婦朋友，無不以類相應也。〔註187〕
>
> 一為思始而當晝，精神感通，故遇神及師，雖或發於夢寐，而不失其正，若高宗夢傅說是也。夢者，事之難據者也。精誠之至，猶得正而可據，況僉謀師錫者乎？〔註188〕

在這些引文中之天人精神感通中的「天」，似乎都指向鬼神之說，但其鬼神並沒有強烈人格神色彩，人與天互相感應，感於鬼神的重點仍是在求「道」。這樣的精神感通基礎是建立在「以類相應」上，這與董仲舒的觀點相同。末一處引文提及以夢之形式出現的精神感通，雖有點玄妙神秘，但強調的仍是在於人必須「精誠得正」，否則無法得到正確的訊息，依然與前述天人有分的理路一貫。

〔註183〕《春秋繁露‧五行相生》（賴炎元：《春秋繁露今註今釋》，台北：商務印書館，1984），頁334。

〔註184〕援引余治平用語。余治平：《唯天為大──基於信念本體的董仲舒哲學研究》（北京：商務印書館，2003），頁232。

〔註185〕關於董仲舒天人感應與氣本論的關係，參見段宜廷：《荀子、董仲舒、戴震氣論研究》（政治大學中文系碩士論文，2007），第三章第一節第三大點〈氣本論視野下的天人感應說〉，頁58～63。

〔註186〕《太玄集注‧迎‧次三》，頁88。

〔註187〕《太玄集注‧迎‧次六》，頁88。

〔註188〕《太玄集注‧遇‧初一》，頁89。

所以在這種理路下，司馬光有強調畏天、事天等文字，也就不矛盾了。《迂書・士則》：

> 士者事天以順……或曰：「為士者亦事天乎？」曰：「是何言也！天者，萬物之父也，父之命，子不敢逆；君之言，臣不敢違。父曰前，子不敢不前；父曰止，子不敢不止，臣之於君亦然。故違君之言，臣不順也；逆父之命，子不孝也，不順不孝者，人得而刑之，順且孝者，人得而賞之。違天之命，天得而刑之，順天之命者，天得而賞之。……」〔註189〕

這段文字往往被引用來證明司馬光的「天」是人格神的天，而且是為了鞏固政治上的君權才大談神道。但從上下文來看，司馬光反而是用現實生活中的父子關係與君臣關係來比擬、說明人對於天應有的態度，強調人有絕對順服此一規律的必要，要是人違反這一規律，這一規律是有強制力的（如君對臣），因此人不能不「事天」、「順天」。「天者，萬物之父也」，並非強調「天」像基督教所講的「天父」，只是在說明天與萬物之關係猶如父子關係中，子對於父之命令有著在道德上必須順服的絕對義務，否則將會招致被刑罰的結果，人對天這一必須絕對順服的感受，即是本文所強調的「人之有限性」。而天之刑賞並不在物質層面，而是在精神層面，此點前已有論述，在此不贅述。

從這樣的觀點來看司馬光提到鬼神或天之刑賞的文字，就能明顯發現其論鬼神之能力多只在於賞善刑惡方面：

> 《法言集註》：「著在天庭，猶云簡在上帝之心。五帝三王以明美之德，故為天所祚、人所愛而長久。〔註190〕」

> 《太玄集注》：「小人驕溢，不以法度自規，鬼所毀笑，將降之禍也。明察者莫若鬼，人之愚者或未之知，而鬼察先見其禍也。〔註191〕」

> 《太玄集注》：「小人不慎其初，陷於禍極，乃始尫尫然俟天之救己，天且亦降之禍矣，故曰：『天撲之額。』〔註192〕」

> 《太玄集注》：「小人為隱慝，陰傷於物，自以為人莫能知也，然冒于天罔，天必誅之。〔註193〕」

〔註189〕《傳家集》卷七十四，頁906。
〔註190〕《法言集註》，頁696-328。
〔註191〕《太玄集注・度・次七》，頁109。
〔註192〕《太玄集注・傒・上九》，頁42。
〔註193〕《太玄集注・夷・次二》，頁49。

小人遭受天的報應，多是因爲其早已自己累積禍事，有時候表面上看起來像是天有意識的懲罰，但事實上都是因爲其牴觸了人還未知的隱藏規律，才會遭致惡果。因此，在司馬光的理解中，鬼神或許是存在的，會福善禍惡，但並無眞正的人格神意識，因爲其仍只是在代表天地共同之規律。

　　承前所述，在這樣的天人關係架構下，司馬光亦承認災異的存在。但他極爲強調災異是末，德爲本，若要把災異視爲天之訊息，一定要謹愼分判：

　　　　《法言集註》釋「在德不在星，德隆則賹星，星隆則賹德也」：「賹，
　　　　影也。影從形者也，德崇則星從而祥，星崇則德從而壞。〔註194〕」

　　　　《法言集註》：「災異應時君之德，故以德爲本，異爲末。〔註195〕」
災異是隨著人的德而表現的，所以重點應該是要注重道德，而非一味重視災異來決定事物。就司馬光的政治態度來說，他在進諫皇帝的時候，大多會斥退過於附會、諂媚式的災異說〔註196〕，但有時也會依諫言的需要，適當的用災異來提醒皇帝〔註197〕。

　　這種反對過分迷信，卻又反對絕對的天人二分的理路，對鬼神之說有些許寬容的思想，看似矛盾，但實爲弱性本體論下，對天人雙重有限有深刻體會的一種典型的天人關係。司馬光本身對於佛道教等宗教無太多好感〔註198〕，對於迷信、風水等會影響正常人事制度的說法，更是多加反對〔註199〕。但他更反對

〔註194〕《法言集註》，頁696-317。
〔註195〕《法言集註》，頁696-350。
〔註196〕例如司馬光四十三歲任尚書禮部時所上之奏折〈日食遇陰雲不雨乞不稱賀狀〉：
　　　　「臣愚以爲日之所照，周徧華夷，雲之所散，至爲近狹；若太陽實虧，而有浮
　　　　雲翳塞，雖京師不見，四方必有見者，天意若曰人君爲陰邪所蔽，災應著明，
　　　　天下皆知其憂危而朝廷獨不知也。食不滿分，乃曆官術數之不精，當治其罪，
　　　　亦非所以爲賀也。」認爲日食只是自然規律的正常現象，並不是特別的現象，
　　　　不可以用天人感應說來影響或干涉人事，尤其不可以以此來歌功頌德。《傳家集》
　　　　卷二十，頁295～296。
〔註197〕承前註，司馬光四十七歲時又在京城大水時，上疏論三事：「近日水災之
　　　　變，……陛下安得不側身恐懼，思其所以致此之咎乎？……人心既悅，天道
　　　　自和，百穀蕃昌，嘉瑞並至。豈不美哉？」這裡明顯是利用水災來訓誡英宗
　　　　與太后不睦而失人心之事。《司馬光年譜》（（明）馬巒，（清）顧棟高撰；馮
　　　　惠民點校，北京，中華書局，2006），頁98。
〔註198〕例如〈論壽星觀御容〉（四十四歲知諫院）中所論，他反對多設立一個祖宗畫像
　　　　來祭拜，不允許祭祀有多餘增加的拜神宗教行爲。《傳家集》卷二十六，頁371。
〔註199〕司馬光非常反對當時葬地要看風水的風氣，如〈言山陵擇地箚子〉（四十五歲
　　　　知諫院）：「臣以陰陽之書，使人拘而多畏……，自後聖躬有疾，至今未瘳，

王安石那種「天變不足畏，祖宗不足法，流俗不足恤」的論點，〈擬學士院試李清臣等策問一首〉：

> ……王者造次動靜，未嘗不考察天心而嚴畏之也。……今之論者，
> 或曰：「天地與人，了不相關，薄時震搖，皆有常數，不足畏忌。……」
> 意者古今異時，詩書陳迹，不可盡信邪？〔註200〕

由此可知，雖反對迷信，但極端的天人二分，司馬光是絕對反對的。對於天，他無論如何都會留下對於變道、對於命的那份敬畏謹慎，不敢對於人過份自信。對於人之限度的深刻體會，或許就是保守謹慎的司馬光與激進自信之王安石最大的不同吧！〔註201〕

小　結

　　司馬光的哲學以一潛藏宇宙發展之自然脈絡的「氣」為本體，整個宇宙的化生過程可被視為此一潛藏脈絡之氣的開展與完成。作為宇宙之本原與本體的氣，雖已蘊含了種種宇宙理序的發展端倪，但其價值是在氣的發展中才逐漸發展實現出來的，因此其性質與存在並非一價值先天神聖飽滿、周全遍在的理體，而是一素樸自然、價值待後天發展實現的「弱性」本體（「弱」是指相較於前述價值先天現在之理體對萬物的影響模式而言，非指其效果較弱）。這一素樸自然的氣，透過其因「中」而聚散的內在原則與傾向，在時間中漸漸自然開展出以「中」為價值中心的全幅宇宙圖像與生生不息，循環不已的規律秩序。司馬光這種對氣的主張，實與自然氣本論極為相近。

　　司馬光在天人關係上與荀子和董仲舒的相近，是自然氣本論與荀學一脈相承的有力證明。荀子的「性惡論」、「天人有分」，董仲舒的「性三品論」、「天人感應」均暗示了其哲學亦屬於此種非先天完美本體之型態的可能，而司馬光的綜合二者，正是此一可能性的最佳例證，這突顯了司馬光在荀學發展中的關鍵地位。當人並未認知到有一無限、先天神聖完美之理體存在時，便會產生對於天與人的雙重有限感，而此種有限感正是孟學與荀學在本體論與天

其無驗亦已明矣。」《司馬光年譜》，頁68。〈葬論〉（六十六歲）：「吾常病陰陽家立邪說以惑眾，為世患，於喪家尤甚。」，《司馬光年譜》，頁200。
〔註200〕《司馬光年譜》，頁150。
〔註201〕司馬光在寫給王安石的信中曾就此點指責王安石。〈與王介甫書〉：「介甫固大賢，其失在於用心太過，自信太厚而已。」，《傳家集》卷六十，頁720。

人關係論上的重要分歧點。自然氣本論中的天與人透過其共同的組成成分：「氣」來講其合一與感應的可能性，此爲一種有別於孟學式之天人合一的天人合一型態。

司馬光的哲學不但讓荀學與自然氣本論在哲學理路上之聯繫更爲清楚，也讓荀學這一理路的發展與孟學之發展建立起更清晰的區別性。

第三章　心性論

第一節　「體」與「性」：對「人」的定義

一、體：先天的外在條件

司馬光的哲學在宇宙論與本體論上，呈現了一與明清自然氣本論相近的哲學型態，並非以宋明理學中常見的價值神聖飽滿，先天現在之理體，而是以潛藏宇宙秩序與價值之發展脈絡的素樸自然元氣，作為其哲學的中心。這樣的本體由於必須在現實的脈絡中來慢慢發展、實現其價值，所以其對人或物的影響速度，與價值神聖飽滿之理體相較，可以說是一種較為「弱性」的本體。在這種弱性本體的理路下，人對天人關係的理解便傾向於認為天與人均受一共同規律的限制，天與人的力量都是有限的，所以主張天人「合中有分」：「合」指天人同質，因此受同一規律的限制；「分」指天沒有辦法有意識地干涉人事，人亦無法干涉天之事。

在這種本體論與天人關係的理路下，如何定義、理解「人」這種存在？換言之，此種本體論下的人性論特色為何？司馬光在《法言集註》中的一段話，約略可以作為其人性論基調的註腳：

> 天地之理，人物之性，皆生於自然，不可強變。智者能知其可以然，則因而導之爾。苟或恃其智巧，欲用所不可用，益所不可益，譬如人之形體，益之則贅，損之則虧矣。孟子曰：「所為惡夫智者，為其鑿也。」〔註1〕

〔註1〕《法言集註》，頁 696-292。原書所引《孟子》之言與《孟子・離婁下》：「所惡於智者，為其鑿也。」在文句上略有不同，暫以原書為準。

「皆生於自然」，指天地與人物均來自於同一源頭，即均生於氣之自然。「不可強變」，表示當人與萬物由氣而生時，就已先天決定了某些基本結構、素質，是不能後天改變的。智者能知其原理，所以能夠基於「其可以然」的先天潛藏脈絡來導引「天地之理，人物之性」的發展，但若要硬超出這潛藏脈絡來發展，結果只是導致虧損。此段引文提示了三個重點：一、司馬光相當強調自然之性在先天上的限制，不可強求。二、智者的存在，指出人有能力去理解並利用限制天地人物的這一共同原理。三、自然之性需要有人合理地「導之」，才能達到最佳的狀態（找出「可用」、「可益」的地方）。由此可知，在這種強調天人有限性的本體論與天人觀下，其人性論特別強調人先天的限制（承認並接受人先天的限制與不足），並且極力肯定人有能發揮此一潛藏脈絡的能力（能認識、理解、實現脈絡），因此十分重視後天對人性的導引與發展。

　　要深入了解司馬光對於「人」的定義，可以從他在《潛虛》中提出的宇宙論架構來看：

> 萬物皆祖於虛，生於氣，氣以成體，體以受性，性以辨名，名以立行，行以俟命。〔註2〕

> 人之生，本於虛，（虛）然後形，形然後性，性然後動，動然後情，情然後事，事然後德，德然後家，家然後國，國然後政，政然後功，功然後業，業終，則返虛矣。〔註3〕

第一則引文中所描述的宇宙萬物成立之過程，對照第二則引文中提到人的整套人生過程，其中「動」、「情」、「事」、「德」可說是個人能力的逐漸成熟，而後的「家」、「國」、「政」、「功」、「業」則是個人能力在團體中的展現。由此可知，由氣到一個「人」的正式成形，應是從「性」成立之後開始的，而此由虛到性的過程，應正等同於第一則引文中由氣到性的過程〔註4〕。在這過程中，可看出司馬光對「人」最初步的分析：人是由「體」與「性」組成的〔註5〕。

〔註2〕　《潛虛》開卷語，頁1。

〔註3〕　《潛虛・名圖圖說》，頁12～13。

〔註4〕　《潛虛》中虛與氣的關係，參見第二章第一節第一大點〈潛藏宇宙發展脈絡的氣〉。

〔註5〕　但這並非意味著「體」「性」二分，「體」「性」都同樣是氣，「性」並非獨立的實體，不能離開「體」論性。若論廣義的「人性」，「體」自然也包含在其中，將「體」與「性」分為兩階段敘述，只是為了生成過程方便敘述，這與自然氣本論以氣論性，以血氣心知為性之脈絡相合。參見本節第三大點。

在第二章第一節中，筆者曾論證過《潛虛》中「體」與「性」的意義：「體」指的是氣形成了個體，在人即為一個人先天所有外在條件的形成，包括具體的身體、外表、體能、及出生時的社會地位、條件等。「性」指的是萬事萬物內在的本質（內在的精神或五行之性質），在人即為人的意識、精神、意志、情感等，「體」與「性」合起來才是形下之人或物的完整個體〔註6〕。司馬光這種將「人」分為「體」與「性」兩層面來理解的論述，與其他人性論相比，有其特殊的哲學意涵，此一特殊處在於其對「體」的重視（此處的「體」非等同於體用的「體」，而是指《潛虛》中的「體」）。

雖然將「體」與「性」並舉，在司馬光文獻中，較為明顯的只有《潛虛》一處，但在司馬光其他的文獻中，「形」、「質」等字常與「性」一同出現。從《潛虛》：「體者，質之具也」可知，論「質」即等於論「體」。因此《易說》：「物之質性各有宜〔註7〕」中所謂的「質性」，應正與《潛虛》中的「體性」意義相近。而從《易說》釋「形乃謂之器」為「形質已定，各有常分〔註8〕」來看，「形」與「質」意義相同，即指事物外在的形體而言。《易說》釋「生生之為易」為「形性相續〔註9〕」，在由物衍生出物的過程中將「形」與「性」並舉，亦正與《潛虛》「體性」並舉有所呼應。《潛虛》中又提到：

> 故萬物始於「元」，著於「裒」，存於「齊」，消於「散」，迄於「餘」，
> 五者，形之運也。「柔」、「剛」、「雍」、「昧」、「昭」，性之分也。
> 〔註10〕

萬物的氣聚氣散，是由「形」的成立與消亡來表現的。而「性」主要則是指物的內在本質來說，如柔、剛等無形的性質。可見在司馬光概念中，所謂的「人」或「物」均有這兩層面可言，一是外在的「形體」（讓氣能具體實存的形體），指的是人先天有形的東西；另一是內在的「性」，指的是人的精神、意識、心智等先天無形的東西。

簡單來說，「體」是指人先天的外在條件，而「性」則是指人先天的內在條件，這二者合在一起，才能算是一個完整的「人」。如果所謂的「人性」是指人之所以為人的條件或指人的定義，那麼司馬光所謂的「人性」，必定包含

〔註6〕　詳見第二章第一節第二大點，註解49。
〔註7〕　《易說·繫辭上（六）》（臺北：廣文，1974），頁222。
〔註8〕　《易說·繫辭上（十）》，頁240。
〔註9〕　《易說·繫辭上（五）》，頁218。
〔註10〕　《潛虛·名圖》，頁12。

著人先天的所有條件，包括外在條件與內在條件。過去討論人性多只討論內在條件這一面，因此，司馬光對人先天外在條件的重視，是極爲特殊少見的。

司馬光在《潛虛》「體圖」中的佈置與文字敘述，表現了他對人先天外在條件的具體看法。前章已簡單論述過「體圖」的基本佈置：五十五個呈金字塔形排列的符號，分爲十層，每一層各代表一種社會階級：王、公、岳、牧、率、侯、卿、大夫、士、庶人〔註11〕。司馬光在體圖圖說中敘述：

> 一等象王，二等象公，三等象岳，四等象牧，五等象率，六等象侯，七等象卿，八等象大夫，九等象士，十等象庶人。一以治萬，少以制衆，其惟綱紀乎？綱紀立而治具成矣。

按《潛虛》開卷詞：「氣以成體」，照理說「體」應該只是單純指形體的成立，但「體圖」中卻直接呈現了一幅階級分明，體系完整的社會圖像。由團體一面來看，它顯示出形下社會的規律（綱紀）來自於氣之潛藏規律的自然發展；而由個人一面來看，它指出當個人氣化成體的當下，就已經存在著先天的等差了。一個社會裡，能成爲王侯的人少，成爲庶人的人多，因此當每個人出生時，即當氣形成形體時，人所領受的氣就已經有所等差了。司馬光用社會階層來敘述這種先天的差等，暗示了這種等差不只包含了人先天領受氣稟的高下，還包含了出生時的身分、家庭、社會地位等現實的外在條件（例如要成爲王，其條件絕不只有個人的天賦異稟，必定還包含了其出身與家庭背景）。

司馬光認爲，這種先天條件的等差，是爲了維持社會秩序而必須存在的設計，因爲社會規律必須要在「一以治萬，少以制衆」的狀況下才能維持。他以人之身體爲比喻說明：「心使身，身使臂，臂使指，指操萬物。或者不爲之使，則治道病矣。〔註12〕」，心、身、臂、指有不同的能力（如果能力相同，那麼就不能分工合作了），但若不能有一統一命令的機制，這些能力是無法組合起來運作的。由此可知，社會階級的存在是必要的，下層對上層的順從是此一團體秩序能順利運作的關鍵。因此人有等差的事實，從一維繫社會團體之秩序的角度來看，是絕對必要的。

但這樣的人性論是否只是爲了要鞏固封建制度的存在，將社會階級形容爲先天存在無法更改的外在條件，僵化社會中的階級流動？司馬光支持封建制度本有其時代歷史背景，無法苛責，我們不妨試著跳脫對封建制度的批判，

〔註11〕詳見第二章第一節第二大點，註解38。
〔註12〕《潛虛・體圖圖說》，頁5。

從「體圖」在人之成形過程中的位置來理解這種「先天無法更改之外在條件」在司馬光哲學中的另一層意義。《潛虛》開卷詞：「氣以成體，體以受性」，筆者曾在第二章第一節中以「體圖」、「性圖」與「氣圖」之間的關係證明：當氣化生成人時，其體與性的內容幾乎是同時被決定的〔註13〕，但基於司馬光在此的刻意安排，其將「體」先於「性」，應有以下兩點重要的哲學意涵：首先，性並非獨立的實體，其必須就著外在形體來論性才有意義〔註14〕。其次，體先於性，事實上是一種用現實角度來理解人之形成過程的看法，意即人外在的條件先於其內在條件存在。在現實中，當人一出生，在人各自的內在性都還不明朗的當下（還未在時間與現實脈絡中有所發展），人首先取得的身分標誌事實上是來自於社會的分判（父母、身分、家庭出身、外表……）。對這種「先天無法更改之外在條件」的具體承擔與認知，正與司馬光對人性之「先天有限性」的強調相符合。人必須先對自身外在條件之有限性有所具體認知與承擔，才能夠合理評估自己未來全幅的發展方向與計畫，才不至於好高騖遠或妄自菲薄。這種對現實限制的強調，雖在表面上看來趨向保守，但實為一種務實謹慎的哲學理路。

二、性：先天的內在條件

承前所述，按司馬光在《潛虛》中的論述，他把人分為「體」與「性」兩層面來理解，「體」指的是人先天有形的外在條件，而「性」則指人先天無形的內在條件。關於司馬光對「性」的定義，《潛虛》中有兩處較為直接的論述：一、「性者，神之賦也」，依前文論證，「神」與無形的心神、精神有關〔註15〕。因

〔註13〕 第二章第一節：「性圖」與「體圖」實為同一套符號，雖然排列的規則不同，但是每個組合的五行之性實由其右邊的符號所決定，而符號的五行屬性均是在「氣圖」時就預定好的，「性圖」所謂的「受性」，只是將這一組合之屬性正式彰顯並確定下來，並沒有在符號上再多加什麼變化，故「受性」並非在氣之外再額外由天賜予某一神聖飽滿的理體，降臨在體之上。所以當氣化生為形下之物時，物的體與性幾乎是同時形成的，體與性之間並沒有生成的關係，其均由氣發展而來，但因性不是一個能夠獨立存在的實體，必須就著形下實體來說才有意義，所以其在生成的順序才會稍後於體，故曰「體以受性」。
〔註14〕 同上註。
〔註15〕 第二章第一節第二大點：而「性者，神之賦」則是司馬光對「性」的定義，「神」指的不是天神，而是指心神。《太玄集注》：「神者，心之用也」、「虛者，神之所宅也。」，《法言集註》：「物之神者莫如心。」因此「性」指的應是萬事萬物內在的本質（內在的精神或五行之性質），在人即為人的意識、精神、意志、情感等。

此所謂的「神之賦也」，對照前文「體者，質之具也」，指的應便是事物在外在形質形成後，其內在精神意識之成形的階段。二、「『柔』、『剛』、『雍』、『昧』、『昭』，性之分也。〔註16〕」除了雍指的是「和」，即各種性質調和剛好的狀態外，其餘的剛柔明暗均是指事物最基礎的內在無形性質。這兩處論述都將「性」的意義指向一種事物的內在無形性質。

從《潛虛》的開卷語：「體以受性，性以辨名」中，可以進一步釐清「性」的定義。一、「體以受性」指出「體」先於「性」，「性圖」的符號與「體圖」的符號組合並沒有不同，只是將此一符號組合的性質正式確定下來。所以性並沒有具體的實體（所謂的「受性」非向天承受「性」，而只是將氣組成的形體之性質確定出來），必須在已成立的形體上來講才有意義，因此，不能脫離「體」來論「性」。另外，按「性圖」圖說的敘述，此一「受性」的動作有其被規定好的規律：

> 凡性之序，先列十純，十純既決，其次降一，其次降二，其次降三，
> 其次降四，最後五配，而性備矣。始於純，終於配，天地之道也。
> 〔註17〕

這一規律的內容來自於符號本身所蘊含的數列規律，按此規律，讓體圖中的五十五體都各自有了不同的「性」。這顯示「性」與「體」一樣，並沒有統一相同的「性」可言，每個人由氣而生時，每個形體所具備的「性」都是各自不同的，也都是不完美的。因此，司馬光特別強調人的有限性與個別性，因為無論是外在條件或內在條件，都是先天即有等差，不能強求的。

二、「性以辨名」，當人經過了「受性」的過程，其個體性才真正的成立，才能分辨彼此的不同，才能有「名」，可以分辨彼此的位置與其在團體中應有的行為或責任。從《潛虛》的架構來看，「名圖」代表的是當人由氣所生，體性具足，便會在社會脈絡中衍生出種種行為、情感、道德、家國責任，最後又回歸消散於起初之氣的過程。因此，由「名圖」的內容來看，人所受之「性」，在未進入此一團體脈絡（即名圖階段）之前，並未先天具有任何具體的道德價值，只是一潛藏發展可能的，待發展的素樸材質。若不經過後天的導引，是無法將名圖之內容發展完全的，反之，若能順利「辨名」（了解自身的位置與應該努力完成的行為），那麼人就能在體性具足的基礎上，將先天條件中所

〔註16〕《潛虛·名圖圖説》，頁12。
〔註17〕《潛虛》，頁8。

潛藏的脈絡完全實現出來。此種對「性」之待發展性的強調，在《潛虛》中多有論述，如《潛虛・斅・行圖》：「斅，教也。木有材，工則斷之；民有性，君則教之。生之者，天；教之者，人。〔註18〕」、《潛虛・隸・變圖・初》：「木養其才，工則劇之；玉潛於石，人則琢之。〔註19〕」等，均明確指出「性」的此種先天潛在脈絡、需待後天導引方能發展的特性。

從《潛虛》中對「性」的論述可知，「性」是指人內在的、無形的（特別偏向精神性的）先天條件。每個人都有各自不同的「性」，其所蘊藏的待發展之脈絡也不同，不能勉強。「性」雖蘊有待發展的脈絡可能，但其並非先天具有現成的價值理體，而只是一待發展的素樸材質，因此必須在時間與現實脈絡中接受適當的引導。因此，凡是與上述條件相符之人的屬性，都應該包含在「性」之內容中。據此，人的才智資質、個性、性向、精神、情感、欲望等，都應屬於「性」的範疇。《法言集註》釋「學者，所以脩性也，視、聽、言、貌、思，性所有也，學則正，否則邪」為「五事人皆有之，不學則隨物而遷，不得其正。〔註20〕」此處司馬光贊成揚雄將「視、聽、言、貌、思」視為「性」的內容，即將人運用感官的能力（即才能）視為「性」的一部分，並且指出若不經由「學」適當地導引，將無法得到正確的結果，此點亦與上述「性」之特性符合。《迂書・理性》：「是不是，理也；才不才，性也，遇不遇，命也。〔註21〕」亦將才能劃歸在性的範圍中。〈四言銘系述〉：「孔子稱才難，夫才者所受於天，非人所能強也。〔註22〕」顯示才能為人先天具有、不能勉強的條件，為「性」的一部分。

「才」為性的一部分，是人先天的內在條件之一。而「才德」雖常連用，但「德」並非人先天內在現成即有的條件。〈諸兄子字序〉：

> 明敏辯智，天之才也；中和正直，人之德也。天與之才，必資人以
>
> 德以成之。與其才勝德不若德勝才，故願爾勉於德而已矣。〔註23〕

〈才德論〉：

> 世之所謂賢者何哉？非才與德之謂邪？二者殊異，不可不察。所謂

〔註18〕　《潛虛》，頁 51。
〔註19〕　《潛虛》，頁 45。
〔註20〕　《法言集註》，頁 696-276。
〔註21〕　《迂書・理性》，《傳家集》卷七十四，頁 909。
〔註22〕　〈四言銘系述〉，《傳家集》卷六十七，頁 836。
〔註23〕　《傳家集》卷六十九，頁 857。

才者，存諸天；德者，存諸人。智愚勇怯，才也。愚不可強智，怯
不可強勇，四者有常分而不可移，故曰存諸天。善惡逆順，德也。
人苟棄惡而取善，變逆而就順，孰御之哉？故曰存諸人。……存諸
天者，聖人因而用之，存諸人者，聖人教而成之。〔註24〕

此兩處引文中，司馬光明辨所謂「天之才」與「人之德」的不同。對他來說，
「才」是天所命定的常分，是先天的資質，人無法強力去改變或增補它，只
能「因而用之」。而「德」則是人能夠自己掌握、努力的部分，所以能「教而
成之」，但這也表示其必須待人後天自己去完成它，所以其並非屬於強調先天
性之「性」的一部分。但修德能力先天仍有高下強弱之分，因此其仍是屬於
「性」的一部分，如《法言集註》：

哲能知聖人之道，不溺於異端，智之俊者也；秀謂材秀能修德行，
使穎出於眾秀之大者也。〔註25〕

哲秀者的先天資質高，故其在「修德行」上的能力也優於一般人，此種先天
資質，亦是屬於性的一部分。

「情」與「欲」亦是性的一部分。〈情辯〉：「夫情與道一體也，何嘗相
離哉？始死而悲者，道當然也；久而寖衰者，亦道當然也。〔註26〕」《太玄
集注》：「君子所嗜者道，雖多取而無害者也。〔註27〕」〈聞喜縣修文宣王廟
記〉：

古之人寒衣而饑食，貪生而畏死，不殊於今也。喜怒哀樂好惡畏欲，
與民俱生，非今有而古無也。〔註28〕

司馬光認爲「情」與「欲」都是人自然先天就有的內在條件，其先天的性質
都是中性的，並沒有善惡之分（君子小人均有情欲，只是使用的方式使其結
果有了善惡的分別）。只是每個人情慾的強度與偏重，和才能一樣，是各自不
同的，而這會造成後天發展上的不同結果。

「性」的內容包含了人的資質才能、個性剛柔、情慾強弱等人無形的內
在條件，而司馬光相當強調，這些能力都是先天就有所差異的，且這一差異
是不能強求改變的。《法言集註》：「生而知之，獨運明智，極深研幾，非常人

〔註24〕 《傳家集》卷六十四，頁796。
〔註25〕 《法言集註》，頁696-350。
〔註26〕 《傳家集》卷六十六，頁822。
〔註27〕 《太玄集注‧闕‧次六》，頁160。
〔註28〕 《傳家集》卷七十一，頁870～871。

所能逮。〔註29〕」、「賢人能爲人所不能，必有以殊於眾。〔註30〕」均提到有「生而知之」、「殊於眾」的人存在。《潛虛·變圖》中的「徒」這一名，其主旨是在論學生的〔註31〕。此名的第三變爲「虎豹之能，千人莫當，不可服箱。」其〈解圖〉解釋「不可服箱」爲「不可訓也。」意有些人的天性有如虎豹，完全無法馴服改變。而第四變中則提到「驊騮騏驥，造父授轡，一日千里。」〈解圖〉：「一日千里，天才異也。」，則意味著這世上有天才存在的事實。除了以上兩種極端的例子，第五變中則提出「中人不墮，可以寡過。」〈解圖〉：「中人不墮，志務學也。」這指出大部分的人所擁有的性都是「中人」，只要願意學習，其「性」就能往好的方向去發展。因此，司馬光雖然強調人的能力先天有等差，有些等差是後天完全無法彌補或追上的，但他基本上肯定大部分的人只要願意學習，其「性」均能被牽引往好的方向去發展。但是每個人的方向，會隨其「性」的不同而有所不同。因此第六變中說道：「樛木之曲，惟材之辱，爲輪轉轂。」〈解圖〉：「曲木爲輪，性可揉也。」，彎曲的木材之所以能做成輪子，是因爲其先天的條件使其能夠往此一方向發展（性可揉也），若沒有這條件，作輪子就會是一個錯誤的選擇。《法言集註》：

> 金玉二物，苟礱而錯之，隨其質之美惡，皆有所用。譬之於人，賢
> 者學以成德，愚者學以寡過，豈得謂之無益也？〔註32〕

同樣是「學」，但由於賢者與愚者先天所領受的「性」不同，所以其導致的結果高下也不同，但只要願意努力找到最適合自己「性」的發展方向，其努力達到的結果，不論高下，是同樣都值得肯定的。

司馬光對於「性」之先天性、等差性的強調，顯示了司馬光並不認爲「性」中有任何可以先天現成倚賴、回溯的共通道德理體，人必須重視各自後天的發展與影響，才能找到將各自的性充分發展的方向，進而在現實中將自己獨特的性分實現、完成。司馬光此一理路，很明顯與「復性」理路不同，而與「成性」理路極爲相近。

三、「體」「性」架構下的人性論特色

司馬光這種用「體」與「性」來定義「人」的哲學架構，其對「體」的

〔註29〕　《法言集註》，頁 696-289。
〔註30〕　《法言集註》，頁 696-288。
〔註31〕　《潛虛·變圖·徒》，頁 43～44。
〔註32〕　《法言集註》，頁 696-275。

重視，就其人性論來說，有兩種特殊意義：

（一）、「體先於性」的現實觀察：對人之社會性的重視

承前所述，司馬光對「體」的論述，表現了他對於外在條件對人之影響的重視，這是他人性論中的重要特色。「體圖」中的金字塔型社會階級圖樣不一定是出於封建、社會結構階級不能變動之類的思想，而比較可能是一種對現實的理解角度。司馬光對「人」的定義既可分爲「體」「性」兩層，而從《潛虛》中先「體圖」後「性圖」的結構來看，司馬光對「人」的定義與理解，是先有外在的社會性，才有內在個體性的。這與現實中，人一出生後，首先取得的身分標誌是來自於社會的分判（父母、身分……），日後才漸漸在時間與群體中發展出其個體差異性的過程，實際上是相符的。司馬光強調人的所有先天條件都是不完美的、待發展的，必須要在一慢慢發展的過程中才能將所有條件都發展出來，成爲一個完全的「人」。而在這樣的發展過程中，人並非是先鍛鍊發展個體，再去組成團體的，而是先在團體中適應安頓，才漸漸發展其個體性的。也就是說，「體先於性」意味著人一出生，就必定是在人群當中來發展其所有先天條件的，所以，社會性也是人之本質的重要部份。因此，司馬光不認爲有脫離社會性脈絡的「人」存在，在其思維中，所謂的「人」，一定是一個在社會脈絡中的人，把外在社會條件跟內在條件結合起來，才能完整的定義「人」。

司馬光「體」與「性」的架構，最特殊的地方即在於他對於人之「體」這一面的重視，與宋明理學重內在心性的人性論論述相比，這一點相當不同。這種對社會性的重視，顯示了他與荀學理路相近的可能性。荀學重「群」、強調團體，司馬光在著作中也對此多有重視，如《易說·同人》：「其曰同人者何？同之道極于人也，草木禽獸不可同也。〔註33〕」人與草木禽獸之不同處在於人能「同」，即人能夠組成群體，這種群性是人生來即有的本能。正確的運用這種天生的群性本能，透過與他人適當的溝通權衡，找到讓人和人能結合在一起，能共同生存下去的最好方法，就是人性發展過程中最重要的目標。《易說·比》：「凡物孤則危，群則強。〔註34〕」，《易說·同人·上九》：

> 不同于人，而亦不異于人，是以无悔而志未得也。按序卦之義，否者，物不相交之卦也，不相交則異，異則爭，爭則窮，故受之以同

〔註33〕《易說·同人》，頁 64。
〔註34〕《易說·比》，頁 46。

人。同人者，所以通之也，物通則大有矣。〔註35〕

均強調人必須進入群體社會的脈絡中，不要獨善其身不與人相交。若不與人相交，就會產生爭，而導致窮的狀況。這種因爭而窮的理路，應是承自《荀子‧禮論》：「求而無度量分界，則不能不爭；爭則亂，亂則窮。〔註36〕」的思想。荀子認爲爭窮的原因是人「求而無度量分界」，而司馬光認爲這是「不相交」的結果，從荀學的角度來看，人若不互相溝通協調合適的度量分界，當然會產生因爭而窮的結果，因此人的群性是人能生存下去的關鍵。司馬光對群性的重視，顯示了司馬光哲學與荀學理路的相合可能。

（二）體性不二：與「以氣論性」、「生之謂性」理路的相應

司馬光雖將人分爲「體」與「性」兩層面來理解，但從《潛虛》的架構與圖來推論，「體以受性」中所謂「受性」的過程，並非是由氣而生的「體」與一外來的理體合一，而只是氣之性質的顯明而已。因此所謂的「性」，是不能獨立於「體」存在的，「性」其實是「體之性」、氣之性，並不是什麼神聖完美的理體。由於「人」不能抽離社會脈絡，因此，若要論司馬光的「人性論」，就必須要同時考慮到「體」與「性」這兩層，人性的內涵中必須考量到人外在的條件，所有人先天的條件如人的出生條件、肉體的血氣心知、才能欲望等，都屬於人性的範圍。這種「體性不二」的理路，若後設地從自然氣本論的脈絡來看，很接近於所謂「以氣論性」或「生之謂性」的理路〔註37〕。

當然，在司馬光所處的北宋，理學中所謂「氣質之性」與「天命之性」的論題尚未成熟，所以司馬光並沒有對「性」有這樣的分析。但正因如此，他所呈現出來的人性論非常樸素，「人性」（「體」與「性」）並非天理的存在，而只是人或物氣化後自然形成的種種本質與先天條件的集合，它沒有先天現成的價值，是一中性的材質，需要進一步的發展才能顯現其蘊藏的發展脈絡。從這一角度來看，說司馬光主張性即氣，應是合乎其潛在理路的，這也與自然氣本論的脈絡相和。

司馬光的人性論對「體」的重視，顯示其對人先天條件中之外在條件的

〔註35〕 《易說‧同人‧上九》，頁69。

〔註36〕 《荀子‧禮論》（北大哲學系譯注：《荀子新注》，臺北：里仁書局，1983），頁369。

〔註37〕 自然氣本論的人性論認爲人所稟之性來自氣，與氣一樣有自然義與價值義，性的自然義即接近所謂「生之謂性」的理路。參見劉又銘〈明清自然氣本論的哲學典範〉，「體知與儒學」學術研討會，台北：2006年11月21～22日。

重視，也顯示出他對人之社會性的重視。而他對「性」的描述（「性圖」中展現出每一體都有不同的性），則強烈指出人所領受之氣性在先天上就已各自不同，所以每個人在後天發展個體性時，消極來說，人受限於先天條件的限制，無法強求自己沒有的條件；積極來說，每個人必須發展的性分都不同，只要能好好發展實現自己潛在的能力，表面的結果雖不同，但達到的境界是一樣的。因此，司馬光的人性論特別強調個別性與先天性（當然「體」也是先天就已經有所不同）。

關於人性的個別性，《法言集註》：「言祖孫父子，材性不必相類。〔註38〕」連祖孫父子之性都會有所不同，更不用說其他沒關係的人了，其性當然是各不相同的。《易說・繫辭傳》：「物之質性各有宜。〔註39〕」、「人之性分不同，因易各有成功。〔註40〕」人的性分天生就各自不同，各有適宜之道，所以要依據《易》所給的道來行，才能各自有所成。而雖然實行的方法不同，但只要能夠達到同樣的目標，其境界是一樣的，如《法言集註》所言「人或性安於禮，或自彊以從禮，及其成名，一也。〔註41〕」很明顯的，司馬光是屬於「成性」這一理路，要人各自去完成天所給之不同的性，而不是把性當成一個完美的天理要人「復性」。

人之性各自不同，很多能力與條件是先天就已經決定了，對此，司馬光強調人不能強求先天條件所沒有的能力，只要著重發展自己有的能力就好。《易說・蒙》：

> 夫砥礪者，工也；犀利者，金也；植藝者，圃也；堅實者，木也。則工雖巧不能持土以為兵，圃雖良不能植穀而生梓也。故才者，天也；不教則棄教者，人也。不才則悖，故人者受才于天，而受教于師。師者，決其滯，發其蔽，抑其過，引其不及以養，進其天才而已。〔註42〕

工人就算手再巧也無法把土打造成兵器，園丁再精良也不能把穀物種成木材，所以所謂的「才」是天生的，是天所賜的，不是人所能決定的。但是人如果不去教導就放棄這些才，這是人自己造成的結果。人不去裁成，治理，

〔註38〕《法言集註》，頁 696-330。

〔註39〕《易說・繫辭上（六）》，頁 222。

〔註40〕《易說・繫辭上（四）》，頁 216。釋「成之者性也」。

〔註41〕《法言集註》，頁 696-319。

〔註42〕《易說・蒙》，頁 32。

完成自己的才，就會「悖」。所以人需要老師，但老師也只是將原本的才引出而已，每個人各有不同的才，不可能把每個人教成一樣的天才，人只能盡力完成自己天份能發揮的極限，這與前章天人關係中所論到的「人各有命」亦是一脈相承的概念。

　　這種對先天條件之有限性與個別性的強烈感受，讓司馬光在論人性的善或惡時，便傾向於有善有惡的善惡混觀點。從先天性來看，就是有些人的性特別容易為善，例如聖人；有些人的性特別容易為惡，例如十惡不赦的惡人，所以司馬光會傾向主張人性分為上中下三種資質的主張，承認人當中確實先天就有極善與極惡的存在。如《法言集註》所言：「頑石朽木，造化所不能移，昏君愚人，聖人所不能益。〔註43〕」有些人的性先天偏惡，是後天教育所難以改變的。從個別性來看，人的內在條件，如才能、材質、個性、精神、慾望等，其資質的優劣高下，在先天階段就已各自有所不同，但不管先天的資質再好，都仍不是現成完美的價值，仍必須要經過後天發展的過程。這些條件都是中性的材質，同時有發展為善或為惡的可能。所以司馬光強調：「人各有性，易能成之，存其可存，去其可去，道義之門皆由此塗出。〔註44〕」大部分的人都需要經過此一後天修正、導正、發展先天條件之性的過程，性才能往善的方向發展。但若沒有此一過程的導引，人性也是有可能會往惡的方向發展的，所以司馬光主張性善惡混。

　　所以，對司馬光來說，人性中並沒有先天現成的價值，只有待開發的價值脈絡與可以學習如何發展這些脈絡的能力，而每個人的性中潛藏的脈絡都不同，所以每個人必須面對自身先天條件不可能完美的現實，去完成每個人各自不同的「命」。《易說・泰・九三》：「君子之干祿也，修其性俟其命而已矣，然後能永享安榮也。〔註45〕」人需要「修其性」，正是司馬光人性論的核心思想。

第二節　性善惡混論下隱藏的弱性善觀

一、司馬光性善惡混論與荀子性惡論的殊途同歸

　　在儒家人性論中，孟子性善論與荀子性惡論是兩大重要典範，歷代儒者

〔註43〕《法言集註》，頁696-317。
〔註44〕《易說・繫辭上（五）》，頁221。
〔註45〕《易說・泰・九三》，頁58。

在觸碰到人性究竟爲善或爲惡的問題時，多會從對此二子思想的論斷肯認來表現其主張。在宋明理學獨尊孟學，使性善論成爲儒家思想主流之前，由漢至唐，反而少有思想家主張人性全然是善，而多主張「性善惡混」，如漢代的董仲舒、王充、揚雄，唐代的韓愈、柳宗元等。這些思想家大多對孟荀的人性論各有褒貶，認爲人性有善有惡，不主張人性有普遍的善或普遍的惡可言。承前所述，司馬光相當強調人先天的有限性與個別性，所以他在論人性善惡之問題時，便傾向人性有善有惡的性善惡混論了。這一方面是他整個哲學內在理路推衍的必然結果，另一面也與他受揚雄思想之影響有很大的關聯。在第二章本體論與宇宙論中，筆者曾論證荀子思想與司馬光思想在本體論與天人關係論上的一脈相承，但荀子性惡論與司馬光性善惡混論明顯不同，此似爲司馬光與荀子思想的重大分歧處。但若就一哲學之內在理路的完整性來講，如果我們暫且不論司馬光與荀子從本體論到人性論之間的推論是否自身即有矛盾不通處，而深入其文本的「蘊謂〔註46〕」層次，將其哲學語言之內涵與範圍界定在同一平台上，重新比對其人性論之內在結構，解析其哲學理路的推衍過程，或可重新解釋司馬光所謂的「性善惡混論」與荀子「性惡論」

〔註46〕「蘊謂」這一概念，按劉又銘先生在〈從「蘊謂」論荀子哲學潛在的性善觀〉（《「孔學與二十一世紀」國際學術研討會論文集》，台北：政治大學文學院，2001，頁 50～77）一文中的整理，其來自劉昌元〈研究中國哲學所需遵循的解釋學原則〉（收入《跨世紀的中國哲學》，台北：五南，2001）一文中的分析。此概念源自於旅美學者傅偉勳所提出的「創造的詮釋學」，包含五個辯證的層次：實謂、意謂、蘊謂、當謂、創謂。其中「實謂」指原作者實際上說了什麼，「意謂」指原作者想要表達的意思，「蘊謂」則探問原作者可能蘊含的意義爲何，此涉及種種思想史的理路線索、語言表達的歷史積澱、後代詮釋、以及作者與後代繼承者之間的思維連貫性的多面探討。「當謂」探問原作者本來應該意味著什麼，即在原作者教義的表面結構下發掘連作者自己也看不出來的深層結構，藉以批判地考察蘊謂層裡種種可能的義蘊，從中發現最有理據的深層義蘊或根本義理，這需要詮釋者的「詮釋學洞見」。「創謂」則指爲了救活原思想，或是突破性的理論創新，詮釋者必須踐行或創造的表達什麼。對於傅氏的說法，劉氏認爲「實謂」的研究涉及原典校勘考證等專業的工作，不在詮釋學的正式範圍內，「創謂」若離開了文本內證的支持，那就等於自創新說，也不在詮釋學的範圍之內；而「創謂」若仍有文本內證支持，或只是將文本深義揭露出來，則只屬於「蘊謂」或「當謂」的層次。而「蘊謂」和「當謂」其實界線模糊，一樣皆可表現所謂「詮釋學的洞見」，不必硬分兩層，因此將上述五層簡化爲兩層：「意謂」指文本的字面意思，「蘊謂」則指文本內部可能蘊含的深層義理，它不必是在作者的意向之內，但必須有脈絡證據的支持。本文中的「蘊謂」一詞是採劉氏的界定，實際上包括了傅氏所謂的「蘊謂」、「當謂」、及「創謂」中非屬自創新說的部分。

之間的關係。

司馬光對人性善惡之問題的論述，可從其〈性辯〉一文中來尋其線索：

> 孟子以爲人性善，其不善者，外物誘之也；荀子以爲人性惡，其善
> 者，聖人教之也，是皆得其一偏而遺其大體也。夫性者，人之所受
> 於天以生者也，善與惡必兼有之……。〔註47〕

〈性辯〉一開頭，司馬光從對孟子與荀子的人性論之批評開始論述，在此討論基礎上明確表達了他對於「人性善惡論」中所討論之「性」的定義：「人之所受於天以生者也」。「所受於天」，指出所有人先天的、天生的部分，都是「性」的一部分。司馬光曾在〈答范景仁書〉中提到：「民受天地之中以生，……所謂生者，乃生存之生，非始生之生也。〔註48〕」，依此相仿的句型，應可推知「所受於天以生者」，是指人先天就擁有的，能自由發展，憑此生存的種種能力與材質。所以，此處的「性」，不一定等同於上節《潛虛》「體」與「性」架構中的「性」，而是對整個人性的統稱，包括「體」與「性」中所論的各種人的先天材質，如外在的身體，內在的才智、情、欲等都包含在內。由於只要是人先天擁有的所有發展可能，司馬光都將其算入性的範圍中，若就發展之結果來論善惡，當然就會有「善與惡必兼有之」的結論。他反對孟子主張人有不善是因外物誘之，也反對荀子認爲善是因聖人教之才成，因爲善惡都是出於人這先天的種種能力所發展出來的可能性；不善與善，都是因性先天就有此潛能，不全是後天造成的。

司馬光從性的發展潛能結果來論其善惡，與荀子的人性論相比，有幾點值得注意：

一、從《荀子・正名》：「生之所以然者謂之性；……不事而自然謂之性〔註49〕」、《荀子・禮論》：「性者，本始材朴也〔註50〕」可知，荀子特別強調性的先天現成，性包含了人不必經由任何後天學習就直接擁有的所有材質、能力，包括欲、情、知等。這一點與司馬光對性的基本定義相仿，其對性的論述也有類似的語言〔註51〕。

二、從《荀子・性惡》：「人之性惡，其善者僞也。」、「不可學、不可事

〔註47〕〈性辯〉，《傳家集》卷六十六，頁821。

〔註48〕〈答范景仁書〉，《傳家集》卷六十二，頁753。

〔註49〕《荀子・正名》，頁437。

〔註50〕《荀子・禮論》，頁386。

〔註51〕詳見本章第一節第一大點中所論：「形」、「質」等字常與「性」一同出現。

而在天者，謂之性；可學而能、可事而成之在人者，謂之僞；是性、僞之分也。〔註52〕」可知，荀子將人性後天好的發展稱作「僞」，認爲性若未經人後天的學習來引導，必會發展爲惡，所以性爲惡；而善均爲僞。但若由司馬光把所有人性後天的發展，無論善惡均視爲論人性善惡與否的依據來看，荀子既認爲人能「化性起僞」，肯定人能往好的方向發展善，其結論事實上與司馬光的主張並不衝突。

　　三、司馬光無法同意荀子的地方，主要在於他認爲荀子把人能向善的原因全歸於人性之外。但荀子的「善」是否與人性全無任何內在關聯可言？劉又銘先生在〈從「蘊謂」論荀子哲學潛在的性善觀〉一文中曾論證荀子的禮義與欲、情的關係，認爲：

> 禮義跟欲望情感的關係不是判然二分以及對立相斥的，在欲望、情感的場域之內就潛存著等待被發現的禮義的結構。這也就是說，做爲荀子性惡論的主體的欲望與情感，它自己其實就具有安頓、完成其自身的內在資源。〔註53〕

所以「禮義基本上是一種具有內在性的『理』」。若我們從此角度來理解荀子所謂的「性惡論」，就能發現荀子的道德價值（善）仍是來自於內在人性的，其並非將人能向善的原因全歸於人性之外。跳脫此層迷思，再來檢視司馬光人性論，我們會發現司馬光與荀子在人性論上的差異，不但沒有原先想像的多，反而有更多的相近處。

　　司馬光在〈性辯〉中對「性」有所定義後，接著述及性的普遍性與個別性問題：

> 是故雖聖人不能無惡，雖愚人不能無善，其所受多少之間則殊矣。善至多而惡至少，則爲聖人；惡至多而善至少，則爲愚人，善惡相半，則爲中人。聖人之惡不能勝其善，愚人之善不能勝其惡，不勝則從而亡矣。故曰：惟上智與下愚不移。

性既是「善惡必兼有之」，但每個人所受之性的善與惡的多少都是不同的，唯一相同的是一定都有善有惡，沒有純善之性與純惡之性的存在。只是聖人之惡少，所以勝不了善；愚人之善少，所以勝不了惡。所以從性的先天性來看，司馬光承認人先天有等差，有上智、中人、下愚的分別，其中上智與下愚的

〔註52〕　《荀子・性惡》，頁465～467。
〔註53〕　頁66。

善惡傾向是很難改變的。但司馬光在此特別強調性的普遍性，即人性中絕對是有善也有惡的。因爲司馬光由此論述後天「學」的存在必要性：

> 雖然，不學則善日消而惡日滋，學焉則惡日消而善日滋，故曰惟聖罔念作狂，惟狂克念作聖，必曰聖人無惡，則安用學矣；必曰愚人無善，則安用教矣。譬之於田，稻粱藜莠，相與並生，善治田者，耘其藜莠而養其稻粱，不善治田者反之。善治性者，長其善而去其惡，不善治性者反之。

如果人不學習，那麼先天的善必會日漸消失，而惡會日漸滋生。換句話說，人必須要經過學習，才能長善去惡。縱使是天生聖人也必須學習，否則終有一天會淪爲惡人，而愚人只要肯學習，仍會有向善的希望。因此，惡是學的必要原因，善是學的保證，善與惡二者都同時有其在理論上存在的必要性，人性若非如此，就無法合理解釋學習在現實中的必要性。雖司馬光承認人先天之性有等差，但他並不認爲「聖人」是平凡人絕對不能企及的，相反的，他認爲人透過後天的學習，仍有可能達到聖人的境界：

> 〈答秉國第二書〉：「聖人亦人耳，非生而聖也，雖聰明睿智過絕於人，未有不好學從諫以求道之極致，由賢以入於聖者也。〔註54〕」

> 《法言集註》：「聖人與人皆人也，形性無殊，何爲不可跂及？〔註55〕」

由此可知司馬光認爲聖人和凡人在人性本質上是一樣有善有惡的，都一樣需要後天的學習改造，並沒有不學而先天就能生爲聖人的。

　　所以司馬光以田地爲例子，認爲善與惡猶如田中的稻粱與藜莠，田地能長稻粱也能長藜莠，但要多稻粱少藜莠，一定要經過後天的治理耕耘之工作，任其自由生長，田地只會荒蕪。性猶田地，充滿了善惡的種子，從另一面來講，其實未發展之性，正猶如種子都尚未發芽的田地，從外表來看，其實看不出善惡，因此其實可以說它是中性的。眞正的善與惡都待後天的萌芽生長才會漸漸形成，未發展的性只是潛藏著種種發展的脈絡與可能性，並未先天即有現成的善惡可言（司馬光所謂的性有善有惡，是就其蘊藏的可能性來說，不是就其先天現成即有善惡來說）。所以司馬光強調要「治性」，將人性中原有之善的可能發揚出來，把惡的可能除去，讓性往善的方向發展。學，便是治性唯一的途徑。

〔註54〕《傳家集》卷六十二，頁768～769。
〔註55〕《法言集註》，頁696-303。

這樣的論述與荀子「人性最初只是無善惡可論的素樸材質，但人性只要不經過後天師法禮義，讓其自然發展，便一定會趨向惡的結果，因此後天學習非常重要」，其實理路是相當相似的。司馬光一樣用人性有惡來肯定後天學習的必要性，並且明確指出人性不經後天改造，必會趨向惡。而荀子肯定人能夠透過後天學習「化性起偽」，肯定人有向善的可能性，這與司馬光認爲凡人亦有機會成聖人的理路也十分相近。由此可知，司馬光與荀子一樣相當重「學」，可說是司馬光與荀子的人性論殊途同歸的有力證明。

二、對孟、荀、揚雄人性論的批評與繼承

司馬光性善惡混論雖與荀子性惡論在內在理路上一脈相承，但由於他對荀子性惡論的誤解，他自己並沒有認知到這兩種人性論的相近。在司馬光的理解裡，他所主張的性善惡混論是承自揚雄的，他在〈性辨〉一文中從辨明揚雄性善惡混論的角度，對孟荀人性論做了評論與比較：

> 孟子以爲仁義禮智皆出乎性者也，是豈可謂之不然乎？然不知暴慢貪惑亦出乎性也，是知稻粱之生於田，而不知藜莠之亦生於田也。荀子以爲爭奪殘賊之心，人之所生而有也，不以師法禮義正之，則悖亂而不治，是豈可謂之不然乎？然殊不知慈愛羞愧之心亦生而有也，是知藜莠之生於田，而不知稻粱之亦生於田也。
>
> 故揚子以爲人之性善惡混者，善惡雜處於身中之謂也，故人擇而修之何如耳，修其善則爲善人，修其惡則爲惡人，斯理也，豈不曉然明白哉？如孟子之言所謂長善者也，荀子之言所謂去惡者也，揚子則兼之矣。韓文公解揚子之言，以爲始也混，而今也善惡，亦非知揚子也。〔註56〕

在儒家人性論中，司馬光認爲孟荀雖然都各有優點，但都並不全面，而揚雄的人性論才是最能兼容、照顧到所有人性的學說。表面看來，司馬光的人性論很明顯地是承自揚雄，對於孟荀都持批評反對的立場。但若細察司馬光對這些人性論的評價與詮釋，可以發現他與孟、荀、揚雄之間的關係，在批評中其實是有所繼承的；而在繼承中，又有其獨特的開創之處。

依上段引文，司馬光認爲仁義禮智、暴慢貪惑同出於性；爭奪殘賊、慈愛羞愧皆是人生而即有，猶如田地中稻粱藜莠並生一樣。表面看來，司馬光

〔註56〕《傳家集》卷六十六，頁 821～822。

並不完全否認孟荀對於人性的觀察，他肯定孟子將仁義禮智等道德的源頭指向人性，也肯定荀子觀察到人天生就有負面發展之傾向因此必須以師法禮義導正的看法；只是認為孟子未能將暴慢貪惑等違反道德的行為也歸於性，而荀子則未能意識到人天生也具有能夠正面發展的可能性。在這一段中，要特別注意的是司馬光對孟荀的不同詮釋，他用「仁義禮智出乎性」來解釋孟子人性論，而用「爭奪殘賊之心，人之所生而有」來解釋荀子人性論，這當中有兩層意義可說：

一、用「仁義禮智出乎性」而非「仁義禮智即性」來論孟子，表示司馬光對孟子的肯定，只是在肯定人有實現仁義禮智的可能性，而非肯定人性本質即是仁義禮智，所以他強調的是「長善」，而非「復善」。由此可見，司馬光對孟子的詮釋明顯與宋明理學的詮釋並不相同。

二、「爭奪殘賊之心，人之所生而有」，可見司馬光理解荀子對性的定義是「生而有」，這與司馬光對性的定義相近。司馬光認為荀子觀察到人天生即有為惡之心，一定要經過後天導正才不會造成惡果，所以他認為荀子學說的優點在於「去惡」。但司馬光順著荀子「生而有」的人性定義往下延伸，既由人可能為惡來講人性為惡，可是人亦可能為善，為何沒有在人性「生而有」的範圍中呢？因此司馬光認為人性該是有善有惡的。雖然司馬光的內在理路近於荀子（認為人性有惡，要靠後天矯正），但由於其就著人性天生而有的發展可能性來論善惡，與荀子論性的定義不同，所以導致了與荀子不同的結論。荀子認為所有後天培養才能形成的東西都不是性的內容，所以善就全在「偽」的範圍中，因此性為惡。但荀子並不真的認為人沒有擁有為善之能力，只是因為這能力只是潛質，需要後天的引導才能發展出來，所以荀子並不因此論性善。而司馬光順此理路，將此善的潛質更直接正面的講出來，認為人先天除了為惡之心，當然亦有為善之心。但此為善之心只是一種人有向善的正面嚮往、傾向、可能，不能強大到直接就能抵制為惡之心，人仍需後天禮法的引導輔助才能「長善」。司馬光性善惡混論中的「性善」，其性格並不同於孟子的「性善」，而實為荀子潛在之性善觀的一種較為明朗的表述。

因此，呼應前文所述，司馬光性善惡混論確與荀子性惡論較為相近，而與孟子性善論的人性論型態較遠。司馬光在北宋孟子升格運動中向來被視為反派代表，其著名的〈疑孟〉一文中有三則對孟子人性論的質疑：

一、〈性猶湍水〉

> 疑曰：告子云性之無分於善不善，猶水之無分於東西，此告子之言
> 失也。……性之無分於善不善，謂中人也。瞽叟生舜，舜生商均，
> 豈陶染所能變乎？孟子云：人無有不善，此孟子之言失也。丹朱商
> 均，自幼及長，日所見者，堯舜也。不能移其惡，豈人之性無不善
> 乎？〔註57〕

司馬光認為告子與孟子都有一樣的弊病，亦即只看到有能力向善的「中人」，而未能正視無法移於善的惡人。司馬光這種人性有差異性的主張，可能與其重實事的史學家性格有關，而這也是司馬光最據以反對孟子的一點。從歷史事實來看，連聖人也無法改變的惡人是確實存在的，因此怎能說人性中無惡之存在呢？所以孟子人性無不善的說法，司馬光無法接受。

二、〈生之謂性〉

> 疑曰：孟子云：白羽之白，猶白雪之白；白雪之白，猶白玉之白。
> 告子當應之云：色則同也，性則殊矣。羽性輕，雪性弱，玉性堅。
> 而告子亦皆然之，此所以來犬牛人之難也，孟子亦可謂以辯勝人矣。
> 〔註58〕

告子認為生之謂性，而孟子以物品雖同為白色但性實不同，來質疑告子這種說法無法區分人獸之性，因此是錯誤的。但司馬光認為孟子是以辯論技巧服人，而非結論真的牢不可破。若告子沒有掉進孟子的辯論陷阱裡，不要把「色」與「性」作出等同的類比，就不會被孟子攻破。但此處文句看不出司馬光是否贊同告子，只是在指出孟子辯論過程中的盲點。

三、〈堯舜性之也湯武身之也五霸假之也〉

> 疑曰：所謂性之者，天與之也；身之者，親行之也；假之者，外有
> 之而內實亡也。堯舜湯武之於仁義也，皆性得而身行之也，五霸則
> 強焉而已，夫仁義者，所以治國家而服諸侯也，皇帝王霸皆用之，
> 顧其所以殊者，大小高下遠近多寡之間耳。假者，文具而實不從之
> 謂也，文具而實不從，其國家且不可保，況能霸乎？雖久假而不歸，
> 猶非其有也。〔註59〕

〔註57〕《傳家集》卷七十三，頁896。
〔註58〕《傳家集》卷七十三，頁896。
〔註59〕《傳家集》卷七十三，頁897～898。

司馬光認爲五霸行仁義道德並非假冒而行，其與聖王的差別，只是資質與實行程度多少的問題而已。所謂的「性之」與「身之」的差別，只是因先天資質而有不同的實行方式，如果要說五霸行仁義是假冒而行的，那麼就等於否定了那些天生資質不夠好的人行仁義的可能性，就算實行的不夠好，也不能否定其努力。司馬光此種論點表現了他對人性天生有等差之事實的認定，與對後天努力的重視。對司馬光來說，最重要的並非是去標榜聖王們的天性純良，而是要學習其行仁義的努力，這才是一般人能夠努力的方向，不能因此抹滅霸王的成就。

雖然司馬光的理路明顯與孟子不同，對孟子有所質疑，但他其實並非完全厭惡《孟子》。相反的，他對《孟子》也多有引用與詮釋，尤其是在論仁義之處，司馬光很同意孟子所說的那種由天然的道德情感而起的道德。例如：

> 《潛虛·訒·變圖·初》：「牽牛釁鐘，惻于厥心」〈解圖〉：「牽牛惻心，仁之祖也。〔註60〕」

> 《潛虛·訒·行圖》：「訒，仁也。天地好生，秋不先春；王者尚恩，德先於刑。人無惻隱，虎狼奚異，擴而充之，同仁一視。〔註61〕」

司馬光在此處對於「仁」的論述如「牽牛釁鐘」、「惻隱」、「擴而充之」等詞語,很明顯是取材自《孟子》的，可見他對於孟子所說的道德情感是贊成的。但他的詮釋卻不一定符合《孟子》原義，其不僅與日後宋明理學家詮釋的《孟子》很不相同，甚至還呈現出一種「以荀解孟」的有趣現象。例如此處他將「擴而充之」解釋爲人將自己的惻隱之意擴大用在與他人的相處上，就能將心比心，一視同仁。這與孟子由內在道德四端擴而充之以復其本心本性原有的光明相比，其理解雖不能說全錯，但實有偏差。司馬光的詮釋沒有說出孟子心性論的主旨，倒是傾向於一種道德在群體中發展的荀學式詮釋。

承上所述，司馬光的人性論理路實近於荀子而遠於孟子，他在對後天學習之強調上，很明顯地受到荀子之哲學理路的影響，如他在《太玄集注》中說：

> 弓雖善而好反，馬雖善而性很，終不可用。況其惡者乎！……荀子曰：「弓調而後求勁焉，馬服而後求良焉，士信愨而後求知能焉。」此之謂也。〔註62〕

〔註60〕 《潛虛》，頁 33。
〔註61〕 《潛虛》，頁 33。
〔註62〕 《太玄集注·止·次八》，頁 153。

此處以弓和馬爲比喻，說明即便是天性偏善者，都仍需要外在後天的教化才能成爲真正有用的人，更何況是天性偏惡者。司馬光引用《荀子‧哀公》之言來說明無論何種資質的人性，就算能力再怎麼強，也必需先經過後天的改造（尤其是在道德方面），才能進一步去發展其天賦。司馬光主張就算是天性偏善者，不經後天教化，也依然會流於惡，這與荀子性惡論的主張實爲相同。

司馬光理路既與荀子如此相近，那麼，司馬光對揚雄的肯定與推崇〔註63〕，或可提醒我們揚雄與荀子在內在理路上也許亦有相近相通的可能性。司馬光認爲揚雄性善惡混論是「善惡雜處於身中」，要人「擇而修之」，「修其善則爲善人，修其惡則爲惡人」。這樣的詮釋來自於揚雄在《法言》中的論述：「人之性也，善惡混。脩其善則爲善人，脩其惡則爲惡人。氣也者，所適善惡之馬也歟？〔註64〕」司馬光註解爲：

> 夢得曰：「志之所生，則氣隨之。」言不可不養以適正也，乘而之善，
> 則爲忠爲義；乘而之惡，則慢慢爲暴。〔註65〕

揚雄當成「所適善惡之馬」的「氣〔註66〕」，在司馬光的詮釋裡是要「養以適正」的。從司馬光屢次提到「修性」可知，性是要被人自主意志修治的對象，而氣亦是被人「乘」而能往善或往惡的對象，所以司馬光認爲氣與性並非分開的兩物，論氣其實也就是在論性。氣（性）是人能後天控制培養其發展的，

〔註63〕 司馬光對於揚雄的推崇與肯定在其文集中有很多處明顯的表示。如〈說玄〉：「鳴呼！揚子雲眞大儒者邪？孔子既沒，知聖人之道者，非子雲而誰？孟與荀殆不足擬，況其餘乎？」《傳家集》卷六十七，頁834～835。

〔註64〕 《法言集註》，頁696-285。

〔註65〕 《法言集註》，頁696-285。夢得，指葉夢得。

〔註66〕 關於揚雄的「氣」，學界目前有幾種說法。據郭君銘《揚雄《法言》思想研究》（四川：巴蜀書社，2006，頁97～100）的整理：徐復觀認爲氣是指「人由生理各部分所發生的綜合力量而言」；黃開國則認爲氣是「人的主觀精神意向」；鄭萬耕認爲此處的「氣」和《太玄》中的宇宙演化思想一致，人也是元氣自身演化的產物，內涵陰陽之氣，所以此「氣」是指「人性的物質承擔者或物質基礎」。郭君銘贊成鄭萬耕的說法，認爲此種解釋合於兩漢以氣論性的傳統，帶有經驗主義的色彩。郭君銘又認爲揚雄的「氣」受到孟子志氣觀的影響，強調「志」的重要性，突出了主體的自覺在道德修養中的作用。筆者認爲揚雄的氣應與兩漢以氣論性之傳統有關，此亦是司馬光對揚雄之氣的理解；但對於其是否受到孟子影響則持保留的看法，因爲縱使強調「立志」，其哲學的內在理路也未必就與孟子相同，荀子一樣也會強調「立志」的重要性。縱使引用了孟子「志，氣之帥也」的文字來說明，其對氣的理解也不一定就與孟子理路相近，在這一點上，司馬光就是個最鮮明的例子，詳見第四章第二節對「治心養氣」的說明。

選擇立志乘氣往善去發展，就會產生忠義等道德；而乘氣往惡去發展，就會
有暴惡的結果。司馬光的詮釋，將揚雄此處原文中所未清楚論及的「擇而修
之」的「立志」過程，更加突顯出來。如果性當中沒有一開始就存在著可發
展為善惡的因子，那麼人就沒有了選擇的必要，正是因為性中有善亦有惡，
擇志、立志這件事在工夫中才顯得格外重要。司馬光認為揚雄提倡性善惡混
論的真正目的便是在此，「善惡混」是為了要使「擇善去惡」這件事能成為可
能，因此他不同意韓愈在〈原性〉中認為揚雄是：「始也混，而今也善惡」的
說法，認為揚雄說「性善惡混」的原因是要人擇善去惡，而非性可善可惡論，
簡單來說，按司馬光的理路，揚雄應該是「始混有善惡，而今長善去惡」才
對。由於強調「擇而修之」，所以司馬光將「混」解釋為混居雜處，但目前一
般對揚雄性善惡混論的看法，比較傾向於認為「混」是混沌未明的意思，認
為「性善惡混」是指善惡由渾沌狀態，漸漸在時間中發展後才成型的說法，
因此認為司馬光在此理解有誤〔註67〕。但這事實上並不表示司馬光不贊同這
樣的理路（從田地與種子的比喻可知，他所謂的善惡是指善惡之發展可能，
而不是現成具體的善惡），只是他對「善惡混」的解釋是將善惡的可能性都已
直接視為善惡，所以他強調的是善惡混居雜處之意，沒有去強調「善惡還在
渾沌未成形狀態」的那層意義，這樣的差距，只是對於字詞的定義不同而已，
司馬光基本上並沒有違背揚雄的本義。

從學術史的角度看來，在當時理學逐漸成形，孟學逐漸取得儒學正統的
學術氛圍中，司馬光這種對揚雄的高度推崇、對孟荀的大膽批評，是相當孤
單且特別的。司馬光以後，揚雄的人品與學說為宋明理學家所輕視，漸形沒
落，一直到清代才又為人所重新重視〔註68〕。由此看來，司馬光哲學與日後

〔註67〕 郭君銘《揚雄《法言》思想研究》（四川：巴蜀書社，2006，頁96～97）：「司
馬光指出揚雄綜合了孟子性善論和荀子性惡論……，這樣的理解未必符合揚
雄的本意。」、「如果按照『混』的這個含意來理解，『人之性也善惡混』應該
是說人性中只有還處於潛存狀態、處於混沌之中的善和惡，善和惡的分化是
在人的後天修為中形成的。換言之，人性本無所謂善惡，善和惡的分化是後
天產生的。」反而是認為司馬光誤解了揚雄的原意。但司馬光雖將「混」解
釋為「混雜」而非「混沌未明」，事實上他對性的看法與揚雄學說的這種詮釋
並沒有根本上的衝突。

〔註68〕 陳仲夫：《法言義疏·點校說明》（汪榮寶撰，北京：中華書局，1997，頁2
～3）：「自程頤始謂《法言》：『曼衍而無斷，優柔而不決』，蘇軾復責其『以
艱深之詞，文淺易之說』，至朱熹作《通鑑綱目》，更大書而特書『莽大夫揚
雄死』，以貶斥其為人。於是揚雄的人品和著作日益為儒者所輕，在宋明理學

以程朱陽明爲主流之理學在理路上的分歧，與漢學理路的暗合，從司馬光對揚雄的推崇即已鮮明，其處於漢宋學術典範轉移之際，在思想史上饒富意義。司馬光與荀學的契合和對揚雄學術的推崇，使漢學和清學在內在理路上實均爲荀學的假設得到了又一次的印證〔註69〕。

三、人各有性分，各自成性：照顧現實個別差異的人性論

　　承前所述，司馬光在〈性辨〉一文中雖針對韓愈對揚雄的批評提出了反駁，但仔細檢視韓愈〈原性〉的原文：

> 性之品有上中下三。上焉者，善焉而已矣；中焉者，可導而上下也；下焉者，惡焉而已矣。……孟子之言性曰：「人之性善。」荀子之言性曰：「人之性惡。」揚子之言性曰：「人之性善惡混。」夫始善而進惡，與始惡而進善，與始也混而今也善惡，皆舉其中而遺其上下者也，得其一而失其二者也。〔註70〕

韓愈批評揚雄的重點其實並不是因爲韓愈認爲揚雄人性論主張人性善惡均可〔註71〕，而是因爲韓愈將人性分爲上中下三品，認爲人性中有絕對無法移易於善或惡之性存在，也就是純惡與純善的性。但是揚雄的性善惡混論卻不認爲有這樣的人性，認爲所有的人性都是能往善亦能往惡發展的，所以韓愈認爲揚雄與孟荀都一樣只看到中品的人性〔註72〕，也就是可以改變其原來屬性（由善變惡、由惡變善、或由中性變善或變惡）的人性，未能照顧到絕對不能改變的上品與下品人性，故皆非全面。韓愈這種嚴格區分的性三品論，表現了他對於人性在現實中存在著懸殊差異之現象的強烈感受，因此他無法接

　　　　甕斷學壇的整個時期，也就幾乎沒有什麼人肯花大氣力再爲《法言》全書作注的了。清代，漢學復興，諸子之學也隨之大盛；法言又重新爲人們所重視。」

〔註69〕　清學爲漢學的復興，荀學亦在清代得到重新評價的機會，揚雄學說在學術史上的起伏，正與荀學史息息相關。揚雄是否亦爲荀學，在此無法深論，但筆者認爲此假設極有可能性。揚雄的性善惡混論，亦有學者認爲其實近於荀子性惡論。參見鄭文：〈揚雄「性善惡混論」實際上是荀況的性惡論〉，《西北師大學報》，1997年7月，頁6～9，16。

〔註70〕　〈原性〉，《韓昌黎文集校注》（臺北：世界書局，2002），頁27。

〔註71〕　韓愈只是描述揚雄對性的一種現實看法，即性是可善可惡的。而司馬光則是從工夫實踐的層面來強調揚雄在實踐上並非覺得性善惡均可，而是一定要性長善去惡，司馬光誤解了韓愈對揚雄的理解。

〔註72〕　孟子認爲人性本善，而會因外在環境的牽引而移於惡；荀子認爲人性本惡，會因外在的導引而移於善。韓愈認爲二者的人性論都是在論可以改變善惡的人性（中品），未論到先天就無法改變善惡屬性的人性（上品與下品）。

受認爲人性有普遍性的人性論。很明顯的，司馬光在〈性辨〉一文中並沒有準確的理解到韓愈何以批評揚雄的這一眞正的原因，但性善惡混論如果要回應韓愈這樣的批評，其反駁的重點應是在於性善惡混論雖強調人性有普遍性，但這一普遍性是指人性無論上中下品，均同時雜有善性與惡性，並不表示善與惡的成分比例亦是放諸四海，人人均同的。

　　從此角度來看，性善惡混論對於人性在現實中有種種等差的事實相當的重視，其認爲每個人生來性善惡混的比例與程度都不同，所以會有聖人中人惡人等區別存在。由於聖人性中善極端地多於惡，因此較易往善發展；惡人則相反，惡極端地多於善，因此較易往惡發展。但縱使聖人也有少量的惡，惡人也有少量的善，所以聖人必須要經過後天學習的過程才能眞正成聖，而愚惡之人在學習之後也會有機會克制自己的惡性。因此，對性善惡混論來說，人性的普遍性是爲了要證成後天學習之普遍必要性，若有純善與純惡之人，則後天學習就不具有普遍性意義了，司馬光《太玄集注》：「純惡無善之人，何可輔也？〔註73〕」，清楚點明了其與韓愈人性論最大的分歧點。

　　但若跳過此一分歧來重新檢視韓、揚、司馬光的人性論主張，其實可以發現，性三品論與性善惡混論在理論結構上有許多相似的地方。首先，二者均從人性在現實中的懸殊差異現象來考量其人性論的結構。性善惡混論的「混」讓人正視人性中善與惡之存在比例並非固定的事實，因此，其表面上雖然仍是強調人性有普遍性可言，但相較於孟荀的性善論與性惡論著眼於人與人間的共通特性來論人之特質，性善惡混論其實更多正視了人與人之間存有差異性的現實。從理論卜來說，性善惡混論並不認爲有絕對無法移易的聖人與惡人，只是有天生很難爲惡與很難爲善的人；但從現實面來說，主張性善惡混論者亦會承認這種移易的困難若到了某種程度，事實上也就幾乎等於不移了。例如司馬光在《太玄集注》中所述：

　　　　小人頑愚，心如磐石之堅，不可化而入於正也。孔子曰：「惟下愚不
　　　　移」。〔註74〕

前述司馬光〈疑孟・性猶湍水〉中亦述及：

　　　　瞽叟生舜，舜生商均，豈陶染所能變乎？孟子云：人無有不善，此
　　　　孟子之言失也。丹朱商均，自幼及長，日所見者，堯舜也。不能移

〔註73〕《太玄集注・睟・次八》，頁78。
〔註74〕《太玄集注・堅・初一》，頁154。

其惡，豈人之性無不善乎？〔註75〕

就司馬光重事實的史學家性格來說，下品愚惡之人的存在是一個現實，觀察其人性時，縱使他並不主張有純惡之人，但也不能像孟子那樣只看其微弱的善性而不去指出其惡性的強大，因為那樣是有違現實的。所以從此角度來看，韓愈只是直接指出此種現實的無奈，其與性善惡混論的不同處，在於其對惡人或中人是否有機會成為聖人較不樂觀，但其理論結構基本上一樣是立基於對現實人性之差異的高度關注之上。若不看韓愈對於極端人性（上品與下品）的看法，其對於一般人性（中品）的看法，基本上亦是性可善可惡的，〈原性〉：

性也者，與生俱生也……，性之品有上中下三。上焉者，善焉而已

矣；中焉者，可導而上下也；下焉者，惡焉而已矣。〔註76〕

韓愈對性的定義亦與性善惡混論對性的定義相近，強調的是人先天即有的本性，除了上下品的人性之外，一般的人性是能夠被導引向善或向惡的。這不但與性善惡混論相近，而從性善惡混論與荀子性惡論的相近，韓愈雖被宋明理學視為啟蒙時期的代表，但其理論是否真屬於孟學理路，應仍有討論商榷的空間〔註77〕。

其二，雖然性善惡混論顯然對人是否能成為聖人的課題較韓愈性三品論樂觀，但這樣的樂觀與孟子性善論相比，仍是較為悲觀的。因為縱使人人均有善性，但人人亦均有惡性，所以性善惡混論對於先天的原始人性是不放心的，無論聖凡，均必須要經過後天的進一步引導與學習，才能將其人性中原先蘊含的善性發展出來，並且將惡性克制或消減掉。基於這種對現實人性的認知，性善惡混論的理路在工夫論上必會引導向重學的結論。而韓愈在〈原

〔註75〕〈疑孟·性猶湍水〉，《傳家集》卷七十三，頁896。

〔註76〕〈原性〉，《韓昌黎文集校注》，頁27。

〔註77〕目前對於韓愈人性論的討論，大多還是主張其尊孟抑荀，對於性三品論與孟子性善論的矛盾，目前學界多傾向於韓愈的孟學思想尚未成熟所致，但筆者認為若要將韓愈思想理解為一合邏輯的整體，這樣的解釋顯然是無法令人滿意的。劉又銘先生在〈荀子的哲學典範及其在後代的變遷轉移〉（雲林科技大學漢學資料整理研究所：《漢學研究集刊》第3期，2006年12月）一文中曾指出：唐代的韓愈，以及明清一些自然氣本論者，都是「孟皮荀骨」的思想型態，他們實質上都是荀學一系。劉又銘先生認為韓愈表面上尊孟，但實際上卻是荀學的理路，筆者認為此論點雖有待對韓愈更進一步的研究，但性善惡混論與性三品論的相近，或可作為此一論點的重要旁證。劉又銘先生此文亦是啟發筆者將韓愈與司馬光人性論解釋為同一人性論類型之靈感所在，謹此致意。

性〉中亦述及：

> 曰：然則性之上下者，其終不可移乎？曰：上之性就學而愈明，下之性畏威而寡罪，是故上者可教，而下者可制也；其品則孔子謂不移也。〔註78〕

由此來看，韓愈雖然強調孔子所說的「不移」，但並非主張其已不需後天的學習或改造〔註79〕，相反的，正因對其人性上的差異程度有所認知，所以在後天的教導上更應該慎重的因材施教，使其上者愈明，下者可制，將其人性分別往好的方向去發展。另外，從韓愈著名的〈師說〉、〈進學解〉等文章來看，韓愈的思想是相當重視後天教育的，這與性善惡混論強調後天的教化、重學等理路，十分相近。

綜合以上所述，性善惡混論與性三品論實可被劃歸於同一種人性論理路的發展，與孟子性善論相比，此種型態的人性論對於現實人性之差異性較為關注，對於先天之人性較不放心，所以需要仰賴後天的輔助或學習才能使其往正面的道德價值發展，讓人性先天潛藏的善性發展完全，因此其工夫是「成性」的進路。而孟子性善論對於人性的敘述則是著眼於人共有的善性而來的，此善性在每個人身上原先都是飽滿完足的，只是每個人因為後天的影響（從宋明理學的觀點來看，是氣質之性造成人與人間的差異性）不同，因此導致其遠離了原來完美的本性，所以修養工夫的重點即是要「復性」，亦即恢復原本的本性本心。這樣的理路顯示了對於先天人性的強大信心，工夫的重點不是他人的輔助，而是自身對己之本性的反思、回溯、頓悟與發揚。

這兩種人性論型態的不同，可以從司馬光對於《中庸》「天命之謂性，率性之謂道，修道之謂教」的可能詮釋來作一明顯的比較。筆者曾在〈論司馬光對《中庸》之詮釋及其思想史意義〉〔註80〕一文中對司馬光對《中庸》開

〔註78〕 〈原性〉，《韓昌黎文集校注》，頁27。

〔註79〕 韓愈人性論是否真主張有無法改易的人性，或許尚有討論的空間。一種說法是認為韓愈只是排除了最極端的人性，其所認知的人性主要仍是可移的中品之性；另一種說法則是認為從韓愈「上者可教，下者可制」來看，所謂的「不移」並不是認為其完全不能改變，所以不需後天的學習，而是指其人性的基本屬性雖無法徹底改變，但其在現實表現中仍是會被後天教養所影響的，如果把此種影響視為對人性的「改變」，那麼韓愈其實並未主張有不可改變的人性，只是在論述上過於強調其性的先天品質「不移」這一點了。

〔註80〕 參見本文第四大點：「對『天命』、『性』、『道』、『教』的理解」。《東方人文學誌》第六卷第一期，2007年3月，頁75～98。

頭的這段文字之理解作過可能的揣測，司馬光雖沒有直接詮釋這段文字，但可以由其思想之理路去推知其可能的理解。首先，從司馬光對性與天的定義來看，性是「人所受於天以生者〔註81〕」，指的是人一出生即有的種種使人得以生存的材質。「天命」並非一種天有意志的控制，而是指一種自然規律在人身上的展現〔註82〕，這種規律來自於作爲組成宇宙萬物之成分、素質的氣。當氣經過成體受性的過程後，所形成的每個人的性都是不同的，這種差異是先天就命定的了，這種命定對於人未來的發展是有所限制的。所以「天命之謂性」，應可解釋爲「天命定給人的東西（人一出生即有的）就叫做性」。與以孟學爲主流的宋明理學對「天命之謂性」的詮釋相比，以朱熹爲例，其認爲：

> 命，猶令也。性，即理也。天以陰陽五行化生萬物，氣以成形，而理亦賦焉，猶命令也。於是人物之生，因各得其所賦之理，以爲健順五常之德，所謂性也。〔註83〕

這種認爲天命即爲將天理下貫於人而成爲性的詮釋，其強調的是人身上均有的天理，與強調人性先天命定有所差異與限制的理路，明顯不同。

接著，既然性是天所命定的，所以人人各有不同的性，所以「率性之謂道」，應是指就著這樣的性而有的工夫論。司馬光《易說》：

> 人之性分不同，因易各有成功。〔註84〕

> 人各有性，易能成之，存其可存，去其可去，道義之門皆由此塗出。〔註85〕

由於人各有性分，因此人要各自依循自己的性，存善去惡，找到每個人適合的修養之道。《太玄集注》：「君子率性自從於善，不待攻治也。〔註86〕」，所以所謂的「率性之謂道」，應就是指君子根據自己的性分，主動去找尋適合自己的，能使性向善的方法，以此率領其性去從於善，這就是所謂的「道」。而宋明理學認爲性即天理，所以將此句釋爲：

> 率，循也。道，猶路也。人物各循其性之自然，則其日用事物之間，

〔註81〕〈性辯〉，《傳家集》卷六十六，頁821。
〔註82〕參見拙著：〈論司馬光對《中庸》之詮釋及其思想史意義〉，頁86～87。
〔註83〕朱熹：《四書章句集注》（北京：中華書局，2005），頁17。
〔註84〕《易說·繫辭上（四）》，頁216。釋「成之者性也」
〔註85〕《易說·繫辭上（五）》，頁221。
〔註86〕《太玄集注·從·次三》，頁43。

　　莫不各有當行之路，是則所謂道也。〔註87〕

所有的人都只要回復到那人人皆同的本性（天理），就能知道當行的道路。與前述「各自成性就是道」之理路相比，前者著眼於人各自的差異性發展，而這種「順著天理之性就是道」的理路則是要回歸人之普遍本性。

　　司馬光以各自成性爲道〔註88〕，但「道」並非是一開始就絕對完美無誤的，所以需要「修道」，對此道路隨時有所修正或引導，而這就是所謂的「教」，其強調的是後天的修正、輔正。司馬光在《法言集註》中釋「學者，所以脩性也，視、聽、言、貌、思，性所有也，學則正，否則邪」爲：「五事人皆有之，不學則隨物而遷，不得其正。〔註89〕」所謂的「學」就是一種對「性」進行修正的動作，以避免性往惡處去發展。若「率性」爲道，則「修道」其實也就等於「修性」了。宋明理學則認爲：

　　性道雖同，而氣稟或異，故不能無過與不及之差，聖人因人物之所

　　當行者而品節之，以爲法於天下，則謂之教。〔註90〕

所謂的「教」是指聖人體悟、修養了本性之道，然後製作爲人世間的種種規矩禮法，教於一般大眾。此種詮釋仍是扣緊作爲天理、聖道的先天本性，與司馬光這重視後天修養之人性論類型明顯屬於兩種不同理路的發展。

　　承上所述，若將司馬光這一類型的人性論理路再上溯至其與荀子性惡論的一脈相承關係，我們就可以歸納出荀學這一路由人性論到工夫論之理路的特色：正視天命的有限性與差異性，人要對自己的性有所認知，然後以此爲後天努力的方向與目標，這就是人生應行的路（道），對於此路進行修正或修補的就是後天的教育（教）。相較之下，孟學的人性論以統一的天命下貫爲人性，每個人都要以尋回、回復天性爲道，以發揮此道爲教。前者重視現實中人性的差異性，從各有性分到各自成性；後者則著眼於人性最理想的境界，要超越現實的種種差異，共同回復實爲天理的統一本性。從中國人性論史來

〔註87〕朱熹：《四書章句集注》，頁17。

〔註88〕司馬光對道有兩種定義，一爲「一陰一陽之謂道」，是道的自然義；一爲「中和之道」，是道的價值義，詳見拙著〈論司馬光對《中庸》之詮釋及其思想史意義〉，頁87～89。筆者過去認爲「率性之謂道」的「道」是專指「中和之道」而言，但今日看來，若將其詮釋爲尚需要後天進一步修整之道（陰陽之道），不但並不違背這整套思路的開展邏輯，甚至更能突顯此種人性論型態的特色，因此筆者認爲此二種詮釋應可並存，特此修正。

〔註89〕《法言集註》，頁696-276。

〔註90〕朱熹：《四書章句集注》，頁17。

看，若性三品論與性善惡混論均為荀學這一重視現實差異之人性論類型的開展，則從董仲舒、揚雄、韓愈到司馬光，乃至日後明清講成性理路的思想家們，荀子性惡論的影響其實從未消失，這種重視現實的人性論理路實為荀學在中國思想史中的重要開展線索。

由於此種人性論重視現實的差異性，認為每個人的人性都各自不同，沒有所謂完美的共同本性存在，人性是各自有所限制與缺欠的，因此其理論性格特別重視團體性、社會性。因為個人必須要組成或進入團體中，才有機會補足自己的缺欠，與他人彼此溝通合作、互相權衡後，才能確立真正的價值理路。《潛虛・醜・行圖》：「醜，友也……君子相友，道德以成。〔註91〕」由於道德價值是在團體的脈絡中成型的，如果脫離了團體，是無法有任何工夫修養可言的。因此主張這一型態人性論的思想家，其態度基本上都是積極入世的，所以其往往也同時會重視政治、禮法等較傾向外王的實踐。另外，在對於人獸之別的論述上，此一型態人性論並不像孟子以人能行仁義來區別人與獸的不同〔註92〕，而是以社會性、群性來作為人性的特點，此亦與上述之重視現實差異性有關。《潛虛・哀・變圖・二》：「人倮而繁，獸猛而殫。」；〈解圖〉：「人倮而繁，善以道群也。〔註93〕」人獸之別即在於人能夠掌握群居在一起的秩序與方法。而人之所以能夠掌握群居之道，是因為人能夠學習團體中所傳遞下來的知識，而這種能力是動物所無法得到的。所以，如果人不學習，就與禽獸無異了：

> 《潛虛・得・變圖・六》：「不學無義，惟飲食牝牡之嗜，禽獸之斃。〔註94〕」

> 《法言集註》釋「鳥獸觸其情者也，眾人則異乎！」：「人為萬物之靈」；釋「賢人則亦眾人矣」：「能循禮義〔註95〕」

> 《法言集註》：「人而不學，飽食終日，無所用心，徒耗糧食，何以異於野鳥？〔註96〕」

〔註91〕《潛虛》，頁 44。
〔註92〕有趣的是，司馬光甚至認為仁義並非人獨有的東西。〈貓䮗傳〉：「仁義，天德也，天不獨施之於人，凡物之有性識者咸有之，顧其所賦與有厚薄耳。」《傳家集》卷七十二，頁 885。
〔註93〕《潛虛》，頁 15。
〔註94〕《潛虛》，頁 27。
〔註95〕《法言集註》，頁 696-277。
〔註96〕《法言集註》，頁 696-278。

司馬光肯定人有異於、高於禽獸的學習能力，加上前述的重學理路，可知司馬光在工夫論上有重智識的傾向，而此亦與荀子理路有呼應之處。

第三節　心的認識能力與道德價值的根源

一、心的性質

　　司馬光的人性論表現了明顯的荀學色彩，主張性有善有惡，重視人性在現實中的差異性，沒有完美的共同本性可回溯，人只能各自發展其天生不同的天性，因此人必須在團體中生存，才能互相補足彼此的缺欠，共同確立出真正的價值理路。人的這種群性，便是人與禽獸最大的區別，因為人顯然擁有超越禽獸的，能互相溝通、合作、學習，以致於能組成團體的能力，所以才能組成社會，傳承累積文明的創造。但當人性中沒有一完美的共同本體存在時，在邏輯上，應如何解釋人這種特別的能力，在各種現實中各自不同，互有差異的人性中，亦絕對具有普遍性？司馬光在《迂書・事神》中，提示了關於此一疑惑的可能線索：

> 或問迂叟事神乎？曰：事神。或曰：何神之事？曰：事其心。或曰：其事之何如？曰：至簡矣。不黍稷，不犧牲，惟不欺之為用。君子上戴天，下履地，中函心，雖欲欺之，其可得乎？〔註97〕

在這段文字裡，司馬光對「事神」這件事的論述，恰好突顯了其哲學中「心」的重要性。君子事神並非重於外在的物質儀式，而是要重在自身行為的不欺於神上。按司馬光合中有分的天人關係論來看，他並不贊成人去熱衷於宗教性的拜神行為，因此他將這種傳統的祭祀要求轉化為君子的修身行為，強調人應該努力的方向並非對上天儀式性的祭拜行為，而是對自身行為的要求與修正。而如何能「不欺」於神，司馬光提到這關鍵之一即是因人「上戴天，下履地，中函心」。「不欺」即是誠，這是一種道德的實行與要求，是人所獨有的行為。由此來看，人與禽獸同樣都戴天履地，但獨有人能事神、實行道德，這必是因人多了「中函心」這一項條件的緣故。司馬光這段文字，稍稍解答了上述的疑問，人性雖然良莠不齊，但人之所以均能有這種超越禽獸的特別能力，應是因為人均有「心」的緣故，「心」與人能學習、發現、實踐道德極為相關。

〔註97〕《傳家集》卷七十四，頁909。

　　但上述的疑問仍未完全解決，因爲雖然心能解釋此種學習、發現、實踐道德之能力在人性中的普遍性，但既然人性在未發展前是無善惡可言、善惡均有可能的狀態，沒有現成先天內在的完美理體存在，那麼心必定也只是類似的存在。那麼，在沒有一先天完美理體作爲其道德保證的情形下，無善惡可言的心（或說其屬性不一定爲善的心）何以能、如何能作爲道德價值的來源？如果心無法作爲道德價值的根源，那麼此種心性論就只是一種邏輯錯謬的理論，因爲其除了心之外，無法合理說明道德從何而來，其理論中的道德只能流於無根。這種對於「道德根源何在」的質問，是司馬光這類型的荀學人性論常會遇到的困境，要解決司馬光哲學的這個邏輯困境，就必須回到本體論來看其道德價值產生的過程。司馬光的本體論與自然氣本論相合，主張其道德價值來自於氣的運行中帶著的潛藏自然理序，此一理序的自然實現，即是價值的來源。但這一理序需要人後天的主動感應、發現，進而將之發展、實現，才能實化在現實中。它並非能超脫時間而存在的某種神聖永恆的理體，而是必須在時間中才能被發展的一種潛在的契機。綜合上述司馬光哲學中對心的重視，使此一道德價值的潛在契機能被創發、發現的關鍵，應就是心。在這類型的哲學中，道德的根源並非來自於心，心只是作爲讓氣當中潛在之道德理路實現的媒介，眞正的道德根源是來自於氣。

　　如果只從孟學以心作爲天理、作爲道德價值之根源的理路來看這樣的哲學，而忽略了氣的存在，那麼自然會認爲既然心是一無善惡可言的存在，那麼道德就不可能來自於心，當然就必定無根可尋了。但如果能從氣的角度來重新看荀學中心與道德價值之根源的問題，便能合理解決此處疑問。因此，本節將試著從司馬光對心的論述中，分析在荀學這類型的心性論中，心的性質與能力以及心在道德價值產生之過程中的作用與地位爲何，希望能更完整的廓清荀學心性論與孟學心性論之間的差異處。

　　依司馬光對心的論述，其著作中的「心」有兩種意義：一是指身體層面，作爲身體器官的心；另一則是精神層面，即是指在哲學意義上的心—心神、心念而言。在本文的第二章第一節第二大點「氣的開展與完成：宇宙的化生過程」中，筆者曾在解釋司馬光《潛虛》中「性者，神之賦」之意時，引用了《太玄集注》：「神者，心之用也〔註98〕」、「虛者，神之所宅也。〔註99〕」，

〔註98〕《太玄集注·中·次二》，頁 5。
〔註99〕《太玄集注·戾·初一》，頁 16。

《法言集注》：「物之神者莫如心。〔註100〕」來初步論證「神」的意思應非指天神，而是指心神。上述這三處引文，正是理解司馬光哲學中「心」、「虛」、「神」之間關係的重要線索。首先，「虛者，神之所宅也」這處引文點明了神與虛的關係，其出自司馬光在《太玄集注》中對「戾」這一首的解釋，完整的引文與其他相關文句如下：

> 《太玄集注・戾》：「然則孚者，物之始化也。陽氣始化，其氣尚微，萬物之形粗可分別，則各以其類生而相乖離矣，戾之象也。〔註101〕」

> 《太玄集注・戾・初一》：「虛者，神之所宅也。一，思之微也，居戾之初，當日之夜，虛邪則心傾矣。〔註102〕」

> 《太玄集注・羨》：「大虛謂神所宅也。……羨而過中，故曰：『大虛既邪』〔註103〕」

司馬光解釋「戾」之意為氣剛開始分化為萬物之象，由此來看，司馬光在解釋〈戾・初一〉時所論的「虛者，神之所宅也」，此「虛」應即是其在首文中所述之分化為萬物的「氣」，這與本文第二章中的結論相合，「虛」就是作為萬物本體的「氣」。若虛即氣，則據《潛虛》：「氣以成體，體以受性」可知，虛即指成為人之「體」的氣，因此「虛者，神之所宅也」的意思是指人之「體」為「神」的居所。此意義與《潛虛》中的「體以受性」是相同的，強調性無法脫離體單獨存在，神亦非能脫離虛（氣）而單獨存在的某種理體。

接著，按《太玄集注》：「神者，心之用也」、《法言集註》：「物之神者莫如心。」、「人亦以神明精粹，經緯萬方。〔註104〕」可知，神與心有極為密切的關係，心是人或物最為神妙的部分，神是指心的能力與功用，如第三處引文所稱之「神明精粹，經緯萬方」的能力。因此，「虛者，神之所宅也」亦可解釋為「人之『體』是盛裝『心』的器皿」，而且這「心」指的不只是單純作為身體器官之一的心，而特別指能正常發揮、運作「神」之功能的心。所以司馬光此處論「神」即是在論「心」，只是其強調的是心的精神層面，即指在哲學意義上的心神、心念而言。

〔註100〕《法言集註》，頁 696-296。
〔註101〕《太玄集注》，頁 15～16。
〔註102〕《太玄集注》，頁 16。
〔註103〕《太玄集注》，頁 25。
〔註104〕《法言集註》，頁 696-297。

　　最後，我們可以從〈戾・初一〉中的「虛邪則心傾」來理解心與虛的關係。「戾」這一首的重點既是指氣化過程的最初分化階段，那麼以性善惡混論的角度來看，「虛邪則心傾」可以解釋爲：當人最初稟氣而生時，所分化爲人的氣必是參差不齊的，若人不幸分到的是素質較不好的氣，導致其性善少惡多，那麼其心本應能發揮的能力（神）亦會因此而被削弱。綜合前述「虛爲神之宅」，「神爲心之用」來思考可知，心不完全等於「神」，因爲其有另一層面，即其以氣爲本，由氣而生的這一層面。若將此處的虛理解爲人之「體」，那麼心顯然有屬於「體」的這一層面，否則其不應受到「虛邪」的影響。簡單來說，「心」是作爲「神之宅」的「虛」的一部分，所以雖然人均有心，但每個人的心能發揮的能力畢竟仍是先天有所差異的。心與人身上的其他器官一樣，均是由自然樸素的氣所組成的，所以其並沒有先天就蘊含有現成的道德，其未有先天一定的善惡屬性可言，而且會受到氣稟高下的影響。

　　綜合以上的討論，司馬光哲學中的「心」由氣所組成的，爲身體的一部分。但其地位之所以特別，是因爲其擁有身體其他部位所沒有的功能與能力，即「神」。《太玄集注》中說「心，精之源，萬事之本也。〔註105〕」，即指心是人精神的來源，因此，人之所以能擁有精神這一層面的能力，是因爲人擁有心。心是主管人之精神意識的器官，人透過心來使精神能控制身體，所以心在人身上的地位即爲「身之君」，是人之意識、思考、抉擇、驅動之總樞紐，是聯絡、統合人之精神與身體的器官。心與其他器官最大的不同處，在於其能獨立於個別器官的需求之上來思考人整體的需求，以此控制身體的各部分，讓身體的整體往一最適合的方向去發展行動。《法言集註》釋「神心惚恍，事繫道德仁義禮」爲「君子之心主此五者〔註106〕」，此意指只有心能主管道德之事，使人能行道德，因爲道德的需求不可能來自於個別器官的要求，而必是因心認爲其合乎身體整體的益處，所以才能犧牲某些器官的欲望來實行道德。心的這種特質，是人所獨有的，因此人能創立文明、實踐道德，而禽獸卻無法作到，因爲其缺少了精神這一層面的能力。

　　但由於心也是身體的一部分，其與耳目鼻口等其他器官一樣，都是由氣所組成的，其當然也會受到其他器官的影響，甚至過分隨從某些器官的需求去行動，而犧牲了身體其他器官的需求，沒有盡到適當協調、統合、滿足各

〔註105〕《太玄集注・事・初一》，頁 57。
〔註106〕《法言集註》，頁 696-296。

種器官之共同合理需求的責任。在這樣的情況下，就會使身體往一不好的方向去發展，此即「心不君」的情形，《潛虛・得・變圖・初》：「耳目鼻口，外交中誘，惟心之咎。」〈解圖〉：「外交中誘，心不君也。〔註107〕」即是在描述這種心失去主導身體之地位的結果。另外，心這種協調、主導身體的能力，也會受到天生氣稟材質高下的影響，而先天即有強弱上的差異。再加上因為它的性質與組成只是普通的氣，並沒有其他完美理體能作為勝過其他器官之欲望的強大能力，所以其能力的發揮繫於人後天對心這器官的主動運用程度。因此，心在主導身體的能力上，並非絕對的強勢，如果人不願意好好發揮心的功能，而讓身體隨順某些器官的需求去發展，那麼心也只能流於無用。

司馬光對「心」之性質的這種定位與描述，將心視為身體的一部分，為一負責人之精神層面與身體層面相互溝通的素樸器官（而非蘊含了完美的道德理體），表現了一與自然氣本論弱性本體與荀學弱性善觀相合的理路。

二、心的能力

承前所述，司馬光哲學中的心兼有身體與精神兩種層面，綜合言之，心即為人之身體與精神的總樞紐，即「身之君」，是人之意識的中心。其以氣為本，故其先天性質尚未有善惡可言，並無蘊含現成的道德理體，且心還會受到人先天氣稟的影響，使其能力會因人而有所差異。雖然司馬光對心的定義似乎過於平實樸素，但在其對心的論述中，他對於心之能力的極致有著高度的肯定：

〈答韓秉國書〉：「心，動物也，一息之間，升天沉淵。〔註108〕」

《法言集註》釋「潛天而天，潛地而地」：「潛，深也。潛心於天而知天，潛心於地而知地。〔註109〕」

《太玄集注》：「夫以天地之廣大而人心可以測知之，則心之為用也神矣。……君子之心可以鈎深致遠，仰窮天神，俯究地靈，天地且不能隱其情，況萬類乎！以其思而未形也，故謂之幽。〔註110〕」

《太玄集注》：「君子之心如淵潢洋，無所不包，所以為大也。〔註111〕」

〔註107〕《潛虛》，頁26。
〔註108〕《傳家集》卷六十二，頁766。
〔註109〕《法言集註》，頁696-296。
〔註110〕《太玄集注・中・初一》，頁4～5。
〔註111〕《太玄集注・大・初一》，頁93。

《太玄集注》:「君子思慮純粹,則聰明無所不通,故曰:『目上於天,耳下於淵』。〔註112〕」

在上述這些引文中,司馬光極力強調心在對外界事物的認識上具有極爲神妙的能力,能瞬間「升天沉淵」,使人知曉天地萬物的廣大知識,「仰窮天神,俯究地靈」,無所不包,無所不通。由第三處引文中的「心之爲用也神」與「思而未形」可知,司馬光此處所盛讚的心是指無形之心念、心神而言。心神的極致之功(思慮純粹),能使人在對天地萬物之認識上達到一種無所不通的神妙境界,雖然心先天只是無價值意涵可論的器官,但其所擁有的神妙之認識能力,能使人有機會搜羅、涵括天地萬物的所有知識,進而能「通」天地萬物,辨別、實化出眞正的價值理路。由此可知,對司馬光而言,心確實有使人能發現並實踐道德價值的能力。

從司馬光對心之能力的論述來看,心之所以能使人達到這種出神入化之境界,應是因爲心具備有以下三種能力:一、感應的能力;二、辨別價值的能力;三、溝通權衡的能力。以下試分述之:

(一)感應的能力

心要認識外物,要與外物發生關係,首先必須具備能感應於外物的能力,這包括了心與外物之間的相感相應或心的拒絕感應能力。《太玄集注》:

> 易曰:「憧憧往來,朋從爾思」,言心有所感則物以其類應之。……
> 〈樂記〉曰:「人生而靜,天之性也。感於物而動,性之欲也」。一爲思始而當畫,能閉外類之誘,守其始有之性者也。〔註113〕

當心有所感,就會有外物與之相應,這證明心有與外物相感相應的能力。而「能閉外類之誘,守其始有之性」,指的是心能控制其與外物的感應狀況,能應亦能不應,這指出心能自主選擇其要感應的對象。另一處可引爲例證的引文,出自司馬光對《太玄》「迎」這一首的第一到第三贊的詮釋〔註114〕:

> 〈迎·初一〉:「迎準咸,咸,感也。一爲思始而當夜,感於外物而非正應者也。」
> 〈迎·次二〉:「二爲思中而當畫,君子精誠之至,無所不通也。」

〔註112〕《太玄集注·睟·次三》,頁 77。
〔註113〕《太玄集注·守·初一》,頁 119。
〔註114〕《太玄集注·迎》,頁 87〜88。

〈迎・次三〉:「三爲思終而當夜，天人之際，精祲相感，人失其道，妖靈先覺也。」

由於《太玄》的設計，其每一首的第一到第三贊均是在論心念產生的過程，加上「迎」這一首正好對應於《易》的「咸」卦，咸即感，所以此處之詮釋正好展現了心的三種感應的狀態。「初一」是指心會對外物有所感，但其回應的方式並不一定是正確的。「初二」則指心之感應能力的最佳狀態，即爲「精誠之至，無所不通」，這與前述心念之極致狀態是相符的，可見人要能達到天地萬物均通的境界，心之感應之能力必須被發揮到極致。「初三」則指心之感應能力的極限與限度，爲天人間的互相感應，天在某些方面的感應是先於人心之感應的，此與司馬光天人關係中對人之有限性的主張相一致，但無論如何，這表明了心感應之範圍可以上達天人之際的範疇〔註115〕。

（二）辨別價值的能力

當心與外物相感，要如何合適的去選擇接受或拒絕外物的反應，好讓人可以得到正確的知識，這就涉及到心的第二個重要的能力，即辨別價值的能力。《易說・咸》:

心感于物，爲善爲惡爲吉爲凶，無不至焉。必也執一以應萬，守約以御眾。……心苟正矣，則往也，來也，屈也，伸也，而心不爲之動焉。動于往來，則心傾矣。心苟傾焉，則物以類應之，是故喜則不見其所可怒，怒則不見其所可喜，愛則不見其所可惡，惡則不見其所可愛。顧右則失左，瞻前則忘後，視必有所蔽，聽必有所偏，故曰未光大也。〔註116〕

心能「執一以應萬，守約以御眾」，人可以在心中持有一定的法度來對所應之萬物作出決斷的動作，可以分析、思索外物是否應合於心中的標準，再對此作出價值上的判斷。只要心能一直持守住已從經驗或學習中得到的道德價值標準，保持在一不爲外物所動的狀態，就能對所應之萬物作出正確的價值評判。《太玄集注・斷・初一》:「能以法度內斷於心，而人不見其迹者也。〔註117〕」

〔註115〕《太玄集注・遇・初一》:「一爲思始而當晝，精神感通，故遇神及師，雖或發於夢寐，而不失其正，若高宗夢傅說是也。夢者，事之難拒者也。精誠之至，猶得正而可據，況僉謀師錫者乎？」，頁 89。關於人與天的感應，參見第二章第三節第三大點。

〔註116〕《易說・咸》，頁 120～121。

〔註117〕《太玄集注》，頁 61。

亦指出心有此種判斷價值、決斷價值的能力。但心既無現成的道德理體可作爲辨別價值的根據，其在最初尚未建立任何價值觀之前，應如何行使此一能力？司馬光認爲，只要能將心盡量澄明，不受外物之蒙擾，使心的感應與判斷能力達到顛峰，那麼便越容易接近於眞正的價值：

> 《法言集註》：「言精心以求之，則眞僞易辨，不必朱曠之視聽也。〔註118〕」

> 《太玄集注》：「君子純粹在心，清明不雜，故能總羣元，成萬務也。〔註119〕」

從自然氣本論的角度來看，當心能在一不惑於外物的清明狀態下，其感應能力達於顛峰，其就能在自身與外物之感應中，感知到作爲物我共同本體之氣中所潛藏的理序，透過心的發現、認知、思考、分析等一連串判斷的過程，此一潛藏理序就有被心認知爲具有道德價值的「理」，並將之實化爲道德價值的可能性。

（三）溝通權衡的能力

但是由於人性中沒有一完美道德理體可以直接作爲絕對正確的終極標準，因此心不能只憑自己單獨的感受來直接確立道德價值的成立，必須將其發現的此一可能價值放在團體的脈絡中來檢驗，才能夠進一步的確認其可能性。因此，心還具備了與外界溝通、權衡的能力：

> 《法言集註》釋「君子動則擬諸事，事則擬諸禮」：「擬，度也。動則度其事之可否，事則度於禮，爲是爲非。〔註120〕」

> 《太玄集注》：「夫外物之來，入乎思也，言行之動，出乎思也，得其宜則吉，失其宜則凶。〔註121〕」

在上述引文中，司馬光認爲聖人之所以能讓天下群體和平相處，是因其能與他人之心相感的關係。當君子遇到事情時，需要運用心「度」的能力，除了以既定的標準（例如禮）來權衡是非外，也要適當考慮整個群體的反應，在團體的各種脈絡中權衡出一最適當的結果，此即「宜」。言行的是非並非絕對取決於某些一定的標準，而是要經過「思」的過程，以能得到「宜」之結果

〔註118〕《法言集註》，頁 696-281。
〔註119〕《太玄集注・睟・初一》，頁 76。
〔註120〕《法言集註》，頁 696-350。
〔註121〕《太玄集注・周・次三》，頁 8。

爲吉；反之，就算遵守了某些一定的標準，但卻無法得「宜」，一樣是凶的。
因此，司馬光認爲：

> 君子之道未常曲也，其有曲者，遭時不得已而行之，以權正也。權
> 者，權其輕重，所曲者小，所正者大，非不幸不可爲也。……善反
> 常者，雖反常道，志在於善也。〔註122〕

君子之道並非僵硬不能變通的，要能「權其輕重」，就算曲於、反於常道，也是
可允許的，因爲重要的是「志在於善」，而不在於死守某些既定標準。心的此一
能力，使其在面對道德價值之確立與實行時較有彈性，也較有修正的能力。當
個人運用心與團體溝通權衡後，不但可以平衡個人價值觀過於極端的部分，不
致於堅持己見而因小失大，也比較能避免陷於個人錯誤的獨立判斷中。

　　承上所述，司馬光心性論定義下的心，其擁有與外界感應、判斷、溝通
權衡的能力，所以人能使用心來認識天地萬物，從中獲得經驗，判斷出可能
符合氣之潛藏理路的知識，然後再經過與他人的溝通權衡後，便可確立（創
立）此一道德價值。與孟學心性論的心比較，孟學心性論認爲人心中有一共
通的完美理體，作爲人先天即有之潛伏力量，只要人能將其喚醒、恢復（或
是保持原本狀態不被外物污染），心即可直接提供道德成立的資源。個人只
要反思先天即存於心中的理，使理發用，就是道德價值了。而像司馬光這類
型的荀學心性論，認爲人心有一共同的能力使人能充分認識外物，並由對外
物的認識與思考判斷中，將物當中潛存的適當理序發展實化出來（此一理序
來自於作爲萬物之本體的氣中潛藏的理序）。此類型哲學道德價值的來源，
是來自於個人對外界的認識與外界（團體）對個人的輔助，是結合二者而作
出的綜合抉擇。《法言集註》：「目因日光然後能有見，心因聖道然後能有知。
〔註123〕」這類型的心在未能學習到外界知識之前，只是一擁有種種可能性
的器官而已，由於其沒有現成的道德價值先天存在，所以必須仰賴外界引導
才能眞正發揮其能力。但當心經過學習、鍛鍊後，它便能判斷價值、創立具
體道德德目，成爲道德的來源。《太玄集注》：

> 困而學之者，能盡其心則無不達矣，師何遠哉？故曰「師在心」。〔註124〕

〔註122〕《太玄集注・羨・次四》，頁24。「君子之道未常曲也」，「常」疑爲「嘗」，待
　　　　考。
〔註123〕《法言集註》，頁696-316。
〔註124〕《太玄集注・窮・次三》，頁147。

遇困方學，很明顯是指一般人的學習狀況，不是在指聖人之類較爲優異的人性。「盡其心則無不達」，意指只要能盡力發揮心的所有能力，將心鍛鍊到最好的地步，那麼就能無不通達，心就能成爲人之「師」。「師在心」，這表示司馬光認爲學習之關鍵不但在心，而且經過鍛鍊而完全發揮能力的心，其效力是可以引領人之認識，評判萬物之價值的。由此來看，從操作面來說，荀學性格的心在實際應用的效力上，其實並不會輸給孟學性格的心，其一樣能作爲道德價值合理的根源。心在對經驗事物的接觸中，透過過去累積的經驗以及和他人或他物間的權衡，能對事物之價值作一「適當」的認取、篩選。這一「適當」的標準不是固定不動的，而是因時制宜，隨時處於一辯證過程之下的標準。透過種種與現實、過去經驗的權衡後，心能自我創造出適當的判斷與抉擇。這一出於自我的「適當」判斷與抉擇，很明顯就已是一種道德的表現。

司馬光哲學所主張的這種類型的「心」，雖然沒有一神聖理體可以作爲道德價值的直接根源，但它所擁有的這些能力，使它能在時間的發展中，在漸漸累積對眾多外物之認知後，去發現、思索、判斷、權衡出一最適合其時代與團體的價值觀，並將這一價值觀分享給他人或傳承給後代，此即道德價值的來源。這樣的思想，在中國哲學中似乎有點特別，但若放在後現代去理體中心的思潮來看，其實它並非特異，而且有十足成立的理由。此種思維認爲，所謂的最終眞理事實上並不存在，現存的道德價值其實只是來自於歷代不斷被創造、解釋、改造累積起來的文明創造，其並非絕對不變，反之，其擁有更能適應時代等變動因素的修改彈性。但當文化經過時代與人群的種種考驗與淘選後，順應自然規律、人性的東西自然就會被保留下來，成爲社會群體所共同認可之定律、眞理（禮／理）的一部分。這樣的道德價值雖未有一終極的理體可背書，但卻絕非無根源可尋，其根源來自於人類文明的積澱，這不但是荀子之所以如此重視「僞」（人爲）的原因，也與儒家重人文社會的精神相符。因此，司馬光這種心性論定義下的心，雖與理本論心本論定義下的心極爲不同，但其絕對有其哲學上的合理性、正當性，標誌了荀學與孟學在儒家思想中的理路根本差異處。

三、心與道德價值的產生

司馬光心性論定義下的心，在進入時間發展過程之前，只是人身上一無善惡道德價值可言之器官，但在其被人所不斷運用來認識外物後，心就能發

揮其判斷辨認道德價值的能力，進而使人累積經驗，有機會從中將事物潛藏的理序實現出來，成為道德的來源。但由於沒有一神聖理體可以直接作為終極的評斷，每個人的性都是不完全的，所以人不能只憑個人的感受來確立道德價值，還必須要運用心的權衡能力來與他人之感受相衡，才能將道德價值確認出來。因此，在司馬光的哲學中，道德價值之產生的源頭與過程，均需在團體與現實之脈絡中來進行。司馬光釋《太玄‧事》的第二贊為：

> 符者，所守之瑞也。……樞者，榮辱安危所係之地也。事方在樞，思而未行，宜訪問於善以求至當，而當日之夜，愚而自用，不咨不諏，以喪其智符也。堯稽於眾，舜樂取人以為善，孔子每事問。〔註125〕

當事情在心中的籌畫已經到了最完整的階段，只差一步就要實行了，但在真的要去行之前，還必須要盡力去訪問他人以求取到最好的「善」。司馬光引堯、舜、孔子的例子，來強調必須與他人來往溝通，才能得到最至當的結果。所以如果採取自我封閉而不向他人諮詢的態度，反而會喪失最高的智慧〔註126〕。這種向外訪求的要求，意味著人對於道德價值之產生，不應該那麼完全的相信自己的感覺與判斷，而是應該要經過團體與現實之印證，才能放心確立道德價值的實際內容。

若從孟學立場來省思，上述所謂的道德之「產生」基本上是不可能的，因為它來自於一超越時間存在的神聖理體，人只能去發用此一道德理體，而不可能去創造或生產它。但從荀學立場來看，當沒有一神聖理體存在時，人類社會中所謂的道德，其產生之根源絕對是從人之創造行為而來的。因為如果沒有人透過心的特殊能力對自然進行思索與判斷，這些道德價值的實際內容頂多只是默默潛存於宇宙自然的秩序中，無法彰明出來讓人據此建立人類社會的秩序。因此，司馬光認為所謂的善惡價值，是經過人對外界之感受、

〔註125〕《太玄集注‧事‧次二》，頁57。

〔註126〕司馬光此處文字有可能是針對王安石而來的，司馬光對於王安石最不滿的一點即在於王安石為了實行新法一意孤行，不願意接納反對意見。〈與王介甫書〉：「自古人臣之聖者，無過周公與孔子，周公孔子亦未嘗無過，未嘗無師。介甫雖大賢，於周公孔子，則有間矣。今乃自以為我之見，天下莫能及，人之議論與我合則喜之，與我不合則惡之，如此，方正之士何由進？諂媚之士何由遠？方正日疏，諂媚日親，而望萬事之得其宜，令名之施四遠，難矣。」（《傳家集》卷六十，頁721）有人認為司馬光疑孟是因為王安石崇揚孟子，所以想跟王安石唱反調，但此點亦可看出司馬光與王安石基本上在思想性格上就已有很大的差異。

思索、判斷後所命名規定出來的。《法言集註》:「作為善惡,而人以善惡名之;自求禍福,而人以禍福與之。〔註127〕」善惡禍福之行為必定先於善惡禍福之名而存在,此一命名必是經過人判斷之過程而來的。因此,道德價值的成立,實不能不經過人心判斷思索的創造過程。

雖然道德價值的產生來自於人的創造行為,但這並不表示人可以隨意的違反自然規律,創造出不合自然的道德規條,因為人不可能置身於自然之外,人自己也是自然規律的一部分。當人透過群體的互相協調制衡,取得最大的共通點、平衡點來作為道德價值的內容時,此一平衡點必會與自然規律相合而非相違(就算無法絕對相合,但至少大方向不會相違背),因為不但人無法違抗自身來自於自然規律的要求,人與人間之所以能有共通點的存在,亦正在於其均處於自然規律之下,有相同之生存目標的緣故。因此,這樣的道德價值基本上是不會有違背自然規律之情形出現的。就算偶爾有例外,也會因為時代與群體不斷的權衡與修正而被自然淘汰。

承上所述,即使道德價值的具體內容已被人所創發出來,但由於沒有絕對真理,所以並沒有哪一種道德價值觀可以宣告其已經絕對完美,不再需要修正。各種不同的道德德目的內容雖已被確立出來(如仁、義、勇……等),但由於其背後沒有絕對完美之理體作保證,所以如同人需要團體來互相補足彼此之不完美,各種道德德目一樣需要互相配合、彼此權衡,甚至需要互相制衡,才能衡度出一最適當的平衡點,那才是真正的道德價值之所在。所以縱使道德德目已經成立,但在具體實踐中,人不能死守某一項道德標準,必須審度外在情勢,再綜合內在對各種道德價值觀的取捨,要不斷的在此一互相權衡、修正的過程中,才能作出最正確的決定。在這種沒有神聖本體的情況下,人沒有可以直接證立道德的捷徑,只能在各種現實脈絡中不停權衡,逐漸摸索開展出真正的道德,這種對現實脈絡的重視,正是荀學一貫的特色。

司馬光對「義」與「仁」之關係的討論,頗可作為上述論點的例證:

《潛虛・訊・變圖・初》:「牽牛釁鐘,惻于厥心」〈解圖〉:「<u>牽牛惻心,仁之祖也</u>。〔註128〕」

《易說・乾・文言》:「利者,義之和也,利物足以和義。<u>仁者,聖</u>

〔註127〕《法言集註》,頁 696-346。
〔註128〕《潛虛》,頁 33。

人不裁之義，則事失其宜，人喪其利，故君子以義制仁，政然後和。
〔註129〕」

《易說‧頤》：「愛養萬物謂之仁，其所不愛不養謂之義。義者，裁仁以就宜者也。」

《潛虛‧宜‧行圖》：「宜，誼也。君子有義，利以制事，事無常時，務在得宜。知宜而通，惟義之功，闇宜而執，亦義之賊。所以天地當秋不廢肅殺，聖人用刑不害慈愛。〔註130〕」

《太玄集注》：「君子以義斷仁，捨小取大，然後有治平之美也。〔註131〕」

從引文可知，司馬光認為「仁」來自於一種對生命的不忍心與同情的自然情感，這種想幫助、贊助各種生命生長存活的道德行為與情感，當然有正面的價值意義，但司馬光並未認為此一道德價值就可以完全無限制地作為所有事物的行為準則，反之他強調必須要「以義制之」。「義」即是宜，它的用處是「裁仁以就宜者」，因為「事無常時」，如果聖人不以義裁仁，就讓人憑著仁的感受不斷的發展其行為，那麼有可能會發生因小失大的情形，反而無法達到最適宜的狀態。例如天地雖愛養萬物，但仍有秋天肅殺生命的時刻，所以聖人對刑罰的採用，並不會傷害到其對百姓的慈愛。這種「以義制仁」的理路，表現了司馬光對於個人直接的道德情感的謹慎態度，縱使心中產生了疑似符合道德價值的情感（仁），但仍必須在謹慎權衡外界與自己的適宜狀況後，用「宜」來克制或修正自己心中直接之道德想法（仁），縱使這情感反應在某一面來說也是對的，但其需要在與外界的適當權衡下被修正，在權衡過各種道德德目後，捨小取大。這表示司馬光雖認為「仁」是出於人性自然，但他對此種出於個人的情感反應並沒有完全的信任，這與孟學對人內在道德情感的高度信任大異其趣，而與荀子「推恩而不理，不成仁〔註132〕」的理路極為近似。

除了義與仁，司馬光在〈四言銘系述〉中亦述及：

夫孝友百行之先，而後於忠信，何也？苟孝友而不忠信，則非孝友

〔註129〕《易說‧乾‧文言》，頁11。
〔註130〕「秋」據麻衣本改。《潛虛》，頁34。
〔註131〕《太玄集注‧斷‧次七》，頁62。
〔註132〕《荀子‧大略》，頁527。

> 矣。能是四者，行則美矣，未及於德也。正直爲正，正曲爲直，適
> 宜爲中，交泰爲和。正直非中和不行，中和非正直不立，若寒暑之
> 相濟，陰陽之相成也。夫察目睫者，不能見百步，瞻百步者，亦不
> 能見目睫。均是德也，執其近小而遺其遠大，守其卑淺而忘其高深，
> 是猶不免爲小人焉。〔註133〕

孝友原是在百行之先，但司馬光在此將其刻意安排在忠信之後，這是因爲他
認爲：當孝友與忠信有所衝突時，必須要能綜合情勢，捨小取大，不能只固
執於某一類的德行，否則便會「執其近而遺其遠大」，結果仍「不免爲小人」
〔註134〕。正與直是指已經既定的道德標準，中與和則指適宜與交泰，正直與
中和的相輔相成，正說明司馬光對道德的基本態度：道德價值來自於人心在
現實脈絡中的不斷權衡、辨證與綜合判斷，沒有先天完美神聖的理體可以作
爲終極的道德標準，人必須不斷在現實中探索、創發出道德行爲的具體內容，
不斷累積、擴充其內涵；或是不斷以現有的道德價值與外界進行溝通權衡的
工夫，不斷的修正其內涵使其能達到最適合各方應用的狀況。在司馬光哲學
中，實踐道德不是只去遵行一固定現成的標準就好，而是在現成標準的基礎
上，去進行一自我與外界不斷溝通權衡的過程，每一次對道德的實踐，就等
於又多充實了一點對道德的創造。這些點滴創造累積起來，便漸漸豐富了道
德的內涵。

　　綜合上述，司馬光認爲道德價值來自於人適當運用心的認識能力，在種
種不完美卻潛藏自然理路的現實中，運用心的判斷與權衡的能力，找出最適
當的調和點，將自然理路發展出來。此一以心來產生道德價值的工夫，從司
馬光的論述來看，即是「以中節物」。《易說・節・上六》：

> 節者，貴于適事之宜者也，……君子以制數度議德行者，議之而後
> 動，動而中節，然後爲善也。……節物者，無位則不能也，故曰：
> 當位以節。……九五居夫尊位，以中節物，故曰居位中也。〔註135〕

「節」之意即爲找出事物之中的適宜之處，而「中」在司馬光的哲學中本具

〔註133〕《傳家集》卷六十七，頁836。

〔註134〕這並非指司馬光不重視「孝」這一德行，從司馬光著《古文孝經指解》一書
　　　　　來看，其哲學對「孝」相當的重視，關於此點可參考本文第四章第三節第二
　　　　　大點。但縱使司馬光對「孝」相當重視，他仍認爲「孝」在實踐上必須要衡
　　　　　量適當情勢，與其他德行相配合，不能固執死守。

〔註135〕《易說・節・上六》，頁192。

有極爲核心的地位，本文在第二章本體論第二節「氣潛藏的內在原則：中」即已論述過「中」爲氣潛藏之自然秩序的核心。「中」並非一獨立於氣之外的理體，其爲氣當中潛藏的規律與原則，是氣最重要的性質。「以中節物」，意指要心去感應人與外界共有之氣的潛藏規律：中，然後按此一規律來找出事物之中的最適宜之處。

但心要如何才能確定其所判斷出的結果即是「事之宜」？從司馬光對「宜」的討論來看，可以歸納出三個關鍵的要素：「中」、「位」、「時」。上述引文中提到「節物者，無位則不能也」、「當位以節」、「居夫尊位以中節物」，可知「位」是「以中節物」的必備條件。另外，司馬光多將「時」與「位」和「中」並論：

> 《太玄集注》：「辰，時也。……君子得時彊於爲義，人莫之止。……凡中者皆有得位得時之象。」〔註 136〕

> 《易說・繫辭下》：「柔之爲道……，其要在于隨時適宜，不犯于咎，以中爲用而已。」〔註 137〕

第一處引文指出，若事物眞的得中，必也同時會得時與得位；第二處引文則指出，以中爲用的具體內容即爲隨時適宜。由此可知所謂的「宜」，即是指事物達到「中」的狀態，而眞正的「中」，必會同時達成「得位」與「得時」兩項條件。以下試分述「中」、「時」、「位」對心這一權衡判斷價值之過程的重要性。

在《太玄・中》的注解中，司馬光曾有這樣的論述：

> 中者，心也，物之始也。中孚者，誠發於中而信著於外也。〔註 138〕

此處文字似乎指中即爲心，心即爲一價值完滿的理體，所以能作爲「物之始」。但從下文來看，此處所謂的「中」，是指心的位置來說的（中與外相對），並無與前述心之性質有所矛盾〔註 139〕。此處引文可與《易說・中孚》相對照：「中孚者，發於中而孚于人也。」此處的中是指心，所謂的「中孚」，指出誠之意念雖來自於心，由心發出，但仍需能外信於人，才能算是眞正的誠信。因此

〔註 136〕《太玄集注・彊・次二》，頁 74。

〔註 137〕《易說・繫辭下（八）》，頁 278。

〔註 138〕《太玄集注》，頁 4。

〔註 139〕漆俠據此認爲司馬光心的定義矛盾，參見漆俠：《宋代思想史論》（河北：河北人民出版社，2002），頁 368。筆者在〈論司馬光對《中庸》之詮釋及其思想史意義〉一文中曾就此有所辯証，頁 78〜79。

縱使司馬光很肯定心能判斷價值（誠發於中），但眞正要完成此一產生價值的過程，仍需要經過他人的檢驗（信著於外），這與司馬光對心之性質的認知是一貫的。由上可知，心要使事物達到「中」，必須同時達成內在與外在這兩種條件。

　　從內在條件來說，司馬光認爲心必須「執中」才能正確的判斷事物，其在〈中和論〉中說：

> 道之要在治方寸之地而已。《大禹謨》曰：「人心惟危，道心惟微，
> 惟精惟一，允執厥中。」危則難安，微則難明，精之所以明其微也，
> 一之所以安其危也，要在執中而已。

> 君子之心於喜怒哀樂之未發，未始不存乎中，故謂之「中庸」。庸，
> 常也，以中爲常也。及其既發，必制之以中，則無不中節。〔註140〕

在《太玄集注》中亦說：

> 君子之心，執一以爲常法，應萬物之變，終無虧戾也。〔註141〕

> 君子以中庸爲心。〔註142〕

> 君子立慮於中以應萬變，如樞之運，無所不周。〔註143〕

由上可知，中爲心能進行判斷的內在條件（至於人應該如何行才能「執中」，這牽涉到工夫論，請參見第四章第一節第一二大點）。心執中，意指心以「中」來對萬物進行實際的衡度判斷，即以中爲度：

> 《太玄集注・度》：「法者爲之模範，度者爲之分寸也。〔註144〕」

> 《太玄集注・度・次三》：「思不中度則事乖失矣。〔註145〕」

> 《易說・離》：「夫明者常失于察，察之甚者，或入于邪，……夫太
> 明則察，太昧則蔽，二以明德而用中正，是以獲元吉也。〔註146〕」

縱使心已經習得現成的判斷標準（如法、明德），但仍需要衡度其判斷的分寸，不僅不能「失於察」，也不能「察之甚」，因此必須以中爲度，才能達到最適當的判斷。

〔註140〕〈中和論〉，《傳家集》卷六十四，頁794。
〔註141〕《太玄集注・常・初一》，頁106。
〔註142〕《太玄集注・翕・次六》，頁123。
〔註143〕《太玄集注・周・次二》，頁8。
〔註144〕《太玄集注》，頁108。
〔註145〕《太玄集注》，頁108。
〔註146〕《易說・離》，頁114～115。

　　從外在條件來說，心雖有「中」作爲判斷的根據，但仍需外在條件的呼應配合，才能眞正確定其判斷的正確性。從司馬光對「中」、「正」、「中正」的比較，可以清楚看到其對此點的重視：

> 《易説・坤・六三》：「九五六二<u>居中履正，其德最美</u>。九二六五<u>不失其中，德美次之</u>。九三六四<u>不失其正，雖危無疑</u>。〔註147〕」

> 《易説・艮・六五》：「正中者，正得其中，非既正又中也。……中正者，道之貫也，相須而成，相輔而行者也。〔註148〕」

從第一處引文來看，司馬光顯然認爲「中正」高於「中」與「正」，而「中」高於「正」。所謂的「中正」，並非另一種異於「中」的更高德行，而是指「正得其中」，強調一內外在條件均完滿的「中」。他重視中過於正，是因爲事情縱是正事，是對的，但若沒有中做適當的裁量，會很容易造成禍害，所以有正無中，會有危險的情形發生。若只有「中」而無「正」，雖然不夠完美，內在的判斷可能不夠正確，但至少其懂得與外在事物適當協調，因此在團體中還不會釀成大錯。誠如前述，司馬光對於沒有被裁量過的，某種由心直接生發的道德情感無法完全信任，認爲其必須在經過團體的衡量後才能得吉。

　　司馬光在《易説・咸・遯九五》中對「中正」有另一種詮釋：

> 中正，德之嘉也。君子邦有道則見，邦無道則隱，可以進而進，可以退而退，不失其時，以中正爲心者也，故曰：嘉遯貞吉。〔註149〕

君子必須謹愼審度時勢來決定自己行爲的進退，這種「不失其時」的表現即是「以中正爲心」，由此可知「時」爲心之權衡過程中的重要因素。《易説・解》：

> 夫能濟難者存乎中，能有功者存乎時。時未可往而用之，太速而不達；時可以往而應之，太緩則無功。故上六藏器于身，待時而動，君子趯之。〔註150〕

雖然心已經領略了渡過危難的正確方法，但還必須領略到行使此方法的正確時間，不快不慢，才能使此方法有「功」，否則只會流於徒勞無功。由此看來，「時」的因素能決定道德價值是否能眞正成立，司馬光對「時」的強調，如《太玄集注》中所論：

〔註147〕《易説・坤・六三》，頁21。
〔註148〕《易説・艮・六五》，頁175。
〔註149〕《易説・咸・遯九五》，頁128。
〔註150〕《易説・解》，頁142。

> 夫切直之言，不得其時則自取怨咎，而無益於人，故君子貴於時正
> 也。〔註151〕

> 思慮既成，當決志而行，一失其時，悔無所及，故曰：「時往時來，
> 間不容髮」。言得失之間，相去微也。〔註152〕

> 可以行矣，而不能以行，失時不學者也。〔註153〕

因此，若缺少這種對時機的權衡，就不能算是達到眞正的「事之宜」，而原本可能已經有初步正面價值的事物，也會因爲時機不對而減損其正面意義，甚至反而造成負面的結果。這種對時機的權衡，很大一部分並非在考量自己，而是在考量外界環境與他人的狀態，《易說・需》：

> 需者何？待時而行之謂也。孚者，見信于人之謂也。夫信者，己之
> 所爲也，孚者，待人而後成者也。故夫需之道，利安而不利躁，修
> 己以待人也。……居正待時，然後吉也。〔註154〕

「需」是指一種涉難（經過艱難）但可平安渡過的過程，這過程中需要等待時機，修養自己使他人信服，不能毛躁前進。修己固然重要，但所謂的「信」不是只有自己修養就夠了，還需要等待己之所爲爲他人所見，才能成信。「信」是一件無法立即奏效，需要耐心等待的事情，這種「待時」，強調的實爲人對外在環境適當的衡量認識和與他人合理的溝通協調。

司馬光在《易說・晉・初六》又說：

> 初進者，德業未著，人莫之信。躁以求之則凶，寬以待之无咎，未
> 受命者，受上命然後可進，无命而進，凶道也。〔註155〕

司馬光此處的詮釋沒有強調〈象傳〉所述之「獨行正」的正道〔註156〕，反而委婉強調得眾人信任與受上命這兩項具體的條件，可見「進」不是一件自己想做就能做的事，而是件需要審愼考慮團體整體的事。當人在團體這一面得到他人的信任，因此而能得到適當的位份後，才能得到最適合前進的「時」。

承上所述，因此司馬光認爲：「君子有其道，必有其時，有其時，必有其

〔註151〕《太玄集注・干・次四》，頁20。
〔註152〕《太玄集注・事・次三》，頁58。
〔註153〕《太玄集注・童・次三》，頁28。
〔註154〕《易說・需》，頁35。
〔註155〕《易說・晉・初六》，頁131。
〔註156〕《晉・初六・象》：「晉如，摧如；獨行正也。裕無咎；未受命也。」，頁131。

位，然後能爲民之父母。〔註157〕」時與位是心能否眞正行道的關鍵，缺一不可。當心作判斷時，必須認識到自我與外界之間的相對地位，只有理解正確的地位，才有可能做出恰如其分的判斷。《易說・夬・九四》：

> 九四任其剛決以據健之上，故居與行皆不安也。羊，狠物也，牽羊
> 者，制其狠心也，制其狠心則悔亡矣。不正而決，故聞言不信也。

九四陰位陽爻，是位不正之象。司馬光認爲因爲位不正，所以居行都無法眞正的安頓下來。在這種狀況下若還能制其狠心，照理說制狠心，會後悔之事都會消失，可是在這種位不正的情況下，他人卻無法相信。這很具體的指出一種人生的窘況，即人在不對的位置上，即使做了好事，也沒有人會相信。所以一定要先解決位不正的問題，再來進行自我修養才有意義。〔註158〕《易說・繫辭下》：「非位不能濟物。〔註159〕」正是此義。

司馬光對「時」與「位」的重視，正表現了其重視現實與團體脈絡之思想性格，也顯示了此一型態哲學的理路特色─道德價值之根源來自於人心在現實與團體之種種脈絡中的感受、權衡與創造。

小　結

司馬光的心性論在其以氣爲本之本體論下，呈現出一沒有先天現成理體爲核心的心性論理路。其以「體」與「性」的架構來理解人在宇宙間的存在，由於其對人之社會性條件的重視，以及對人性差異之現實有深刻的體認，使其在考慮人性之道德屬性時，傾向於性善惡混。認爲發展爲善或爲惡的可能性均存於人性之中，但人若不能在後天的團體脈絡中去試著主動透過學習來發展其善之可能性，則其人性必會傾向於惡來發展，此一脈絡實與荀子的性惡論（弱性善觀）爲同一理路的發展。在沒有神聖理體作爲道德根源之保證的情況下，司馬光將道德價值的產生歸因於心。心雖然沒有先天現成的道德理體可直接發用爲道德，但其擁有對外物感應、判斷、權衡的能力，使其能學習、認識外物，在各種現實的脈絡中權衡出適當的價值，累積經驗，最後在與他人的溝通權衡中共同確立出道德。道德是一種人類文明集體的、累世

〔註157〕《太玄集注・中・次五》，頁6。
〔註158〕司馬光所謂的「位」不正的情形，指人無法心安理得待著的位置，這不包括先天所處，無法改變的惡劣條件，而是指後天能有所調整改變的「位」。
〔註159〕《易說・繫辭下（一）》，頁254。

的創造結果，其產生來自於人在現實中的摸索和經驗，心只是作爲人確實擁有能運作這一過程之能力的保證。心只是道德創造過程中的工具，而不是終點的成品。當然，這工具有可能越用越亮越精明，但它永遠不會是現成的成品。

但荀學的道德是否無根，還牽涉到最後一個問題：人實行道德的動力何在？這就必須靠人對此一「成品」之自然需求來驅使了。這樣的需求就和人對衣服食物之欲望一樣，是一種人的需求，來自於人類群居的需要。因爲人要以團體的型態生存下來，就必須合理分配資源，和諧共處，遵守某些規定。因爲人要群居，就必須有一些共同生存的法則，這法則就是道德，因此人就有了對道德的需求，此一需求便推動人使用「心」去透過經驗來製造「道德」。道德的來源來自於人對這世界秩序的渴求，好使此一秩序能維持一團體能生存下去，簡單來說，道德不一定要來自於神聖的天理或天神，它可以只是單純的來自於人對生存的渴望，這是一個對道德之根源很自然素樸的解釋。所以，在這種思維裡，不會有脫離團體之道德存在。而所謂非道德的行爲，往往就是那些自私自利，只求自身利益，只求個體而不顧團體，破壞團體秩序的行爲。（換言之，最大之惡即是破壞團體秩序的行爲。）

從人性論的角度來看，這種思維會認爲，人若沒有後天理解自身處於一團體的事實，其自身之性當然會以讓個體能得到最好的生存資源爲發展首要方向，但這種發展就自然會造成自私的結果，那當然就是惡了。所以這一派思維認爲人性性惡或是人性有惡，是可以理解的。但此一思維當然認爲人是可以從後天去理解自己身處於團體的這一事實的，當人理解之後，就有機會能往一促進道德的方向去發展，這就是善。所以荀子認爲性善是僞，是後天人爲，這與其道德之根源極有關聯。性善惡混論亦認爲人若沒有後天長善去惡，惡就會增長。這些理論都承認人性中惡之力量是大於善之力量的，因爲惡是個人的天性，而善是後天慢慢引導、養成的群性。因此，所謂「長善去惡」的後天養成過程，其實就是一種社會化的過程。由此來理解司馬光在《潛虛》中把「體圖」放在「性圖」之前，或許更能感受到這種沒有高高在上的完美本體，只能靠人自身以理智（心）去互相制衡、協調出種種規則價值，以達到團體生存目的的哲學，其重點與焦點之所以在社會團體而不在個人的原因。

當然，如果在一個禮崩樂壞，團體價值毀損的時代裡，這樣的哲學似乎

缺少了某些個人就能直接向上超越的力量，或許此亦是其漸漸只存一般中國
人意識底層，而不會拿出來作為學術思辨或哲理上之討論材料的原因吧！因
為在學術思潮上，在當時外來宗教的衝擊中，儒家哲學思想需要更能直接超
越的本體與工夫，來面對宗教能從個人直接證悟最高境界之便捷工夫的挑
戰。這種素樸的哲學，因為必須依靠團體立論（當團體往一傾斜的價值走，
個人常被迫犧牲，或是找不到足夠的道德立論點），又必須在現實中漸漸累積
開展，不能速成，在宋代以後對個體超越哲學之需求大增的風氣下，其便漸
漸消失於中國哲學舞台，而改由理學心學、大乘佛教獨領風騷數百年。儒學
中的孟學，其性善論被改造為理本論與心本論，性成為人人皆有的超越本體，
而荀學則存留在士大夫意識的底層，在思想史中曖昧不明的流傳下來。但荀
學的影響事實上是不曾消失的，其思維依然存在於政治學、史學、禮學、民
間習俗等儒家文化的積累中，默默的影響著幾千年的中國文化。

第四章　工夫論

第一節　從虛壹而靜的「正心」到以平天下為目的的「修身」

一、神戰於玄：心與欲望的交戰

　　司馬光哲學以一潛藏價值脈絡的氣為本體，由於其價值非先天現成，需要在後天的發展脈絡中，透過種種條件的配合，才能被實現出來，因此這一本體在道德創造過程中的作用，與可直接作為現成道德根源之價值實體（如理本論的理、心本論的心）相比，可說是一種「弱性本體」。但這種「弱性本體」並非是較弱的本體，只是一種與上述本體不同的哲學型態，其一樣可開出有正當性的心性論、工夫論理路。這種先天「非完美」的本體，在人性論上表現為性善惡混型態（性非完美的理體，有善亦有惡），強調人性在現實中的個別性與差異性，不完美的個人不能單獨生存，必須組成團體才能互相補足，所以特別重視團體脈絡。而能使人將氣中之潛藏脈絡實化的關鍵，即是一具備有感應、判斷、權衡外在事物等能力的心。心雖非先天即有現成之價值存在，但人只要主動去正確運用心的能力，就能在種種現實脈絡中慢慢將潛藏之價值脈絡實現出來，創造出道德價值。這樣的心性論理路，深深地影響了司馬光工夫論的內容。〈四言銘系述〉：

> 故君子好學不厭，自強不息，……發於心，形於身，裕於家，施於國，格於上下，被於四表，雖堯舜周孔，莫不本於是矣。嗚呼，舍是而云道者，皆不足學也。〔註1〕

〔註1〕《傳家集》卷六十七，頁836。

這段話很能代表司馬光工夫論的基調：君子重視後天的學習，而其學習之工夫由心開始，展現於身，推廣至家國，最終目標則是天下四方。這一面標明了「心」作為工夫起點與基礎的重要地位，也同時顯示了其工夫論中強烈的外王色彩。綜上所述，司馬光工夫論承其心性論的理路而來，有兩大重要特色：一為重「心」，以心為工夫的起點與基礎；另一則為重「團體」，以增進團體之最大利益為工夫的目的與目標。

依前所述，雖然在弱性本體的前提下，人性並沒有一現成的價值理體先天內在，但只要能正確的使用心的能力，仍能在後天的發展中將本體中潛藏的價值實化出來。因此，心之能力能否被正確的發揮，正是整個工夫論最為核心、基礎的焦點。照性善惡混論的主張，人性中有善之可能，也有惡之可能，而心有使人能擇善去惡的能力。但在現實工夫實踐中，心要能正常、完全的發揮此一能力，並非一件輕鬆容易或一念即成的事，而是必須經過工夫的努力鍛鍊才能達到的。這是由於人性中雖有能使人往善發展的心，但亦有能使人往惡發展的情與欲。而就人性的原始衝動與本能來說，人若沒有經過後天的矯正，人往惡發展之力量，基本上是勝過善的。因為個人若不需考慮到團體，人性對外物的欲求當然是越多越好的，而欲望過多，自然就會影響到團體整體，造成爭亂的結果，此便形成了惡。司馬光對於欲望的體會與反對，表現了他對於人性中惡之力量的深刻感受。〈迂書・絕四〉：

> 吉凶悔吝未有不生乎事者也，事之生，未有不本乎意者也，意必自欲。欲既立於此矣，於是乎有從有違。從則有喜、有樂、有愛，違則有怒、有哀、有惡，此人之常情也。愛實生貪，惡實生暴，貪暴，惡之大者也，是以聖人除其萌，塞其源，惡奚自而至哉？〔註2〕

萬事都來自於人心中的意念，而人的意念必定是本於己欲的。所以當人要違背欲望時，情感上便會感覺痛苦；但若順從它，就會覺得快樂，司馬光承認這是人之常情。可是順欲所造成之貪暴結果，卻是最大之惡，因為其破壞團體秩序最劇。《太玄集注》：「徇外欲而亡其內德者也。〔註3〕」，欲望正是人內在最大的道德阻力。

欲望之所以會對人實踐道德有那麼大的破壞力，是因為其使人為外物所牽引，失去了獨立判斷與行動的能力。用司馬光的語言講，欲望使人「役於

〔註2〕《傳家集》卷七十四，頁912。
〔註3〕《太玄集注・從・次六》，頁43。

物〔註4〕」、或「爲物所蔽〔註5〕」。〈致知在格物論〉：

> 人之情莫不好善而惡惡，慕是而羞非。然善且是者蓋寡，惡且非者
> 實多。何哉？皆物誘之也，物迫之也。桀紂亦知禹湯之爲聖也，而
> 所爲與之反者，不能勝其欲心故也。盜跖亦知顏閔之爲賢也，而所
> 爲與之反者，不能勝其利心故也。〔註6〕

縱使司馬光肯定人應有愛慕、傾向道德價值的情感，但現實中之所以很難看
到這種情感，是因爲人往往爲外物所誘迫，因而無法明白道德之事。就算知
道也無法實行，這是因人受外物控制，無法勝其「利心」與「欲心」之故。

上述此二詞彙令人玩味之處，即在於心本來應該是傾向分辨、判斷正面
價值的器官，在此卻明顯已完全被利欲所主宰，失去了其原有的功用。司馬
光在文獻中屢屢言及這種爲物所誘蔽，導致原有的認識決斷能力喪失的心：

> 《太玄集注》：「二爲思中而當夜，誘於外物，迷而失其所守者也。
> 〔註7〕」
>
> 《太玄集注》：「心識蒙闇，不能決斷。〔註8〕」
>
> 《易說·咸》：「心苟傾焉，則物以類應之。是故喜則不見其所可怒，
> 怒則不見其所可喜，愛則不見其所可惡，惡則不見其所可愛，顧右
> 則失左，瞻前則忘後，視必有所蔽，聽必有所偏，故曰未光大也。
> 〔註9〕」

對於這種爲物所蔽而失去決斷力的心，司馬光認爲要重新恢復其能力，避免
繼續爲物所誘，就必須避免「傾」的狀態，因此司馬光工夫首重「正心」。正

〔註4〕 〈訓儉示康〉：「夫儉則寡欲，君子寡欲則不役於物，可以直道而行。」，《傳
　　　　家集》卷六十七，頁840。

〔註5〕 〈致知在格物論〉：「不軌之民，非不知穿窬探囊之可羞也，而冒行之，驅於
　　　　飢寒故也。失節之臣，亦非不知反君事讎之可愧也，而忍處之，逼於刑禍故
　　　　也。況於學者，豈不知仁義之美，廉恥之尚哉？斗升之秩，錙銖之利誘於前，
　　　　則趨之如流水，豈能安展禽之黜，樂顏子之貧乎？動色之怒，毫末之害迫於
　　　　後，則畏之如烈火，豈能守伯夷之餓，狗比干之死乎？如此，則何暇仁義之
　　　　思，廉恥之顧哉？不惟不思與不顧也，抑亦莫之知也。譬如逐獸者不見泰山，
　　　　彈雀者不覺露之霑衣也，所以然者，<u>物蔽之也</u>。」，《傳家集》卷六十五，頁
　　　　808～809。

〔註6〕 《傳家集》卷六十五，頁809。

〔註7〕 《太玄集注·守·次二》，頁119。

〔註8〕 《太玄集注·斷·次二》，頁61。

〔註9〕 《易說·咸》，頁121。

心的目的即在於讓心的能力重新恢復，或是保持其原有的能力不因欲而被物
所矇蔽。所以要使心能正，就要先屏去外物之欲，因此在論述中會出現「洗
濯其心〔註10〕」、「精潔其心〔註11〕」這樣的工夫論語言。《太玄集注》：「心，
精之源，萬事之本也。君子澄其源，正其本，則事無不治矣。〔註12〕」此清
楚指明心是人精神之源頭，萬事之根本。君子修德之工夫的起點在於心，此
工夫即爲正心。正心重在要澄其源，澄源意即屏去外欲。

　　當人能放下對利欲的愛好，使心回到一未受外物所影響的「清靜」狀態，
就能讓心重拾其獨立判斷的能力。《太玄集注》：

　　　　君子有疑則當屏去利欲，平除愛憎，清靜其心，自反於身，義則行

　　　　之，不義則捨之，以此決疑，夫何遠之有？〔註13〕

除此之外，正心更重要的是讓心能鍛鍊出抵禦外物的能力。《太玄集注》：「心
能堅剛，以阻抑非常者也。〔註14〕」〈致知在格物論〉：

　　　　惟好學君子爲不然，己之道誠善也是也，雖茹之以藜藿如梁肉，臨

　　　　之以鼎鑊如茵席；誠惡也非也，雖位之以公相如塗泥，賂之以萬金

　　　　如糞壤。如此則視天下之事，善惡是非，如數一二。此辨黑白，如

　　　　日之出，無所不照；如風之入，無所不通，洞然四達，安有不知者

　　　　哉？所以然者，物莫之蔽故也。……《大學》曰：「致知在格物」，

　　　　格猶扞也御也，能扞御外物，然後能知至道矣。〔註15〕

綜上所述，心能辨認、認識、判斷、創造價值，使人擇善去惡，並非是件自
然不費力就能達到的事情。人必須下定決心去禁止、克制，甚至是違背自己
天然的欲望情感，好讓自己脫離物欲的控制，才能使心發揮其應有的能力，
讓自己能學習或實踐與道德有關的事物。心如何能正，如何能戰勝欲望，是
工夫的起點，亦是工夫最困難之處。

　　由於司馬光亦承認人性有惡，所以他能體會人要實踐工夫、克服欲望，
實際上是一種反人性的艱困過程。他在解釋《太玄‧中‧二》的「神戰于玄，
其陳陰陽。測曰：神戰于玄，善惡并也」一句時，具體詮釋了一場「心戰」：

─────────────

〔註10〕　《易說‧蠱》：「令君子洗濯其心，一以待人，以育德于上，山之象也。」，頁
　　　　81。
〔註11〕　《太玄集注‧務‧次二》：「君子精潔其心，將以有爲者也。」，頁55。
〔註12〕　《太玄集注‧事‧初一》，頁57。
〔註13〕　《太玄集注‧疑‧次二》，頁131。
〔註14〕　《太玄集注‧難‧次三》，頁170。
〔註15〕　《傳家集》卷六十五，頁809。

> 神者,心之用也。人以心腹為玄。陰主惡,陽主善。二在思慮之中
> 而當夜,其心不能純正,見利則欲為惡,顧義則欲為善,狐疑猶豫,
> 未知適從,故曰「神戰于玄,其陳陰陽」也。子夏出見紛華盛麗而
> 悅,入聞夫子之道而樂,二者交戰於中。子夏戰勝,故為大賢,不
> 勝則為小人矣。〔註16〕

《太玄》每首中的第二測通常是在描述心念已成但還未付諸行動的情形,揚雄原文應本有此意,而司馬光更深入的去闡釋了這種內心的掙扎。當心還不夠純正,其對善惡之事物都會同時有所感應,而當心要進行選擇時,這兩種意念的衝突掙扎就猶如一場戰爭那樣慘烈殘忍。而所謂的君子,就是在這樣的爭戰中得勝的人。

司馬光將道德與欲望間的抉擇比喻為戰爭,這表示他認識到人性中善之力量並未能輕易勝過惡之力量,因此常會有「立志為善由得我,行出來由不得我〔註17〕」之嘆:

> 惑於外物,以撓內明,雖心知其非,而不能自克,所以終敗也。
>
> 〔註18〕
>
> 勝人易,勝己難。勝己之私,以從於道,則人無不勝矣。〔註19〕
>
> 小人處心不堅,善惡交戰,二三其德,有始無卒……。〔註20〕

因此對有心修養的君子來說,其必須有心理準備,此一修身的過程是需要忍受某程度痛苦的,就像是自己狠心地把身體上有病的部分割除那樣:

> 君子達於事變,知禍之至,割愛去惡,如砭割之去病,雖有亡,後
> 得其利,不為廢疾也。〔註21〕
>
> 君子自攻其惡,不使滋大者也。〔註22〕

雖然心不一定有絕對的把握能使善獲勝,但此即是工夫存在的必要所在,因

〔註16〕 《太玄集注》,頁5。
〔註17〕 新約聖經羅馬書語(七章十八節),原意為使徒保羅慨歎自身原罪力量之大,
　　　無法靠自己勝過而為善。此與司馬光此處對惡之力量的感嘆有些相似,借以
　　　類比,但不表示二者思想相同。基督教信仰仰賴外來神之救恩來勝過惡,司
　　　馬光思想則是以鍛鍊內心能力之工夫來進行自我克制。
〔註18〕 《太玄集注·達·次八》,頁36。
〔註19〕 《法言集註》,頁696-301。
〔註20〕 《太玄集注·堅·次三》,頁154。
〔註21〕 《太玄集注·達·次七》,頁36。
〔註22〕 《太玄集注·割·次二》,頁149。

為只要堅持實踐工夫，此獲勝的可能性就會加強：

> 《法言集註》釋「知聖而不能用也……用之則宜從之，從之則棄其所息，逆其所順，彊其所劣，捐其所能，衝衝如也」：「順，謂情志所欲。」、「劣，謂彼所難能」、「能謂心所素有」、「心相逆鬥之貌。」〔註23〕

人要實踐工夫，必須放棄原有的情欲喜好，強迫自己學習本來很難做到的事情，放棄原來學到的不好的習慣或知識，重新選定聖人之道，為了能完全符合此道而努力與自己爭鬥。這種對工夫之掙扎艱困的形容，正是來自於對人性之惡的深刻認識。司馬光這種描述，正如荀子承認人性惡一樣，對於人性的軟弱處不加隱瞞或忽視。正因如此，此種哲學對於人的軟弱反而更能予以同情與體諒。其工夫論的性格因此而趨於篤實謹慎，少有高妙玄虛、難以企及的境界語言。《易說》：「知之非艱，行之惟艱〔註24〕」，司馬光認為知並不等於行，行難於知，此正與荀學一貫的理論性格相通。《法言集註》：

> 本根不動而枝葉進長，學者正心修身而家齊國治，然十刃之木，非朝夕而成，聖人之道非造次而立，亦猶水之滿而後進也。〔註25〕

荀學對於行並不像孟學那樣樂觀，知即能行，其對於行的艱難較為在意，因其理論中並未有一強大完美的理體能在工夫中充沛發用，使這些人性艱難能被輕易超越而不論。

因為知道修身要達到終極的目標並不容易，不是短時間可以達到的，而是一個漫長堅持的過程，所以司馬光非常重視立志的工夫：

> 《太玄集注》：「人之進德修業，必自強於心，然後顯著于外。……志先減矣，德業從何而益乎？是其中先自困也。〔註26〕」

修身首先要能「自強於心」，此即前述之正心。志若減則自困，指正心工夫必須有強大的志向支持，才能成功，否則只是徒勞無功而已。

二、執一應萬：虛壹而靜的正心工夫

承前所述，心如何能戰勝欲望，發揮並維持其原有的功能，是工夫的起點，司馬光統稱此一工夫為「正心」。他在〈致知在格物論〉中說：「《大學》

〔註23〕《法言集註》，頁696-315。
〔註24〕《易說‧繫辭上（十二）》，頁250。
〔註25〕《法言集註》，頁696-277。
〔註26〕《太玄集注‧減‧次二》，頁115。

曰：『致知在格物』，格猶扞也御也，能扞御外物，然後能知至道矣。〔註27〕」
言心要能眞正認識道，就必須先屛除對外物的欲望（格物）。但心要維持此一
屛除外物的能力，就必須要能「止于可止之所」。《太玄集注》：

> 夫智之不明，誘於外物者也。故止于可止之所，則内明而無咎也。
> 易曰：「艮其止，止其所也。」大學曰：「知止而後有定，定而後能
> 靜，靜而後能安，安而後能慮，慮而後能得。物有本末，事有終始，
> 知所先後，則近道矣。」〔註28〕

當心不再誘於外物時，就能發揮其原有的功能，即上文所稱之「智之明」。人
運用心智去辨別事物，使人知「可止之所」，此即同於《大學》的「致知」、「知
止」。當心能止於「可止之所」，就能繼續維持其原有的能力。對於心之止，
司馬光在〈答韓秉國書〉中，綜合《中庸》、《大學》與《荀子》三論來解釋
此工夫：

> 然所謂虛者，非空洞無物之謂也。不以好惡利害蔽其明是也。夫心，
> 動物也。……惟賢者治之，能止於一，擇其所止，莫如中庸。故虞
> 書曰：「惟精惟一，允執厥中」也。凡人故有無喜怒哀樂之時，當此
> 之際，其心必有所在。小人則追求嗜好，靡所不之，惟君子能自處
> 於中庸之地，不動以待事也。大學曰：「知止而後有定，……慮而後
> 能得。」又曰：「爲人君止於仁，……與國人交止於信。」言所止各
> 有在也。荀子曰：「德操然後能定，能定然後能應，能定能應，夫是
> 之謂成人。」亦言所在於德也。又曰：「人何以知道？曰：心。心何
> 以知？曰：虛一而靜。心未嘗不藏也，然而有所謂虛。不以所以藏
> 害所將受，謂之虛。心未嘗不兩也，……〔註29〕然而有所謂靜。不
> 以夢劇亂知，謂之靜。」然則虛者，固不爲空洞無物；虛者，故不
> 謂兀然而木石也。凡曰虛、曰靜、曰定云者，如大學與荀卿之言則
> 得中而近道矣……。〔註30〕

這段文字有幾個重點：一、心所止之地爲中庸，止於中庸就是止於一、止於
中。亦即「所止各有在」、「所在於德」。二、心止於中庸的狀態即中庸所謂「喜

〔註27〕《傳家集》卷六十五，頁809。
〔註28〕《太玄集注・止・初一》，頁151。
〔註29〕原文疑闕。司馬光在此雖引用荀子《解蔽》篇之言，但未引用與「壹」相關
　　　　的文句，其重點在解釋「虛」與「靜」。
〔註30〕《傳家集》卷六十二，頁766～767。

怒哀樂之未發」，即心不動、不與外物接觸時的狀態。三、《大學》「定靜安慮得」與《荀子》「德操然後能定……」、「虛壹而靜」之工夫過程應是互相對應的。

綜上所述，依司馬光對《中庸》的引用，其心性工夫主要可分爲兩階段來理解，一是心未應物前，即上述心不動、無喜怒哀樂之時，另一則是指心在應物時的工夫。第一階段的工夫重在要「止於中庸」，前述引文中的「止於可止」、「止於一」、「允執厥中」、「所在於德」，均在形容心在未應外物之前，必須進行將道德價值執定於心的工夫。此工夫首先需要先屏除物欲，此即前述之「格物」工夫，其目的是要使心恢復功能，能明智以「致知」。屏除物欲這一工夫，正與司馬光釋《荀子》「虛壹而靜」中的「虛」爲「不以好惡利害蔽其明」相合，荀子論「虛」爲「不以所以藏害所將受」，亦與前述「洗濯其心」之語義相應〔註31〕。司馬光屢次強調此「虛」並非佛老式的空洞無物，而是荀子工夫的「虛」，可見其儒學本色。

當心能「致知」後，就能認識道德，「識義所在」。司馬光將《大學》「知止」工夫理解爲「擇其所止」，由《易說》：「井，德之地，……井以辨義，識義所在，處之不移。〔註32〕」可知，知止與格物致知等工夫的目的，都是爲了要使心能「識義所在」，認識道德的具體內容後，才能「處之不移」，意即堅持執定已認識之道德，不再因外物而動搖。〈答秉國第二書〉：

> 荀卿大學所謂虛靜定者，非寂然無思慮也。虛者不以欲惡蔽其明也，靜者不以怵迫亂其志也，定者不以得喪易其操也。中者，動靜云爲，無過與不及也。〔註33〕

司馬光釋「定」爲「不以得喪易其操」，指的是一種堅持持守的態度。對照上文「知止而後有定」與「德操而後定」可知，「定」應指心專一地持守已認識的道德價值，不隨便因外物而改變的狀態。

上述從格物、知止再到「定」這一階段的正心工夫，是專指心在未應物前的階段。當心已止於中庸之地，接下來的工夫重點即在於讓心能應物而不爲物所動，仍維持定的狀態。《易說・咸》：

〔註31〕《道德眞經論（三）》釋「是以聖人之治，虛其心」：「使民無利欲之心。」（頁354）、《太玄集注》：「君子廓外以昭德，虛內以納物，故能令名遠傳。」，頁97。

〔註32〕《易說・繫辭下（六）》，頁273。

〔註33〕〈答秉國第二書〉，《傳家集》卷六十二，頁768。

心感于物，爲善爲惡爲吉爲凶，無不至焉。必也<u>執一以應萬，守約</u>
<u>以御眾</u>。其惟正乎？夫正而遇禍，猶爲福也。求仁得仁，又何悔？
<u>故心正則事無不吉而悔亡也。</u>〔註34〕

心能感應於萬物，因此心會隨著感應到之物的各種狀況，而產生善惡吉凶的
結果。但若心能「正」，那麼其就能「執一以應萬」，不被外物之吉凶左右，
反能主動掌握禍福吉凶之道，避禍得吉。《易說・咸》又說：

天下何思何慮歸與致者，豈非正歟？故于文，一止爲正，正者，止
於一而無不周也，夫又何思而何慮焉？譬諸止水，寂然不動，物有
萬變而所以應之者，一也。……故大人之道，正其心而已矣。治之
養之，以至於精義入神，則用無違矣。用之于身，則身安而德崇
矣。……久而不息，則可以窮神知化，大人之德莫盛于斯矣。

天下所有思慮是能用一共同的方法來統合、處理的，而這一方法就是所謂的
「正」。「正」之義爲「止於一而無不周」，正心工夫的重點即在於此，亦即要
心能先能經過工夫的鍛鍊，恢復心的正常學習功能，運用此一功能來學習到
眞正的道德價值後，再以這樣的心來處理世上萬物。心在未應萬物時雖如寂
然不動的止水，但其並非是佛道式的那種空洞寂滅，而是已經持存好一實在
的正道（與道家的「無」相對），當外物來時即可以此道來應付自如。對照司
馬光將「虛壹而靜」的「靜」釋爲「不以怵迫亂其志」，亦即強調心在萬物之
間仍能「靜」，保持其思慮止於一的狀態，而非完全無思慮。可知「虛壹而靜」
正可涵括司馬光全幅心性工夫的內容，其工夫重點在於要讓心能專一執定正
道而行諸天下，與道家虛靜完全不同。

當人做到了正心的工夫，就能「執一應萬」，心不再爲外物所動搖或矇蔽，
就能堅強起來戰勝自身內在的欲望。《易說》：

心苟正矣，則往也，來也，屈也，伸也，而心不爲之動焉。〔註35〕

夫得喪往來，物理之常也，苟能居正以待物，則往來不足爲之累。
〔註36〕

均在形容正心後人能戰勝外物之誘，不爲物動的工夫成果。但從上文「治之
養之，以至於精義入神，則用無違矣」、「久而不息，則可以窮神知化」亦可

〔註34〕《易說・咸》，頁120～121。
〔註35〕《易說・咸》，頁121。
〔註36〕《易說・繫辭下（三）》，頁261。

知，雖心已知要執一來應物，但要眞正達到「精義入神，其用無違」境界（在應用上能自在不違道），並非一蹴可及的。正心並非能忽然悟道而達致，而是一需要持續、累積進行的過程。《易說》：「聖人虛一以靜，存誠素至，故能精義入神，以致其治世之用。〔註37〕」更進一步提示，虛壹而靜的正心工夫，其提升個人精神的終極目的是要能「致其治世之用」，這表現了司馬光工夫論重視團體的基調。

另外，從司馬光將心的「止於一」等同於「止於中庸」來論述，可知「執一」的「一」，所指的應即是中庸之道。司馬光對《中庸》極爲重視，在心性工夫論上尤以其爲圭臬〔註38〕。《中和論》：

> 道之要在治方寸之地而已。《大禹謨》曰：「人心惟危，道心惟微，
> 惟精惟一，允執厥中。」危則難安，微則難明，精之所以明其微也，
> 一之所以安其危也，要在執中而已。〔註39〕

司馬光用「惟精惟一，允執厥中」連結「一」與「中」，將「執一」工夫與《中庸》工夫化爲一體。但「執一」一詞在先秦典籍中定義不一，在《孟子》與《荀子》中的評價甚至是相反的：

> 《孟子·盡心上》：「子莫執中，執中爲近之，執中無權，猶執一也。
> 所惡執一者，爲其賊道也，舉一而廢百也。〔註40〕」

> 《荀子·堯問》：「執一無失，行微無怠，忠信無倦，而天下自來。
> 執一如天地，行微如日月，忠誠盛於內，賁於外，形於四海……。
> 〔註41〕」

在《孟子》中，「執一」指的是偏頗一方、固執某一見解的意思。而《荀子》的用法則是正面的，指執持天下惟一之正道而行，司馬光的用法與此極爲相近。而從司馬光同時代的理學家來看，以二程爲例：

> 子曰：中無定方，故不可執一。〔註42〕

〔註37〕《易說·繫辭下（三）》，頁262。
〔註38〕關於司馬光對《中庸》的解釋，筆者曾在〈論司馬光對《中庸》之詮釋及其思想史意義〉（《東方人文學誌》，2007年3月，頁75～97）一文中有所論述。
〔註39〕《傳家集》卷六十四，頁794。
〔註40〕《孟子·盡心上》，引自《四書章句集注》，頁357。
〔註41〕《荀子·堯問》，頁603。
〔註42〕《河南程氏粹言》，引自《二程集》（臺北：漢京文化事業有限公司，1983），頁1178。

　　　子曰：學貴於通，執一而不通，將不勝其疑也。〔註43〕

　　　譬如楊氏爲我，墨氏兼愛，子莫於此二者以執其中，則中者適未足

　　　爲中也。故曰：「執中無權，猶執一也。〔註44〕」

其亦多從偏執於一方來解釋「執一」，意義並不積極，與《孟子》同。因此，從司馬光對「執一」的重視，可看出其思想中獨特的荀學色彩。除此之外，前述止水之喻亦與荀子〈解蔽〉的「人心譬如槃水，正而勿動，……則足以見鬚眉而察理矣。〔註45〕」相近。而「治之養之，以至於精義入神」，亦似荀子「積善成德而神明自得〔註46〕」的理路。筆者曾撰文論證司馬光以荀學理路來詮釋《中庸》〔註47〕，其將「執一」與中庸工夫合爲同一工夫而論，同樣表現了相當強烈的荀學色彩。

　　司馬光將正心的過程以心的應物前後分爲兩階段，這是受了《中庸》「喜怒哀樂之未發，謂之中；發而皆中節，謂之和」的影響。《中庸》的「未發」、「已發」之心性問題，歷來是理學家的詮釋重點。但由於司馬光並非將心視爲一先天現成的道德實體，所以其詮釋並非要心去回溯本性，因並無可以直接發用後，使一切行爲皆中節的天理本性存在。由於司馬光認爲道德價值並非先天現成，其必須經過心不斷的讓自我與外在進行價值判斷、權衡修正後，才能被確定下來，讓心來以此與外物交流應對，所以心必須先對道德有所認識，才能去進行判斷。另外，亦因爲道德這一動態的產生過程，心在應物中，有時也會在與外物的交流中，因外物的反應，而反過來適當修正原本對道德的認識或實行方式。因此，司馬光的正心工夫一面重視個人內在的工夫鍛鍊，要先能有具體充分之道德價值的後天學習，才能確定去應物不會爲物所迷亂；另一面，其對於人在團體中的道德實踐（即「應物」這一階段的實踐）比起其他的理學心性論更爲重視，因爲人必須在團體中去實際應對，才能在來往權衡中眞正確定其心性工夫的正確性。此一工夫可以用司馬光在《易說・坤・文言》中所詮釋之「敬以直內，義以方外」來解釋：

　　　君子法地之直方，則敬以直內，義以方外。敬義立而德不孤，則大

　　　也。何謂敬以直內，義以方外？敬則所受不陷于敗也，義則所適不

〔註43〕　《河南程氏粹言》，引自《二程集》，頁1199。

〔註44〕　《河南程氏遺書》，引自《二程集》，頁35～36。

〔註45〕　《荀子・解蔽》，頁425。

〔註46〕　《荀子・勸學》，頁6。

〔註47〕　〈論司馬光對《中庸》之詮釋及其思想史意義〉，頁95～96。

> 失其宜也。……君子居則不陷于敗，動則不爽，其宜施于身而身正，
> 施于國而國治，夫又何習而不利焉？可以斷然無疑矣。〔註48〕

按〈文言〉：「直其正也，方其義也」可知，「敬以直內」，指個人的敬慎工夫，如人在心中能敬慎地執守住道德標準（正），不隨便為外物所改變，那麼就不會被外物所牽引而陷於敗亡。「義以方外」，指人對一切物事的接觸與處理能不失合宜（義，即宜）。君子居則不陷於敗，指安居不動，未應物時，內心不會被外物的牽引所敗亡；動則不爽其宜，指要行動時不會爽失其合宜的節度。所以司馬光認為人在未行動時要在內心謹慎，要行動時亦必須謹慎權衡外在情勢，才不會失宜。

以此來看前述之中和詮釋，司馬光這種平時謹慎，有事時還不能直接發用，要再次謹慎的權衡外界，與朱熹所強調的「未發時涵養，臨發時檢點〔註49〕」的工夫概念在實際作法上有些相似，無論無事或有事，均要敬慎以對。如：

> 君子三思而後行，苟狂惑不當，不可復掩，故於成意之時，必慎而後發也〔註50〕。

> 君子臨事而懼，躍縮未決。所以然者，以事之既成則如鳥之飛，不可復逐。故進退宜慎也。〔註51〕

但司馬光這種對敬慎態度的強調，與朱熹那種恐懼自己一念之間可能會有違天理本性的敬慎還是不太一樣的，因為此種敬慎態度除了來自於對自我工夫修養的期許外，還來自於其對團體秩序的小心維護。因為若個人不謹慎自己的心念行為，那麼團體的秩序隨時會因個人某些價值的過度膨脹而被破壞，此亦是司馬光強調「義以方外」這一面工夫態度的原因。因此，在司馬光工夫論中，任何個人的工夫修養，都需要接受團體這一面的平衡。《太玄集注》：

> 事方在樞，思而未行，宜訪問於善以求至當，而當日之夜，愚而自用，不咨不諏，以喪其智符也。堯稽於眾，舜樂取人以為善，孔子每事問。〔註52〕

〔註48〕《易說・坤・文言》，頁26。
〔註49〕《朱子語錄》：「雖是存得天理，臨發時也須點檢。」轉引自趙順孫：《中庸纂疏》（上海：華東師範大學出版社，1992），頁132。
〔註50〕《太玄集注・止・次三》，頁151。
〔註51〕《太玄集注・成・次三》，頁157。
〔註52〕《太玄集注・事・次二》，頁57。

當人要行事時，一定會與其他人發生關係，雖然心中已有定見，但仍需要適當的權衡要施行時的情境條件，才能夠最後「發而皆中節」，「動不爽其宜」。

綜上所述，簡單整理司馬光正心工夫的全幅歷程如下表，其以《荀子》的「虛壹而靜」、《中庸》的「中和」工夫、《大學》的「格物致知」、「定靜安慮得」為主軸，展現出一荀學色彩極重的心性工夫論。

格　　物	致知、知止	執　　中	止於一	執一應萬，不為物動
使心恢復原有功用	心發揮判斷價值功用（辨義、識義所在）	心謹慎持守價值（處之不移）		能正確對應外物，心不會失去功用（發揮權衡與控制感應的功用）
虛 不以欲惡蔽其明		定 不以得喪易其操		靜（包括安慮得） 不以忧迫亂其志
敬以直內（居不陷敗，未發所處）				義以方外（動不爽其宜，已發中節）

三、人生的任務：窮理盡性以至於命

司馬光的正心工夫程序與內容，與其對道德價值之創造過程的認知息息相關，表現了一弱性本體式的心性工夫，強調個人對價值的後天學習與個人在團體中的權衡調整。另外，由於沒有先天現成的價值實體可直接發用，司馬光比同時代的理學家更能感受人性的憂微脆弱與工夫的艱難之處，這影響了其對天人關係的理解。按第二章第三節的論述，司馬光體會到天人間的雙重有限性：天與人在作為它們共同本體之氣的自然規律前，其能力都是有限的，命運（這一自然規律的隱微部分）確實是存在的，有些東西是先天註定好的，人無法改變它，只能想辦法順應它。這種順命的態度使司馬光在人性論上特別看重人性的現實差異性，以此為立論基礎，司馬光認為人生必須以「窮理盡性以至於命」為實踐的項目與目標。《迂書・理性》：

> 易曰：「窮理盡性以至於命」，世之高論者競為幽僻之語以欺人，使人跂懸而不可及，憒瞀而不能知，則盡而捨之。其實奚遠哉？是不是，理也；才不才，性也，遇不遇，命也。〔註53〕

人活著雖然必須面對無定的命運、有限的才性、需要主動學習才能得到的道德價值（沒有內在超越可倚靠的終極天理），但既然人本來就不可能達到無限（天亦非無限），那麼就在有限的範圍裡盡力做到最好吧！聖人所說的「窮理

〔註53〕　《迂書・理性》，《傳家集》卷七十四，頁906。

「盡性以至於命」並非什麼虛無高遠的境界或神妙難行的工夫，其實只是要人好好掌握住自己能掌握的部分，在有限的人生中盡力而為而已。窮理，就是明辨是非；盡性，就是盡力發揮自己的本性。這些都做到之後，還需要學習體悟命運，知道遇或不遇並非屬於自己的能力範圍，而是需要理解、等待命運的。簡言之，司馬光這種人生觀，是一種要人認清自己限度何在的人生觀，只有真正理解自己能盡力的範圍，才能知道人生最實際的努力方向。而人生這種努力態度的背後，並沒有一終極的外力可以保證禍福，其動機全然只能來自於自我精神上的滿足。這種在殘酷現實下對人生的態度，正表現了在合中有分天人關係下，對人類自主精神創造之價值的肯定。

司馬光將「窮理盡性」視為人能主動掌握努力的部份，但此二者不一定有先後的工夫順序，應是並進實行的。「窮理」與司馬光重視的後天學習極為相關，《易說・咸》：「故大人之道，正其心而已矣。……久而不息，則可以窮神知化，大人之德莫盛于斯矣。〔註54〕」此文中的「窮神知化」，應正是「窮理」的最高境界，亦是正心工夫境界的結果。但其具體「窮」、「知」的內容究竟為何呢？前段引文釋「理」為「是不是」，推測與價值判斷有關。《易說》釋「夫易，聖人之所以極深而言幾也，惟深也，故能通天下之志」為「達物情。〔註55〕」，釋「易之為書也，原始要終，以為質也」為「易以窮物之終始為本質。〔註56〕」聖人之所以能通天下之志，是因其能深入知道事物之「幾」，司馬光釋為「達物情」，可見此「知」與具體形下事物間的種種情結有關。從其將《易經》釋為能「窮物之終始」之書可知，此「物情」，應即為「物之終始」，「終始」一詞，令人想到《大學》中的「物有本末；事有終始。知所先後，則近道矣。」司馬光曾引《大學》此文來說明「止于止，智足明也」〔註57〕。而從《法言集註》：「皆謂小知浮淺之人，不能窮微探本。〔註58〕」亦可知，窮理所要窮盡的對象應即為事物的本末終始，也即人間事物間的種種具體來往脈絡。司馬光此一「窮知」的範圍應是無限大的，因為其希求從眾多事物的體察認識中，理解到天下萬物共同的價值脈絡：

〔註54〕《易說・咸》，頁122。
〔註55〕《易說・繫辭上（九）》，頁236。
〔註56〕《易說・繫辭下（七）》，頁276。
〔註57〕《太玄集註・止・初一》，頁151。
〔註58〕《法言集註》，頁696-303。

《太玄集注》:「能平易其心以待物者也,則物無遠近皆歸之矣。《易》曰:『易簡而天下之理得矣』。〔註59〕」

《法言集註》:「萬物名狀雖殊,其性命皆稟於天;眾言禮趣雖殊,其極致終歸於聖。〔註60〕」

所以雖然世事森羅萬象,各有名狀,但其中必有共同的「理」存在,人必須盡力去學習萬物,才能將它綜合體會出來。因此,司馬光「窮理」的主張,自然與其一貫「重學」的主張相通,可以說,司馬光將「學習」視爲人生首要的要務,是一件絕對不能不去奮力進行的事。

但司馬光所謂的學習,並非是純知識或技藝的學習,其要窮盡之「理」,是傾向於道德價值上的知識。因此,其在學習上強調德先於才。《法言集註》:「遊孔門者,務學道德,不事文章。〔註61〕」,《太玄集注》亦謂:

君子多聞正道以益其德,默而識之,不見於外也。〔註62〕

君子之學如木根止於所生之土,而枝葉寖長,君子止於所守之道,而德行日新。〔註63〕

窮理學習的目標必須首先以道德之內容爲主,這是司馬光儒者本色的展現。

「窮理」與「盡性」關係密切,司馬光解釋「盡性」爲盡力發展其先天的本性,此性的內容包含了所有人不待後天鍛鍊即有的種種條件,包括才智、個性等等。司馬光認爲,人若未能經過後天學習的過程,就無法將其先天本性發展到極致。因此,「窮理」與「盡性」在工夫實踐中基本上是一體的,均強調人後天的學習。但「盡性」更強調人要先了解自己的本性、天資,然後尋找一最適當的方向(不去強求與自己天性不符的能力),將其能力發揮到最大的限度。《易說·蒙》:

則工雖巧不能持土以爲兵,圃雖良不能植穀而生梓也。故才者,天也;不教則棄教者,人也。不才則悖,故人者受才于天,而受教于師。師者,決其滯,發其蔽,抑其過,引其不及以養,進其天才而已。〔註64〕

〔註59〕　《太玄集注·夷·次五》,頁50。
〔註60〕　《法言集註》,頁696-284。
〔註61〕　《法言集註》,頁696-335。
〔註62〕　《太玄集注·增·初一》,頁30。
〔註63〕　《太玄集注·增·次三》,頁30。
〔註64〕　《易說·蒙》,頁32。

人需要有他人去引導、開發出自己最適合發展的方向，如果不願被他人教導，自我設限不願學習，那就是違背了天意（放棄盡性）。司馬光對於此點相當強調，認爲人要以讓天性得到更大的發展、達到自我能力之極致爲人生的目標，因此一定要學習。《法言集註》：

> 不學，則盡其天質而止矣，不能復進，益光大也。《家語》：「子路曰：
> 南山有竹，不揉自直，斬而用之，達於犀革，以此言之，何學之有？
> 孔子曰：栝而羽之，鏃而礪之，其入之，不亦深乎？」〔註65〕
>
> 雖有良玉以爲刀，不礪則不能斷割，雖有美玉，不錯不能成器，如
> 是，則何所用矣？〔註66〕

人不能滿足於先天不學而知的本能，在學習上必須不斷精益求精，不能自我停止，《易說·坎》：「水之流也，習而不止，以成大川。人之學也，習而不止，以成大賢，故君子以習教事。〔註67〕」此即爲「盡性」這一工夫所要強調的積極意義，亦是司馬光對人生的重要期勉與目標。雖然每個人的天性材質先天有所差異，但只要能盡力發揮，其終極境界均是相同的。

雖然司馬光認爲人先天才性是有所差異的，因此認爲「盡性」目標在發展「才」上是人各有志的。但人在「才」上的各自發展仍必須受到一共同方向的管制，才能算是真正的「盡性」，那就是「德」。《易說》：

> 何謂才？曰：聰明強勇。何謂行？曰：孝友忠信。何謂德？曰：中
> 和正直。何謂道？曰：遠大高深。行以濟才，德以濟行，道以濟德，
> 是故才而不以行則凶，行而不以德則偏，德而不以道則隘，四者兼
> 足，謂之聖人。

在這段引文中，司馬光說明了「才、行、德、道」之間的關係。「才」指才能，「行」指好的行爲，「德」指單一具體的道德德目，「道」則包含一切才行德的實踐整體。好的行爲使才能有好的發展，而道德的實踐使好行爲能中和適度，不偏頗任一方而有所衝突。寬廣包含一切的道則使道德之實踐能不狹隘於小德，而能放大範圍，顧全大局。司馬光很明顯的以德之發展來規範才的發展，《法言集註》：

> 三子（指后羿逢蒙善射、王良善御、公輸班善工匠）皆以其術名於

〔註65〕《法言集註》，頁696-275。
〔註66〕《法言集註》，頁696-275。
〔註67〕《易說·坎》，頁112。

世，則其才必有過人者，鄉使舍其術而習聖人之道，烏有不可也？
〔註68〕

人苟盡心於聖人之道，則眾說之不足學易知矣。〔註69〕

聰者，聞言察其是非，明者，見事知其可否。人君得之，為堯為舜；
匹夫得之，窮神知命，才之至美者莫尚於此。〔註70〕

知哲當為哲知，言哲能之聖人之道，不溺於異端，智之俊者也。秀
謂材秀能修德行，使穎出於眾秀之大者也。〔註71〕

由此可知，雖然司馬光肯定能將與道德無關的才能發展到極致，也是一種了
不起的成就，但仍比不上以聖人之道為努力目標的學習。將才智用在學習聖
人之道上，才是才能最好的發展方向。因此司馬光對「盡性」的理解，可以
解釋為：盡力發展自己先天擁有的各種才能，去努力精進自己的道德修養。
道德修養是「窮理」、「盡性」共同的，也是惟一的目標。

　　當人努力實行「窮理盡性」後，還需要面對人所無法自主負責的部分，
亦即「盡人事，聽天命」的「天命」這一層面的問題。從司馬光天人合中有
分的理路來看，天的能力有限，無法絕對保證人努力修養道德，就會得到好
命。因此，司馬光將「窮理盡性」的動機與目的歸於人對於完成自身生命之
發展的滿足感，《太玄集注》：

夫君子不患無位，患所以立。日新其道，久而不倦，雖未得福祿，
又何咎哉！〔註72〕

君子志道，樂以忘憂，外物不能累，樂莫先焉。〔註73〕

君子能與時消息，自勝其彊者也。如是則享有遐福，與天無彊矣。
〔註74〕

君子實踐工夫的目的並不是為了求現實生活中的福祿，而是為了自我修養成
功後的滿足與喜悅。因此，在司馬光的人生觀中，道德修養才是人生最重要
的目標，這絕非外在的富貴高位等成就可以相比擬的。《太玄集注》：

〔註68〕《法言集註》，頁 696-275。
〔註69〕《法言集註》，頁 696-277。
〔註70〕《法言集註》，頁 696-303。
〔註71〕《法言集註》，頁 696-350。
〔註72〕《太玄集注‧永‧次三》，頁 111。
〔註73〕《太玄集注‧樂‧次四》，頁 52。
〔註74〕《太玄集注‧彊‧次六》，頁 75。

> 君子自微賤之時，人未之知，而已好是冥德，進而大之，匍匐而前，
> 若將無有得行之時，言汲汲於進德不能待也。〔註75〕

> 君子積善於中，困於下位，其才德不為時用，然積之不已，其用必
> 大。君子廣大其德心而已，不汲汲於求用也。〔註76〕

人修養道德的目的不能是道德以外的任何物質報答，而必須是道德本身，司馬光此一觀點使人不需在面對逆境時，仍要痛苦的質疑自己是否修德不足才會遭到報應，而能豁然的接受命運是自我所無法掌握的部份，人只要做好自己能掌握的部分，就能無愧於人生了。因此對於司馬光的人生觀，可以簡單用「修己以俟命」來概括，《易說‧姤‧九五》：

> 九五剛，遇小人道長之時，無應于內，不食者也。蘭生深林，不以
> 無人而不芳，故有美而舍之以俟命也。抑材之不良，德之不藏，身
> 之憂也。材既良矣，德既藏矣，雖不遇其時，以至于隕越而不振，
> 天實為之，謂之何哉？故修己以俟命，君子之志也。〔註77〕

當君子確定自己是美材（假如是因為材質不好又沒有德性才不被重用，那就是自己的問題了），卻因為命運的關係而不能被重用，君子是可以不需怨嘆的。所以君子之志就是要盡力修己，消去前述那種可能性，然後才能坦然的等待命運，此即是司馬光人生觀的核心。

但司馬光是否認為好的命運是能被「等到」的呢？從其天人關係來看，其仍認為天的大規律是傾向福善禍惡的，所以《易說》又言：「蘭生深林，不以無人而不芳，君子居中履正，久幽而不變，人將信之，然後可以發其蘊而行其志也。〔註78〕」這與司馬光在《太玄集注》中所說的「君子以德自防，外患無從而危者也。〔註79〕」、「君子以中正為務，雖禍不害也。〔註80〕」意義相近，表示司馬光基本上還是對於命運這一神秘規律有某程度上的樂觀，因為道德基本上是來自於人與人間的共同規範，當人能行道德，自然就容易得到他人的信任，也就容易得到可以實行己治的機會。

但若人一直遭遇現實的不幸呢？司馬光認為，縱使如此，但人只要已經

〔註75〕《太玄集注‧狩‧初一》，頁22。
〔註76〕《太玄集注‧積‧次二》，頁126。
〔註77〕《易說‧姤‧九五》，頁154～155。
〔註78〕《易說‧豐‧六二》，頁180。
〔註79〕《太玄集注‧閑‧次六》，頁13。
〔註80〕《太玄集注‧務‧次八》，頁56。

盡到人生修養道德的責任，那麼就都算是已經「盡天命〔註81〕」，得到正命了，《太玄集注》：

> 夫吉凶者，非幸不幸之謂也。得君子之道，雖遇禍猶爲吉，雖遇福猶爲凶。……明君子守正以順命也。〈洪範〉五福有「考終命」，《孟子》曰：「盡其道而死者，正命也。」〔註82〕

綜上所述，司馬光這樣的人生觀，與其天人關係與人性論理路，一脈相承。人生的目標不在於被天賞賜具體的福祿，而在於能完全發展自我，修養道德，這是司馬光在個人修養工夫上的重要主張。

四、內聖的目的：外王理想的實現

司馬光的工夫論主張以虛壹而靜的「正心」爲修養工夫的基礎與起點，在具體的人生任務上，則以「窮理盡性以至於命」爲努力的目標與境界，個人必須在這樣的人生實踐中不斷地「執一應萬」，勝過自己本性中負面的那些因素，使道德修養成爲可能。如此，人便能從對道德的實踐中，獲得因自我完成而有的滿足感，從而能不爲現實福禍所動，達到孔子所謂「知天命」的境界。但司馬光對個人修養工夫的強調，其目的絕非只是爲了個人精神之超脫而已。如本章開頭所論，司馬光工夫論承其心性論的理路而來的兩大重要特色，除了重「心」外，另一即爲重「團體」，這所有對道德修養工夫的主張，其最終目的均是要增進團體之最大利益。此一特色，從司馬光許多將內聖工夫與外王理想並論的文字中，可以明顯的感受出來，如《太玄集注》：

> 若先正其內以引其外，則不相乖戾而皆就正矣。是故君子正心以待物，修身以化人，齊家以刑國，治國以平天下。〔註83〕

君子的內聖工夫，是爲了要能「引其外」，使外物均能因己而正。所以正心是爲了能合宜的待物，修身是爲了要能教化他人，齊家治國是爲了平天下的目標。雖然此種「己立立人，己達達人」的外王理路本是儒家共同的傳統，但從司馬光哲學的整體來看，其工夫論中外王色彩之強烈，所表現出來的正是儒家中荀學一路思想的特色，這與日後以內聖工夫爲主要基調的宋明理學、心學所論述的外王工夫，實有內在理路上的根本差異。

〔註81〕　《太玄集注・務・上九》：「萬物營爲，務成終敗，所以然者，小人功成驕惰，不能盡其天命故也。」，頁56～57。

〔註82〕　《太玄集注・中・上九》，頁7～8。

〔註83〕　《太玄集注・戾・次二》，頁16。

　　首先，從司馬光對道德價值之產生過程的理解來看，其認爲個人心念對事物之判斷並不能直接被承認爲道德，必須要在團體脈絡中，從人與人之間的來往、溝通、權衡中來加以衡定。對司馬光來說，最大之惡是憑己之私破壞團體秩序，影響他人的生存；反過來說，縱使某一行爲對個人來說是相當符合價值判斷的，但若其不能對團體有益，這樣的實踐就不是眞的道德實踐。這可從司馬光對「私」的反對來看，《太玄集注》：

> 君子喻於義，小人喻於利，小人思慮求盛，不過營利而已，故曰「懷利滿匈」。利於私，斯害於公矣。〔註84〕

小人欲求要爲自己求利，但這種爲私己而求的利益只會損害公眾的利益，因此司馬光反對自私自利的行爲。但人爲一己之私而求是人性本能，這點司馬光並不否認，但他認爲只要把這樣的自然情感擴大，便可避免「害於公」的情形。《易說·同人》：

> 然則聖人其有私乎？曰：有。聖人之私大，眾人之私小。聖人者，以天下爲私者也。……夫惟聖人爲能愛其身，愛其身故愛其親，愛其親故愛其國，愛其國故愛其道。道者，所以保天下而兼利之也，未有危人之親而人不危其親者也，害人之身而人不害其身者也，天下交害之而身不亡者，未之有也。然則危人適所以自危，害人適所以自害也，烏在其能私哉？

聖人之私，在於其能眞正愛自己，所以爲此而行能保天下又兼利自己與家國之道。由上可知，眞正的道德必須考慮到很多的團體層面，其一定是能讓所有團體共生共榮的。因此，人不能自私的只在自己的想法裡實踐道德，不顧身旁他人的生死，這種行爲絕非眞正的道德實踐。《太玄集注》：

> 仁者己欲立而立人，己欲達而達人，不專其美，如木垂枝以逮於下，故瓜苞得而藟之。〔註85〕

只有當自己願意與他人分享自己修養道德的成果，才會讓自己的道德修養越來越好。因此，人不能脫離團體來實踐道德，因爲人必須在與他人的交流中，才能眞正確定自己的實踐是正確的。《易說》：

> 惠心者，何惠之所施？孚于心，然後善也。夫人墜于絕壑而遺之珠玉，寢疾垂死而饋之酒肉，其物非不美也，而人不以德者，何哉？

〔註84〕《太玄集注·盛·初一》，頁78。
〔註85〕《太玄集注·達·次三》，頁35。

　　　　非其心之所欲也。〔註86〕

人若心中沒有誠信，那麼是無法對他人施惠的（他人不會接受）。但誠是建立
在雙方的默契上，亦即人若沒有透過與他人溝通權衡來知道他人眞正的需
求，這樣的道德實踐是註定失敗的。對司馬光來說，善並非是一件只要自己
認定就能成立的事，而是必須要與他人權衡，要在團體的脈絡裡思考才能成
立的。

　　因此，司馬光反對要人出世、離群索居的工夫論，他認爲修身必須是入
世的，要在人群中來實踐才能有所成，《太玄集注》：

　　　閉門自終，不與物交，愼則愼矣，而終無所得，求之功業，不亦遠
　　　乎？易曰：「括囊，無咎無譽。」〔註87〕

　　　思慮既成，則言貌可以接人矣。而家性爲唫，當日之夜，尚閉塞而
　　　不交，則人道幾乎絕矣。《易・節》之九二：「不出門庭，凶。」
　　〔註88〕

雖然不與外物交接，就能避免被外物所牽引的情形。但不與物交，終究是無法
成就功業的。因此，若思慮已成，卻硬要選擇閉塞不與物交，反而會造成凶的
結果，因爲這樣就使自己沒有在「人道」正軌上了。爲了怕影響道德修養而選
擇隱居，在司馬光看來，這不是人應該遵行的正道。因此司馬光反對隱居的修
行工夫，《法言集註》：「揚子謂聖人不遯於世，不離於群，……。〔註89〕」、「長
沮桀溺之徒，君子所不與。〔註90〕」均強調修身不能遠離人群。只有一種情形
可以選擇隱居，那就是君子不得志，不得已要避難之時。《易說》：

　　　君子之晦以避難也，內修明德不可息也。爲人臣者有箕子之正則可
　　　也，無箕子之正，苟生以忘其君者，罪莫大焉，故曰「利貞」。〔註91〕

箕子之隱與長沮桀溺之隱不同，前者是因君主不願行己志而隱退，後者則是
因對現實的漠然不關心，只想顧全自己的隱居。如果人的隱居原因是後者，
想躲避現實，託名道德修養的目的而苟活於世，不願關心國政，司馬光是絕
對反對的。因爲他絕不認爲外王實踐能與內聖有所切割，內聖工夫若不爲了

〔註86〕　《易說・益・九五》，頁148。
〔註87〕　《太玄集注・閑・上九》，頁13。
〔註88〕　《太玄集注・唫・次三》，頁118。
〔註89〕　《法言集註》，頁696-343。
〔註90〕　《法言集註》，頁696-323。
〔註91〕　《易說・明夷・六五》，頁134。

外王實踐，那就失去意義了。

承上所述，除了從心性論角度來理解司馬光對外王工夫的重視，從本體論角度來看，人間的種種秩序均來自於作爲宇宙本原之氣當中潛藏之脈絡的發展；而從個人來看，人週遭所處的各種團體脈絡，亦來自於作爲萬物本體之氣的自然發展。所以人若不能去面對、處理、維護、成全這些團體當中的自然脈絡、秩序，也就不能算是完成了氣中潛藏脈絡的全幅開展。這樣的概念在《潛虛》中表現的最爲明顯，按第二章第一節所述，《潛虛》中的「名圖」體現了在個體的體與性成形後，氣的開展進入一如何讓個別個體進入團體秩序，集合爲一完整宇宙的過程。圖中的五十五名被分爲十一組，依形、性、動、事、德……功、業、形的順序排列，按圖說所述：

> 人之生，本於虛，虛然後形，形然後性，性然後動，動然後情，情然後事，事然後德，德然後家，家然後國，國然後政，政然後功，功然後業，業終，則返虛矣。〔註92〕

除了第一組名「形」是氣化過程的簡單縮影，其餘十組則由比較抽象的性、動、情等內容，不斷向具體的社會開展，如家、國、政等，最後在完成功、業之後，人生也到了盡頭，於是就又復歸於氣之中，完成整套氣化循環的過程。在這十項氣在人生中的具體發展項目中，「德」之前的五項屬於個人脈絡的發展、成立，從「家」開始的五項則均屬於個人在團體中的發展。換言之，在團體中進行的工夫比重，實際上並不比個人內聖工夫還要輕，二者在工夫實踐中的重要性是相當的。換言之，人無可遁逃於此，其必須進入團體層面紛然複雜的種種脈絡，發展並成全其秩序的運行，人生的任務、修身的目標才能算完成。

總結上述，司馬光工夫論強調內聖修身的目的是爲了外王理想的實現，所有的內聖工夫均與外王實踐有關，其目的均是要能有利於團體的生存：

> 《易說》釋「窮神知化，德之盛也」：「知化謂修己以安百姓。〔註93〕」
>
> 《太玄集注》：「君子修德以保其位。國不在大，在勤德以固其本而已。〔註94〕」

〔註92〕《潛虛》，頁11～12。
〔註93〕《易說·繫辭下（三）》，頁263。
〔註94〕《太玄集注·堅·次四》，頁155。

《太玄集注》：「六爲隆福，……太平之君子兼利萬物，無有間異，

民神禽鳥，靡不得所，樂孰大焉。四爲下祿，獨善其身。六爲上祿，

兼利天下者也。〔註95〕」

君子窮理盡性，努力修身，是爲了保國安百姓。因爲獨善其身雖然也不差，但還是比不上兼利天下，因爲那才是工夫的終極境界。《太玄集注》：「君子之進取，務合眾心而已矣，……。〔註96〕」、「允執其中，以養天下〔註97〕」，《孝經指解》：「明自士以上，非直養而已，要當立身揚名，保其家國。〔註98〕」均強調人對於外王實踐必須有很強的使命感。

因此，在司馬光的工夫論主張中，外王實踐是工夫修養的目的，而內聖工夫則是能實現外王理想的惟一方法：

《太玄集注》：「君子先修其身，其身正，不令而行。〔註99〕」

《太玄集注》：「君子修德於心，而四海率服，兵無所用，故曰「兵

無刃，師無陳」。〔註100〕」

《法言集註》：「人欲陳施其意，治化天下，動而不能感人者，蓋由

外逐浮僞，內無本眞，不能正己以正物，故當先本諸身也。〔註101〕」

人必須先正才能正人，這是儒家一貫的傳統，但司馬光強調當人不爲己所感時，則己必有不正之處。換言之，若外王的實踐無法順利，人必須先反求諸己，反省是否自己在道德修養上有所缺欠。因此，這正是司馬光強調人必須在外王實踐中來進行內聖修養的原因，因爲無內聖工夫，外王理想就不可能完成；無外王實踐，內聖工夫亦無可以被修正或驗證的機會。與其他理學家相比，司馬光對外王工夫的重視顯然是較多的，此爲其思想性格上的重要特色。另外，由司馬光人生的具體實踐來看，其在政治、史學、禮學等領域上的顯著成就均可證明，其思想性格確實明顯的傾向外王實踐。

〔註95〕　《太玄集注・樂・次六》，頁 52。
〔註96〕　《太玄集注・銳・次六》，頁 34。
〔註97〕　《太玄集注・養・次五》，頁 174。
〔註98〕　《古文孝經指解》，四庫全書本，頁 182-92。
〔註99〕　《太玄集注・法・次四》，頁 83。
〔註100〕　《太玄集注・眾・次二》，頁 66。
〔註101〕　《法言集註》，頁 696-284。

第二節　治心養氣——以保養爲重的身體觀與工夫論

一、荀學脈絡下的「治心養氣」工夫

在強調「修身傳統」、「成德之學」的儒家工夫論中，「身體」是一個極爲重要的向度，因爲它是人在現實中可操作的材質，是精神的載體，也是整個修身過程的終極目標。人如何看待身體、對治身體、操練身體，如何讓身體能成爲道德順利呈顯與運作之場域的過程，與工夫論的內容極爲相關。

儒家思想中對「身體」的態度主要有兩種，一爲不自然地操控利用，一爲自然地順勢調節（此處的自然指人之生理軀體的正常規律）。前者較容易被注意到，因爲其往往是特殊的、不包含在一般日常生活之正常內容中的操作方法，認爲可以透過種種對身體的刻意造作（如禁食、禁睡、長期靜坐等〔註102〕）來達到精神上的超脫，藉此精神上的超脫來改變身體，接近於宗教中尋求冥契經驗的工夫法門。後者則將工夫蘊於日常生活中，在實行上不贊成對身體強加任何違背生理正常需求或規律的實踐，其工夫在於要盡量讓身體處於正常的生活法則中，在此過程中，精神的正常與身體的正常是互爲因果的，在工夫的累積之下，在精神與身體的整體上最後也會達到某種美善境界。這兩種身體觀所表現出的工夫論雖不同，但其結構都預設著一種「身心互滲」的目標，都相信精神與身體是能影響彼此的，只是由於其對身體的態度不同，所以在實踐上就有了分別。這種對身體之態度的分殊，其實正來自於其各自思想結構上的不同，可以說，由此即可看出儒家義理中存在有兩種不同的基本型態。此兩種身體觀的原型，按楊儒賓先生的說法，此應可追溯至先秦時孟子的「心氣化的身體觀」與荀子的「禮義的身體觀」的分別上〔註103〕，若前者是主要依循著孟學典範的身體觀而來的工夫論，則後者不妨可稱之爲在荀學身體觀下的工夫論。本節試圖以這兩種身體觀的分判爲參照，分析司馬光之身體觀與工夫論的思想性格。

從工夫論語言來說，孟學的「盡心養氣」與荀學的「治氣養心」，正標誌

〔註102〕參見楊儒賓：〈宋儒的靜坐說〉（《臺灣哲學研究》第四期，2004，頁39～86）、〈理學家與悟——從冥契主義的觀點探討〉（《中國思潮與外來文化》，臺北：中央研究院中國文哲研究所，2002，頁167～222）等文。

〔註103〕參見楊儒賓：《儒家身體觀》（臺北：中研院文哲所，1996）第一章〈儒家身體觀的原型〉，頁27～83。

著這兩種身體觀與工夫論最基本的差異。《孟子・公孫丑上》：

> 我知言，我善養吾浩然之氣。……其爲氣也，至大至剛；以直養而
> 無害，則塞于天地之間。其爲氣也，配義與道；無是，餒矣。……
> 行有不慊於心，則餒矣。〔註104〕

按朱熹《孟子集注》的解釋：

> 知言者，盡心知性，……。浩然，盛大流行之貌。氣，即所謂體之
> 充者。本自浩然，失養故餒，惟孟子爲善養之以復其初也。〔註105〕

孟子所謂的「盡心養氣」，指人要回復本性本心，將本心良知之功效發揮出來（行無不慊於心），就能養「浩然之氣」，使原本在宇宙中盛大流行、至大至剛、永恆存在、作爲人「體之充」的氣「復其初」。當此氣被人所感知而回復，在身體中不斷擴充，就能改變身體。因此，孟子認爲人性中有能直接作爲價值來源的終極理體，在心爲良知，在身則爲浩然之氣。只要此一終極理體能被恢復而發動，心與身同質，其效果由心到身擴充發散，就能自然改變身體，達到修身的目的。由此可知，孟子將「氣」定義爲一「本自浩然」，永恆、神聖完滿的道德實體，其才是人之身體的應然組成成分。因此當此氣在人身上無法「浩然」時，人之身體基本上是處於一不正常、不合法的狀態，人必須要捨棄此種身體狀態，努力去回復原本精氣化的身體。

相較於孟子用「大體」來取代「小體」〔註106〕的修養論，荀子的「治氣養心」展現了另一種修身工夫。《荀子・修身》：

> 以治氣養生，則後彭祖；以修身自名，則配堯禹。……凡用血氣、
> 志意、知慮，由禮則治通，不由禮則勃亂提僈；食飲，衣服、居處、
> 動靜，由禮則和節，不由禮則觸陷生疾；容貌、態度、進退、趨行，
> 由禮則雅，不由禮則夷固、僻違、庸眾而野。故人無禮則不生，事
> 無禮則不成，國家無禮則不寧。……治氣養心之術：血氣剛強，則
> 柔之以調和；知慮漸深，則一之以易良；勇膽猛戾，則輔之以道順；
> 齊給便利，則節之以動止；……凡治氣養心之術，莫徑由禮，莫要

〔註104〕《孟子・公孫丑上》，引自《四書章句集注》，頁 231。

〔註105〕出處同上註。

〔註106〕《孟子・告子上》：「從其大體爲大人，從其小體爲小人。……耳目之官不思，而蔽於物；物交物，則引之而已矣。心之官則思，思則得之，不思則不得也。此天之所與我者，先立乎其大者，則其小者不能奪也：此爲大人而已矣。」，引自《四書章句集注》，頁 335。

得師，莫神一好。夫是之謂治氣養心之術也。〔註107〕

荀子主張修身工夫重在以禮治氣，禮能夠使人的血氣、志意、知慮等身體天生自然的本能材質得到最適當的發展，並且使人自然的需求（如衣食住等）得到最適宜的安頓，使人外在的形體（容貌態度等）被型塑為一適合在群體中生存的樣態。荀子對「氣」的定義很明顯的與孟子不同，它是人需要用意志來對治控制的對象，必須要用外在的禮義等規則去後天型塑它，才能使其得到最適當的安頓或生存，並非一能浩然有力的神聖之氣。因此，修身工夫並非要恢復氣原本的狀態，而是要使氣經過一修治、調和的過程；換句話說，荀子並不認為有孟子所謂的「大體」存在，所以不能用「大體」去直接取代所謂的「小體」，而是必須從安頓、調和、改造「小體」到最適當狀態的過程中去達到修身的目的。而所謂的「養心」則指人對治氣這一修身工夫的堅定意志：

> 君子養心莫善於誠，致誠則無它事矣。惟仁之為守，惟義之為行。誠心守仁則形，形則神，神則能化矣。誠心行義則理，理則明，明則能變矣。……夫誠者，君子之所守也，而政事之本也，唯所居以其類至。操之則得之，舍之則失之。〔註108〕

「以誠養心」，是指在心中堅持「守仁行義」、「操之不舍」的態度，能堅定此一心志來修身，就能達到「形則神、神則化」、「理則明、明則變」，即讓身體為禮所完全內化的境界。所以荀子所謂的「治氣養心」即指要用心堅定操持一標準（禮）來修治、調和身體，使身體為禮所內化，達到一最適宜的狀態。

孟子與荀子一將「氣」當作可倚靠信賴的理體，一將其當作必須修治的對象，這樣的分殊實源於他們在本體論與心性論上的不同。司馬光的本體論與心性論實屬荀學理路，因此其雖對孟子的養氣論極為重視，但其詮釋實非孟學浩然之氣的理路，而是荀學治氣養心的工夫。〈中和論〉：

> 孟子曰：「我善養吾浩然之氣。夫志，氣之帥也；氣，體之充也。志至焉，氣次焉。」故孟子養德，以氣言之，蓋能謹守中和之志，不以喜怒哀樂亂其氣，則志平氣順，德日新矣。故曰：「持其志，無暴其氣」及夫德之成也，沛然不息，確然不動，挺然不屈。故曰：「其

〔註107〕《荀子·修身》，頁19～20。
〔註108〕《荀子·不苟》，頁37～38。

為氣也，至大至剛，以直養而無害」不有道義以充其內，能如此乎？
故曰：「配義與道，無是餒也。」凡人為不善，能欺天下之人，不能
欺其心。雖忍而行之，於其心不能無蒂芥焉，然則浩然之氣不存矣，
故曰：「必有事焉而勿正，心勿忘，勿助長也。」<u>操之則存，舍之則
亡，久而無息，然後自得之</u>，此其所以難言也。……志之所至，氣
必輔之，君子乘之以為善，小人乘之以為惡，故曰：「氣者所適，善
惡之馬也。」<u>君子守中和之心，養中和之氣，既得其樂，又得其壽，
夫復何求哉</u>？〔註109〕

孟子的養「氣」被司馬光釋為養「德」，認為只要心能謹守中和之志，不要以
過而不及的情緒去擾亂氣的發展，則「德」就能夠慢慢累積，直到「德之成」，
此氣就會「沛然不息」，但這明顯不是孟子的本義，原因如下：一、孟子的「浩
然之氣」應先天即是浩然有力的，並非等到人慢慢培養到「德之成」後，才
「沛然不息」。這種先天飽滿的道德理體，並不會在司馬光的理路中出現，因
為他強調的善是必須在後天漸進的過程中去慢慢培養的，這反而與荀子「積
善成德」的理路相合。二、司馬光所謂的「守中和之心」並非把心當成現成
理體來發用，而是要心去「謹守中和之志」，並且認為心「操之則存，舍之則
亡，久而無息，然後自得之」，其強調心對修身工夫的堅持態度，與上述荀學
「以誠養心」、「守仁行義」、「操之不舍」的心性工夫相似。三、司馬光引用
揚雄《法言》：「氣者所適，善惡之馬也」來說明心志對氣的作用，氣可被人
用來發展為善或為惡，這指明司馬光意識到的氣不可能是孟子式的浩然之
氣，而是荀子式需要後天修治的氣。

　　雖司馬光不認為有某種蘊含現成道德的神聖之氣先天就在人身上，但其
順著孟子文意強調德之關鍵在於不要「亂其氣」，反而說明了荀學對氣中潛藏
之脈絡（氣中之理）的信心。用孟學的名詞來說明，即雖然沒有所謂的「大
體」存在，但「小體」中自有潛藏著的合理脈絡、秩序，只要能順此脈絡去
適當安頓小體，其自然能達到一身修的境界。用弱性本體與弱性善觀的概念
來理解，身體雖非有現成道德實體可直接發用，但其本質中自有潛藏的價值
脈絡，只要經過適當的後天引導即可實現。前述荀學強調以禮治氣，但禮並
非完全外於氣的標準，因為禮是氣之內在潛藏規律的實現，是能讓氣達到最
適宜發展狀態之「理」的實化。因此司馬光所謂的「養中和之氣」，是指不要

〔註109〕《傳家集》卷六十四，頁795。

去刻意對人之身體進行任何與生理自然規律逆反的工夫，只要讓其保持在中和的狀態（即最適宜的狀態，亦與禮相合的狀態），其就能實現其自然潛藏的脈絡，能漸漸將價值在現實中實踐出來。

　　承前所述，司馬光的「養氣」實與荀學的「治氣」理路相同，其心氣關係亦似荀學，《太玄集注》：

> 發慮之始，幽而未顯。貳謂義利也，二者交爭，君子能取義而捨利，
> 執坦夷之心，養浩然之氣，自得於內，無求於外者也。〔註110〕

心必須在與利欲交爭掙扎後，在認知、選擇義後才能執坦夷之心以養浩然之氣，雖然其明顯引用孟子，但此心氣工夫實爲荀學理路。《道德眞經論》釋「心使氣曰強」爲：

> 志，氣之率也。心動則氣亂，氣亂則昏，心不能制，故有悖亂之行。
> 眾人皆以氣盛者爲強，老子獨以心能使氣者爲強也。〔註111〕

此處亦引用孟子之言，但用「以心制氣」來解釋「以心使氣」，視氣爲心控制的對象，此與荀子的「治氣養心」相近。

　　雖然司馬光的心氣工夫實與荀學理路相近，但其工夫論所主張的「治心養氣」一詞卻看似與荀子「治氣養心」正好相反。關於其「養氣」實爲「治氣」理路，前已有所論證，以下試證其「治心」與荀學「養心」間的關係。〈答秉國第二書〉：

> 荀卿、大學所謂虛靜定者，非寂然無思慮也。……中庸所謂中者，
> 動靜云爲，無過與不及也。二者雖皆爲治心之術，其事則殊矣，今
> 秉國合而爲一，恐未然也。〔註112〕

司馬光將荀子、大學、中庸中所說的虛靜定、中和等工夫均視爲「治心之術〔註113〕」，可見其將心性工夫均統稱爲「治心」。其「治心」一詞應是引用自《禮記・樂記》所述：

> 君子曰：禮樂不可斯須去身。<u>致樂以治心，則易直子諒之心油然生
> 矣。易直子諒之心生則樂，樂則安，安則久，久則天，天則神。天
> 則不言而信，神則不怒而威，致樂以治心者也。</u>致禮以治躬則莊敬，

〔註110〕《太玄集注・夷・初一》，頁49。
〔註111〕《道德眞經論（五十五）》，頁365。
〔註112〕《傳家集》卷六十二，頁768。
〔註113〕以上引文中司馬光所說的「二者」，指的是韓秉國所主張的道家寂然無思的工夫論，與荀子學庸中所論述的虛靜定和中庸的工夫。

莊敬則嚴威。心中斯須不和不樂，而鄙詐之心入之矣。外貌斯須不
莊不敬，而易慢之心入之矣。故樂也者，動於內者也；禮也者，動
於外者也。樂極和，禮極順，內和而外順，則民瞻其顏色而弗與爭
也；望其容貌，而民不生易慢焉。〔註114〕

這段文字司馬光在〈答范景仁書〉與〈中和論〉中均引用過〔註115〕，在〈中
和論〉中，司馬光引此文與〈孔子閒居〉：「無聲之樂，志氣不違，以至於
氣志既起。」一同論證中和爲禮之本。由此可知司馬光認爲用樂來治心，
其結果會使「志氣不違」（氣不違志）、「氣志既起」，故「氣志既起」應與
〈樂記〉的「易直子諒之心油然生矣」在工夫結果上相同。司馬光〈與王
樂道書〉又提到：「……歸於自然，使神安志適，骨肉都融，則中和之氣油
然自生。〔註116〕」，此「油然自生」的「中和之氣」與前述「油然生矣」
的「易直子諒之心」應亦相同。由此可證，在司馬光的工夫論裡，論「治
心」其實就等於是論「治氣」，因爲心並非價值現成的理體，其由氣所組成，
因此自然與氣一樣屬於被對治的對象：

　　〈與景仁第五書〉：「治心以中，此舜禹所以相戒也。治氣以和，此
　　孟子所以養浩然者也。〔註117〕」

　　《易說》：「故大人之道，正其心而已矣。治之養之，以至於精義入
　　神，則用無違矣。〔註118〕」

以上引文均可證明司馬光的「治心」即「治氣」，其正心工夫涵括了「治心養
心」，意即「治心」與「養心」實爲同一工夫，與荀學的「治氣養心」理路實
同。

　　續上文對〈樂記〉引文的論述，司馬光對心與氣「油然而生」的形容，
並非指有一現成價值的理體能直接發用，而是指心或氣能在經過後天引導
後，將潛藏的自然脈絡實現出來之後，就能被稱爲「中和」之氣或「易直子
諒」之心（指氣或心處於最適宜狀態中）。而此後天引導就是〈樂記〉中所
強調的禮樂，在〈答范景仁書〉中司馬光引〈樂記〉說明「中和」爲禮樂之
本，爲養生之法：「此樂之本，禮之原也。夫樂之用，不過於和；禮之用，

〔註114〕《禮記・樂記》，此處亦先秦儒家文獻中唯一使用「治心」一詞的文句。
〔註115〕〈中和論〉引用部分較短，從「致樂以治心」引用到「不怒而威」。
〔註116〕〈與王樂道書〉，《傳家集》卷六十二，頁751。
〔註117〕《傳家集》卷六十二，頁757。
〔註118〕《易說・咸》，頁122。

不過於順。二者非徒宜於治民，乃兼所以養生也。〔註 119〕」司馬光強調樂以治心則和，禮以修身則順，二者相和則內外兼修，因此，禮樂是使身心達到中和狀態的具體方法。司馬光引〈樂記〉言「易直子諒之心」生則能樂、安、久……，到達能「不言而信」、「不怒而威」的境界，這表示當心與氣爲禮樂所修治後，其終極境界是使身體完全內化道德並彰顯出來，使身體成爲禮義的具體表顯。

　　綜上所論，司馬光所主張的「治心養氣」工夫是指一套以禮樂來調整導正人之內外在身心的工夫法門、是由心到身的整套修養工夫。司馬光這一重禮，以禮修養身心的工夫脈絡，正與荀子「凡治氣養心之術，莫徑由禮，莫要得師，莫神一好。」之重禮理路相和，此爲荀學工夫無疑。

二、以保養爲重的荀學身體觀與工夫論

　　承前所述，從孟學的「養氣」與荀學的「治氣」可知其二者對於「身體」之態度的差異處。孟學認爲人之身體的正常狀態應是被一與道德心性同質之精氣所構成的身體，要達到修身之目的，必須恢復此一「精氣化的身體」來取代以生理欲望爲主的自然身體。荀學則認爲人之身體原本的狀態就是不完美的，是待修治的，但人之自然身體中本就潛藏著某些秩序，人可從對自然身體的適當導引與修正中去實現這些秩序，使身體能處於一最適宜的狀態，即可達到修身的目的。由於孟學並不將道德附屬於自然生命（道德來自於一高於自然生命的終極理體），因此在實踐上，自然的身體不免帶有負面的意義〔註 120〕，是必須被超越的對象。而荀學則將具體價值繫於人文創造的禮，而禮又來自於對身體需求的適當調適，因此自然身體對於價值本有某程度的正面意義，是需要被安頓、調節、修整的對象。荀學這種身體觀使其在工夫實踐上，特別重視對自然身體的適當保養，此一特色在司馬光對「養生」的論述中，尤爲明顯。

　　在《傳家集》中，司馬光有許多與友人討論「中」、「中和」與「中庸」的來往信件，其討論均緣於司馬光試圖向友人宣傳其以「中和之道」爲核心的養生之術。此一關於養生之術的討論由於是針對治病方法而來的，因此其正好能表現司馬光對於身體的看法，如〈與王樂道書〉：

〔註 119〕〈與王樂道書〉，《傳家集》卷六十二，頁 751。
〔註 120〕楊儒賓：《儒家身體觀》，頁 47。

樂道所苦，蓋本非大病，但藥物過分劑，衣食不適宜，致困憊如此。……凡人之所賴以生者，天地中和之氣也。若不節飲食衣服，直以極熱極寒疎利之藥，循環攻之，使中和之氣，何以自存乎？況今樂道之疾，上熱下寒，服涼藥則熱去，而寒益甚，服溫藥則寒未減，而熱益加。然則所服之藥，皆有損而無益也。光愚欲望樂道盡屏去諸藥（必不得已，止服參苓之類，扶助胃氣可也），只調飲食，以待病氣自退。飲食不惟禁止生冷，亦不可傷飽，亦不可傷飢。……衣服不可過薄，亦不可過厚。加之棄置萬事，勿以經懷，沉聽內視，藏心于淵，恬淡消遙，歸於自然，使神安志適，骨肉都融，則中和之氣油然自生。如此養之旬月，何疾不瘳矣？夫欲速則不達，半歲之病豈一朝可癒，但當去其害之者，勿令過與不及，俟血氣徐徐自復，則善矣。〔註121〕

另外，在〈答李大卿李基書〉中，也看到司馬光有同樣的觀點：

昨日聞大卿言，臟腑素有冷疾，須至服熱藥，今則偏身生瘡疥，手足時癮瘮，……竊以大卿勤養生之術，數十年而猶有冷疾者，殆食素膳太多故也。……天生萬物，苟不得其所食，則不能全其生。人為萬物之靈，兼蔬穀酒肉而食之，乃其常性也。酒肉者，所以扶衰養疾，不可廢也。大卿絕酒肉而專素膳，為日已久，此其所以有冷疾也。既得冷疾，復以熱藥攻之，聞大卿所服之藥，皆躁悍酷烈，他人莫能近口，此其所以失中和也。……欲望大卿自今罷素膳，屏熱藥，靜慮以適神，潛心以實下，起居飲食，造次須臾不少離於中和，試之旬月，竊謂所苦不須攻療，必自去矣。〔註122〕

綜上引文，可知司馬光對養生主要有三點主張：一、正常的日常作息、飲食，二、盡量少用藥物，三、心境要維持平和寧靜。他認為疾病的原因多是由於日常生活失中所導致的，這當中特別是飲食與藥物的失當對人的傷害最大。藥與飲食是如何影響身體的呢？這必須從他以「氣」論身體的理路來看。「凡人之所賴以生者，天地中和之氣也。……使中和之氣，何以自存乎？」中所謂的「中和之氣」，指的是作為本體之氣的最適當狀態。按司馬光的本體論，人與天地均由氣所生，氣本身潛存著種種發展脈絡，而其共同的內在發

〔註121〕《傳家集》，卷六十二，頁751。
〔註122〕《傳家集》，卷六十一，頁735。

展原則即是「中」，由於氣透過中與失中的機制來進行聚散循環的過程，因此其本有往「中」的自然傾向〔註123〕。但這一傾向只是氣的一種潛在可能，落實在人身上，其只是一潛存於人身體之氣中的機制，不是一種力量強大到能去主動控制人之身體的「道」或「理體」，無法快速見效。若人不主動在行為上配合，此潛質就無法好好發展，就不能發揮維持身體平衡的作用，身體就會因氣失於中和狀態而生病。但人若行為符合這潛在的機制，就能使之有發展的機會，它便會「油然自生」、「徐徐自復」了。前述司馬光在道德修養上所謂的「養氣」，便是要人能將氣中這潛在的脈絡慢慢實現出來，而在身體的保養上，他也依舊遵循此種理路來思考。

由於這是種身體自然的調整機制，必須給予其環境與時間讓它自己發揮調節身體、維持平衡的功用，所以若是因為想要馬上見效，而去使用大量的藥物或特殊的飲食來試圖操控身體中氣的方向，這對此一潛在機制來說，都是一種干擾，反而會使其無法「自存」，而導致疾病無法痊癒。所以真正的養生應該是要盡量保持正常的日常生活，而這種正常即在於放棄對身體過多的人為，以中和之道為飲食起居的唯一標準。所以那種刻意吃素或禁食酒肉，或者寒天穿薄衣、熱天穿厚衣等特別的養生操作方法，都是不合於中和之道的，因為這與日用常道是相違背的。連對症下藥也是一種人為的操控，所以他甚至極端到勸人把醫書丟掉〔註124〕，只要專心在保持日常生活的正常上，就是最好的養生之道了。雖然在司馬光的理路中，這種氣的潛在效用必須由人主動配合才能發揮養生的功用，不能強大地去主動催促或控制人去改善行為，但就在這種養生方法中，反而表現出一種對於身體的信心，因為只要人主動與此潛質配合，效果就一定會出現。這種養生方法表面上看似「無為」，並無特殊之處，但實際上若要實行，卻並非容易，因為事實上必須自我克制住很多會不合於此種「正常的規律」的欲望，才能實現此工夫欲達到的目標，而在這過程中所隱含的工夫力道，實際上並不輸給其他對身體刻苦對治的工夫型態。

由於司馬光認為心身一樣均由具有中和潛質的氣所構成，所以心的狀態自然也會影響身體。因此司馬光認為除了外在必須合於日用常道，內在的心

〔註123〕 詳見第二章第二節〈氣潛藏的內在原則：中〉第三大點。

〔註124〕 〈與范景仁書〉：「謹當熟讀《中庸》以代《素問》、《巢原》」，《素問》、《巢原》為醫書。《傳家集》卷六十二，頁760。

也必須隨時保持著中和狀態，如「靜慮以適神，潛心以實下」，或「棄置萬事，勿以經懷，沉聽內視，藏心于淵，恬淡消遙，歸於自然，使神安志適，骨肉都融」，才會有助於身體之氣的恢復。但雖司馬光認為精神之修煉會對身體產生影響，可是此種心／身影響模式不會像孟子「踐形」論那般，認為精神之力量能強大到直接產生「睟面盎背」之身體改變的結果。與孟子這種「踐形」型態的身體觀相比較，由於孟學預設著身體是消極偏差的根源所在，所以當在結構上表現出精神與身體，大體與小體的對立時，在工夫上就傾向於刻苦身體或削弱身體，認為以此可以達到精神的突破。但司馬光這種身體觀卻對身體的潛質有著某種信心，所以並不把身體當作是道德修養的絆腳石，反而視為與精神互助互成的重要因素。精神心志若不努力鍛鍊，外在的行為也不可能均合於「中」，即合於身體潛在的最佳規律，進而實現身體的最佳狀態。反之，若是能夠在身體上確實合於正常的規律，則人的道德修養才會是真實的。要成就精神，就必須成就身體，反過來說，要成就身體，也必須先從精神下手。所以這種身體觀下的工夫論，不可能出現外在行為放浪形骸，驚世駭俗卻宣稱自己悟得天理的狀況，但其終極境界中的身體，也不可能是充滿神秘主義色彩、形體「生色」的身體。

由於司馬光這種型態的身體觀並不主張精神與身體的對立，反而認為二者的保養是互相關聯，不可偏廢的。因此其在工夫論的實踐上便呈現出一種對身體之保養與調節的態度，反對任何想要透過外於日用常事之範圍的特殊方法來對身體進行鍛鍊或削弱以達到精神超脫的工夫。而司馬光所謂的飲食起居等日用常事的標準，也就是其工夫的實際內容與實際標準，其實就是儒家傳統的禮教傳統。他在〈答范景仁書中〉與范鎮討論養生治病之道，面對范鎮所認真信奉的《黃帝內經素問》等對症下藥的醫書，他以儒家「禮樂」來回應：

> 人之所為不得其中，然後病襲焉。……是以聖人制動作禮義威儀之則，所以教民不離於中，不離於中，所以定命也，能者則養其中以享福，不能者則敗其中以取禍，是皆在己，非在他也。……人無禮則失中，失中則棄命矣。……彼素問病原之說雖佳，恐漫汗支離，不若此道之為明且約也。〔註125〕

如前文所述，他認為疾病的根源來自於人之行為的「失中」，而行為要能不失

〔註125〕《傳家集》卷六十二，頁 753。

中，就必須遵循聖人所制定的「動作禮義威儀之則」。在禮之根源的詮釋上，司馬光依循傳統解釋，歸之於聖人，不同的是強調了聖人對於「中和之道」的體悟：

> 昔者聖人造次而動，不爽於和，縱心所欲，不失其中。施之於身，則有餘矣；將以教天下，垂後世則未能也。是故調六律、五聲……使當時及後世之人，……聽其樂則洋洋乎其心和，常若聖人之在其上。循其禮則肅肅其體正，常若聖人之處其旁。是以大夫……朝夕出入起居未嘗不在禮樂之間，以收其放心，檢其慢志，此禮樂之所以爲用也。〔註126〕

由聖人對「中和之道」的保證，所以「禮樂」就代表著一套「中和之道」的絕對標準，使人在「朝夕出入起居」之中都能「收其放心，檢其慢志」，每時每刻在心性與行爲上均能不失其中。司馬光認爲在日常生活中對這套儒家傳統禮法規矩的實踐，就能代替對症下藥的醫學，可知「禮」的意義在其眼中早已不只是原始維持社會秩序的功能而已，更是直接與身體的保養有了要命的關聯了，而這種對身體的安頓更與精神的安頓、道德的修養息息相關。因此他指出：

> 夫樂之用，不過於和，禮之用，不過於順，二者非徒宜於治民，乃兼所以養生也。……致樂以和其內，致禮以順其外，內和則疾疢不生，外順則災患不至。疾疢不生則樂，災患不至則安，既樂且安，志氣平泰，精神清明，暢乎四支，浹乎百體。〔註127〕

在這樣的養生思想中，道德修養與身體養生的兩個層次是互相滲透的，由外在禮樂對內在精神與外在身體的調節順欲，使身體得到適當的保養，又能反過來反映在精神層次上，使人「志氣平泰，精神清明」，這種精神的超脫最後又會回饋到身體上，達到「暢乎四支，浹乎百體」的養生效果，精神與身體在禮樂的調節下，產生了良性的循環。可以想見，司馬光的工夫論與其養生理論是一體之兩面。因此，司馬光的工夫論呈現出一重視身體之保養的特色，此與前述荀學之身體觀和工夫論，實爲一貫。

朱曉海在〈荀學的一個側面——「氣」——的初步摹寫〉一文中指出：

> 氣的本質既是流動不居的，一但壅滯，就會出現種種病徵，……因

〔註126〕《傳家集》卷六十二，頁 754。
〔註127〕《傳家集》卷六十二，頁 755。

> 此人需要一方面使體內血氣運轉自如，一方面使身體內外氣常交
> 流，才能長壽養形。採用的方式除了一般的呼吸、水穀「以充虛繼
> 器強股肱」外，有人認爲最好還能從事些較技術性的導引吐納、熊
> 經鳥申，服食些特殊的草石。關於前者，荀子當然不會有異議，但
> 對於後者，則不盡以爲然——就食物而言，他認爲只要處理得法，
> 芻豢稻梁或蔬食菜羹同樣可以養氣，否則，再珍怪的東西也未必益
> 人。〔註128〕

這與前述司馬光對於飲食和養生的看法，幾乎可說是如出一轍。在這種身體
觀的影響之下，司馬光的工夫論以遵禮而行爲主，但這背後的思維是欲遵照
聖人以人之自然欲望調節爲出發點所制定的理則來實行，以期能夠對身心都
能有最好的保養照顧。因此這種身體觀下的工夫論，多半主張對身體的調節
與保養，而不欲爲了要達到更高超的精神境界而超越人倫日用的常態，作出
犧牲身體或扭曲身體，違反禮法的怪異舉動。但荀學這類強調在日常生活中
實踐的身體觀，在日後儒學工夫論的發展中，如本節第一大點所述，由於其
不如孟學工夫論那般醒目，所以往往是思想史上較難被注意到的一塊。因此，
司馬光這種在荀學理路下所呈現出來的工夫論，其意義就在於它發展了以荀
學身體觀爲基礎之工夫論，呈現出此種工夫論在宋代理學結構下的可能面貌。

三、對佛道工夫論的批評

　　司馬光在修養工夫上主張對身體採取以保養爲主的工夫態度，強調在
日用常事上依禮而行便能達成道德修養目標，亦即達到修身的目的。但「禮」
基本上是儒學中　個很傳統的理論，何以司馬光還需要大力向他的朋友推
薦呢？此應是因當時佛道工夫論已流行於士人之中，而儒學工夫論還在建
構當中的緣故。所以就算「以禮修身」其實並非新穎的概念，也仍須司馬
光以從《中庸》中所得到的新詮釋，即用「中和」、「氣」等概念來解釋其
思想基礎，才能重新建立工夫論的完整架構，好與當時流行的佛道工夫論
對話〔註129〕。但雖然同樣是基於對《中庸》之理解所建立的工夫論，其卻

〔註128〕 朱曉海：〈荀學的一個側面——「氣」——的初步摹寫〉，引自楊儒賓編：《中
　　　　　國古代思想中的氣論及身體觀》（臺北：巨流，1993），頁 457。

〔註129〕 《中庸》成爲經典的歷程本即與佛道教的興起有極大的關聯，從梁武帝開始，
　　　　　《中庸》的初期重要詮釋者如李翱、周敦頤等人，均多少與佛道教有關聯（參
　　　　　見楊儒賓：《中庸》、《大學》變成經典的歷程：從性命之書的觀點立論），《中
　　　　　國經典詮釋傳統（二）：儒學篇》，臺北：喜瑪拉雅基金會，2002，頁 113～

呈現了一與二程「觀喜怒哀樂未發前氣象」、「主靜」等工夫截然不同的工夫論。此應是因司馬光特殊的荀學理路，使其思想對佛道的容攝程度與二程等同時代理學家有極大的差距所致，以下試簡單分析司馬光對佛道思想的態度。

　　司馬光對道家思想絕非全無了解，從他對《老子》、《易》的詮釋中，均可知其對道家思想有所涉獵，但這些詮釋也正好顯示出其與道家思想間的差距。司馬光的《道德眞經論》可作爲中國詮釋學史上「寄言出義」的又一例證，呈現出一以儒解道的詮釋，如：

> 凡事有形跡者，必不可齊。不齊則爭，爭則亂，亂則窮，故聖人不貴。〔註130〕
>
> 賢之不可不尚，人皆知之。至其末流之蔽，則爭名而長亂，故老子矯之，欲人尚其實，不尚其名也。（釋「不尚賢，使民不爭」）〔註131〕
>
> 爲之使至於無爲。（釋「爲無爲，則無不治矣」）〔註132〕
>
> 聖智所以利民也，至其末流之蔽，乃或假聖智以害民，故老子矯之云爾。……聖智、仁義、巧利，皆古之善道也，由後世徒用之以爲文飾，而內誠不足，故令三者皆著於名而喪其實。（釋「絕聖棄智，民利百倍」）〔註133〕

這樣的詮釋自然不是《老子》本義，而是儒家「尚賢」、「重有」、「聖智仁義」思想的流露；以「有」會爭亂而窮來解釋老子何以不貴「有」，明顯是其荀學性格的閃現。

　　比起道家思想，司馬光對佛教思想更加排斥，即使勉強接受，也是以一儒家本位來試圖尋找其通同之處。〈諭若訥〉：

> 熙寧六年冬，光在洛陽，有衢州僧若訥袖書來見……光謝之曰：「光儒者，素不習釋氏之書，將何以發明上人之學？……夫安淨，德之美者也。既曰安矣，則於物宜無求。既曰淨矣，則物不得而閒之。……

<hr>

157。）司馬光是史載宋代早期有《中庸》詮釋專著的儒者（見《四庫全書總目》），其《中庸》詮釋在理學力抗佛道影響，試圖建立儒學自主性的歷史中，應佔有一席之地。

〔註130〕《道德眞經論（二）》，頁353。

〔註131〕《道德眞經論（三）》，頁354。

〔註132〕《道德眞經論（三）》，頁354。

〔註133〕《道德眞經論（十八）》，頁357。

　　上人既能知先帝之大恩，當謹存聖言而力行之，……經藏奚爲哉？

〔註134〕

司馬光因皇帝賞識此僧，不得已才寫下此文相贈，但由他以心對物欲的屏除來理解佛教所強調之「安淨」境界，可知其只接受佛教工夫中與儒家工夫通同的部分，而且認爲儒家思想的「聖言」即已夠人實踐，不需佛教來教導。

　　在同時期寫給另一僧人的書信中，司馬光的排佛立場更爲強烈：

　　乃知佛書之要，盡於空一字而已。……然則釋老之道，皆宜爲憂患之用乎？世稱韓文公不喜佛，常排之。余觀其〈與孟尙書書〉論大顚云：「能以理自勝，不爲事物侵亂。」……今之學佛者，自言得佛心，作佛事，然皆不免侵亂於事物，則其人果何如哉？〔註135〕

此明顯指出其對佛道思想最深切的批判，佛道思想本應使人能勝過外物，但現實中的學佛者，往往只是去做一些異於日常事務的「佛事」，並非眞能勝物，自然無法爲「憂患之用」。對司馬光來說，眞正的「空」、「無」絕非與世隔絕或異於常人的行爲，《迂書・老釋》：

　　或問老釋有取乎？迂叟曰：有。或曰：何取？曰：釋取其空，老取其無爲自然，捨是無取也。或曰：空則人不爲善，無爲則人不可治，奈何？曰：非謂其然也。空取其無利欲之心，善則死而不朽，非空矣。無爲取其因任，治則一日萬幾，有爲矣。〔註136〕

由上可知「空」是指對利欲的屏除，而「無爲」則指不要對事物之自然規律強加什麼改變，因此空無工夫對司馬光來說，就是使人能因順日用常道，不要有過多的欲求來打擾人對此一常道的實踐。《法言集註》：「鄒衍抑淫侈以歸節儉，莊周矯浮躁以返眞靜，其言合於天地人之常道者，所謂德也，否則皆過言也。〔註137〕」佛道工夫中那些外於日常事務之實踐，正是重視外王實踐、荀學色彩極重的司馬光對其最無法接受的地方。因此，不管是佛道教的吃素、服丹藥、打坐，或是當時已有儒者在實踐的靜坐，都會是司馬光所反對的工夫。

　　由此來看司馬光在〈答韓秉國書〉中對佛道工夫論的批評，便可更清晰地對照出其工夫論的特點：

〔註134〕《傳家集》卷六十七，頁838。
〔註135〕〈書心經後贈紹鑒〉，《傳家集》卷六十七，頁837。熙寧五年作。
〔註136〕《傳家集》卷七十四，頁913。
〔註137〕《法言集註》，頁696-302。

> 凡曰虛、曰靜、曰定云者，如《大學》與荀卿之言，則得中而近道
> 矣。如佛老之言，則失中而遠道矣。光所以不好佛老者，正謂其不
> 得中道，可言而不可行故也。借使有人，真能獨居宴坐，秉物棄事
> 以求虛無寂滅，心如死灰，形如槁木，及有物欻然來感之，必未免
> 出應之，則其喜怒哀樂，未必皆能中節也。曷若治心養氣，專以中
> 為事，動作語默，飲食起居，未始不在乎中，則物雖輻湊橫至，一
> 以中待之，無有不中節者矣。〔註138〕

對司馬光來說，佛老那種以「靜坐」求精神悟道的工夫，就算在身體「秉物
棄事」的狀態下可以「虛無寂滅」，但是一旦之後遇到事情，卻又不能保證所
引發的反應都能夠中節，因此這是可言不可行的。真正的工夫應是在日常生
活的「動作語默，飲食起居」中去「專以中為事」，保證這一切都於「中」起
念，過程中也全都用「中」的道理去應對衡量，這樣才能保證所有的事情都
能中節適度。

　　上述這種在實際現實的種種關係中，時時惦念提醒自己謹慎於「中」的
工夫，應該就是司馬光「以中為念〔註139〕」之工夫的實際面貌。韓秉國即韓
維（韓持國），其事蹟可見於《宋元學案‧范呂諸儒學案》中，他與二程從學
來往密切，司馬光在給他的信末了曾向他呼籲：

> 竊聞秉國平日好習靜，光不勝區區，願秉國試將習靜之心，以為習
> 中之心，動靜語默，飲食起居，皆在於中，勿須臾離也。久而觀其
> 所得所失，孰多孰少，則秉國必自得之矣，豈待光之煩言哉？〔註140〕

由此可知韓維平日所習的應就是像周敦頤、二程等人所提倡的靜坐工夫
〔註141〕，可見當時這種採納佛道工夫的儒家工夫已經在士人階級中有相
當的影響力。相較之下，司馬光的思想近於荀學理路，本就較趨於保守的
傳統色彩，對於正在建構中的新興宋代理學來說，不管是面對佛道教高深
精微之工夫論的挑戰，或是周張二程一系之靜坐工夫論，在結構上都顯得
不夠精妙，過於平實無新意，因此也就比較沒有吸引力。

　　這種狀況還可由二程對司馬光的批評側面得知，司馬光的時代約略早於
二程，算是二程在政治上的前輩，他曾推薦程頤作官，二程與之常有來往，

〔註138〕《傳家集》卷六十二，頁767。
〔註139〕見下文二程對司馬光工夫的描述。
〔註140〕《傳家集》卷六十二，頁768。
〔註141〕參考楊儒賓：〈宋儒的靜坐說〉，頁39～86。

也對其道德修養相當推崇〔註142〕。但二程對於司馬光的思想多有不滿，尤其常針對司馬光的工夫論而發，甚至覺得司馬光的工夫論比佛學還要差：

> 今日卓然不爲此學者，惟范景仁與君實爾。然其所執，理有出於禪學之下者。一日作身主不得，爲人驅過去裏。〔註143〕

> 君實嘗患思慮紛亂，有時中夜而作，達旦不寐，可謂良自苦。人都來多少血氣，若此，則幾何不攧殘以盡也。其後告人曰：「近得一術，常以中爲念。」則又是爲中所亂。中又何形，如何念得他。只是於名言之中揀得一個好字，與其爲中所亂，卻不如與一串數珠，及與他數珠，他又不受。殊不知中之無益於治心，不如數珠之愈也。夜以安身，睡則合眼，不知苦苦思量箇甚，只是不與心爲主，三更常有人喚習也。〔註144〕

二程雖也排佛，但是卻對於同樣反對佛學的范鎭〔註145〕、司馬光不以爲然，覺得他們所持守的工夫，無法在自己身上作主宰，只能跟著人隨波逐流，連佛學工夫都比不上。甚至還進一步描述了司馬光曾經因爲思慮繁多，苦於失眠，後來卻告訴別人自己找到了「以中爲念」作爲解決的方法，但在二程眼中，這反而是「爲中所亂」，要人一直想著「中」，「中」不過只是一個好的字眼，根本沒有實形，要怎麼一直在心上想呢？一直努力苦苦思考著「中」，這樣子根本無益於睡眠，還不如拿佛珠數數，放空腦袋不要思考。二程所言之「一日作身主不得」與「不與心爲主」，正道出了司馬光與二程的差異所在，這或許正是在以二程朱子爲主流的宋代理學大潮流下，司馬光這套工夫論不被顯明的原因。但這並不表示它就是一個比較差的工夫論，其只是呈現了另一種看待身體的思考模式。

　　司馬光這種工夫論型態在儒家思想中實未絕跡，在思想史上仍可找到一些亦是強調在人倫日用、飲食起居之間進行工夫修養的例子。例如清代的自然氣本論大師戴震，其工夫論亦強調在人倫日用之間來實踐：

〔註142〕《河南程氏遺書》：「某接人多矣，不雜者三人：張子厚、邵堯夫、司馬君實。」，引自《二程集》，頁21。

〔註143〕《河南程氏遺書》，頁25。此處引的是二先生語，見前後文應是程顥所言，不過基本上二程對於司馬光的評論應是相當一致的，因此此處沒有多加區別。

〔註144〕《河南程氏遺書》，頁25～26。

〔註145〕范鎭即范景仁，爲司馬光好友，《傳家集》中有許多與其討論「中和」、「禮」的書信。

> 有生以後，則有相生養之道，亦如氣化之不可已。經傳中或言天道，
> 或言人道。天道，氣化流行，生生不息是也。人道，以生以養，行
> 之乎君臣、父子、夫婦、昆弟、朋友之交是也。凡人倫日用，無非
> 血氣心知之自然，故曰「率性之謂道。」〔註146〕

這種對人倫日用之常事的直接肯定，正也暗含了一種對於身體的信任，並且在工夫上對身體採取保養與調節的態度，而非對身體的否定。清代思想對明代王學末流在實踐上的流弊，本有一定的反動動機，自然氣本論的出現，或許也與心學在孟學身體觀下過度忽略身體有關。這影響了這時代學者對身體觀的選擇，導致他們選擇一較能維持正常生活狀態，避免流於瘋癲的儒家工夫論。因此，從工夫論型態亦可證明，司馬光與自然氣本論確實同屬於荀學身體觀這一脈絡的發展，司馬光思想是明清自然氣本論在北宋的先聲。

第三節　以禮爲日常生活的實踐與綱領

一、禮的來源

司馬光的身體觀與工夫論屬於荀學一路的發展，重視在日用常事之中來修養身心，簡言之，便是「以禮修身」，因此，禮成了司馬光哲學中最重要的實踐綱領。從本體、心性到工夫，其全幅哲學的建構與功用能否在現實生活中眞實實現的關鍵，全繫於禮。司馬光由此表現了他對人文世界的創造、對歷史經驗的累積、以及對群體行爲的信任、肯定與依賴，這種哲學性格，不但延續了荀學的發展，也預告了日後明清自然氣本論的可能樣態。本節擬從司馬光對禮之來源和功用的主張，來探討禮在其哲學中的關鍵地位。

從司馬光的本體論可知，宇宙一切均是潛藏脈絡之氣的開展與完成，宇宙間的種種分寸、秩序、理路、規律均由氣而來，人文的秩序即是氣中潛藏之脈絡的發展。《法言集註》：「天常即禮樂也〔註147〕」、「則象天地以爲人紀〔註148〕」，《太玄集注》：

> 君子之立法度，非取諸心也，乃觀象于天以垂範於世，故曰「天示
> 象，垂其范」。《易》曰：「天垂象，聖人則之」。〔註149〕

〔註146〕戴震：《中庸補注》，引自《戴震全書》第二冊（安徽：黃山書社，1995），頁51。
〔註147〕《法言集註》，頁696-292。
〔註148〕《法言集註》，頁696-301。
〔註149〕《太玄集注・度・次六》，頁109。

可知禮並非是人隨意偶然下的創造物，而是根據天地自然之規律而制定的，因此，禮是氣之規律在人間的實化，氣為禮形上的根據。其次，由於氣並非現成即在的價值實體，其可發展出價值的脈絡是潛藏、待發展的，必須要在時間的發展與人的主動認取、經歷，辨識權衡中才能被逐漸實現出來。因此，禮要能成形，亦同樣需要人在時間中的主動配合，人和時間，正是禮能成形於世的兩大要素。這兩大要素從司馬光對禮之來源的解釋來看，與禮之成形有關的「人」與「時間」正可分為兩組來論：一為在過去的歷史中積澱禮之創造成果的聖人，另一則是在當下的時間發展中繼續開創禮之新發展的君子。此二者合起來，正是司馬光對禮之來源的完整主張。

　　荀子將禮的來源歸向聖人的人為造作，司馬光亦同持此論。《法言集註》釋「聖人存神索至，成天下之大順，致天下之大利，和同天人之際，使之而無間者也」為：

> 大順，謂上下各安其分；大利，謂萬物各得其所。天者不為而自成，
> 人者為之然後成。而同其際，使之無間隙，皆聖人神心之所為也。
> 〔註150〕

自然秩序能不為而自成，人文世界的秩序井然卻是需要聖人「為之然後成」的，萬物彼此間的互動若不經過聖人的主動創造與規範，是無法自然而然地與自然秩序無違的。聖人這樣的創造成果就是禮，上文所述聖人「神心之所為」，這指明禮正是聖人實踐窮理盡性之心性工夫的成果。

　　聖人制禮的動機首先是來自於對生存的要求，《易說・履》：

> 履者何？人之所履也。人之所履者何？禮之謂也。人有禮則生，無
> 禮則死。其曰：辨上下，定民志者何？夫民生有欲，喜進務得而不
> 可厭者也，不以禮節之，則貪淫侈溢而無窮也，是故先王作為禮以
> 治之，使尊卑有等，長幼有倫，內外有別，親疏有序，然後上下各
> 安其分而無覬覦之心，此先王制世御民之方也。〔註151〕

禮對人的生存有絕對的影響力，是因為禮能合理調解、滿足來自於人性自然的欲望，使個體不能無限制地發展其欲望而排擠到他人的基本生存需求，使每個人的基本需求都能得到滿足，讓人們能以團體的形式共同和諧地生存下去。這表示聖人認為人是無法脫離團體而生存的，此一對團體的重視，來自

〔註150〕《法言集註》，頁 696-297。
〔註151〕《易說・履》，頁 52。

於聖人對人性先天的不完美（弱性善觀）與現實差異性的體悟，換言之，團體最能使個人保持在一與自然秩序相和的狀態而存活下來，司馬光在《孝經指解》中說：

> 夫人之所以能勝物者，以其眾也。所以眾者，聖人以禮養之也。……
> 人之情莫不愛其親，愛之篤者，莫若父子。故聖人因天之性，順人之情而利導之。教父以慈，教子以孝，使幼者得長，老者得養，死者得藏。是以民不夭折棄捐而咸遂其生，日以蕃息而莫能傷。不然民無爪牙羽毛以自衛，其殄滅也，必為物先矣。〔註152〕

如果人沒有團體的相互制衡與幫助，那麼就無法勝物，也就無法生存了。所以聖人「因天之性，順人之情」去誘導人實行道德，使人能組成團體生存下來，因此禮來自於聖人對團體秩序的體悟，而此一秩序實根植於人性。

其次，聖人制禮除了要節制、調適個人欲望，更重要的是使個人內在的精神、情感在團體中找到與他人適當交流的方法，使其能在團體脈絡中得到自我定位與安頓。這需要聖人在團體中，在人與人的交流中不斷權衡、修正，累積經驗後，才能找到最適當的理路。《易說》：

> 亨者，嘉之會也，嘉會足以合禮。君明臣思，父慈子孝，兄友弟恭，
> 夫義婦順，上下皆美，際會交通，然後成禮。〔註153〕

由此可知，禮讓人的情感能進行最適當合宜的交流，使兩方均能合情。因此，禮建立在一種兩方情感行為均合宜的交流之上，這種合宜平衡的情感脈絡構成了禮。因此，聖人的制禮工作，即是在對萬事萬物的權衡體會中，找出此一能讓人之情感得到最適當安頓的法則。

按司馬光的哲學，人以氣為本，團體中的秩序是本於人性，為了滿足人性而來的，因此，此一秩序即是氣之潛藏價值脈絡的實現，而禮即是氣之脈絡在人間的實化。但禮需要透過聖人主動對此一氣中之理的觀察、思索、判斷、權衡後，才能被制定於世，且聖人的這種創造禮的行為，必須在形下世界的實際體驗中才能實現。換言之，在這樣的理路中，禮雖有形上的根據，並非全來自一兩人的主觀意識；但其亦非現成即有（譬如有一理體可悟，一悟即能全知所有禮的規律），或為天所主動賜予（譬如基督教的十誡），其必須透過人在實際世界中一點一滴的經歷累積，才能慢慢成形（沒有現成的理體，必須在時間發

〔註152〕《古文孝經指解》，頁182～101。
〔註153〕《易說·乾·文言》，頁11。

展中去發展脈絡）。沒有人的創造，就沒有禮，因此，禮純然是一種人文精神的展現，是人對自然秩序的調適，利用與創造的文化成果〔註154〕。

　　司馬光這種將禮的來源歸於聖人的理路，在思想史上與荀學一脈相承，但過去學界往往認為荀子將價值歸依於聖人所制之禮，但又同時承認聖人與凡人之性相同，因此荀子的道德根源是旁落的、無根的〔註155〕。這樣的疑問從司馬光的哲學看來，必須要回歸到其對聖人的解釋。司馬光雖亦承認聖人之性與凡人相同〔註156〕，但從其人性論來看，其對人性的先天性與差異性的重視，使其能在這樣的前提下承認有些人確實天生擁有超過一般人的創造能力，而這樣的人就有機會見人所未見，其創造就能讓人起而跟從：

　　《太玄集注》：「昏晦之世，有明德者將之，眾之所從。如夜得燭，眾之所遵行也。〔註157〕」

　　《易說》：「賾者，精微之極致，人莫之見，聖人必有以見之，立形于無形而為卦。〔註158〕」

　　《法言集註》：「聖人以聰明深美之德，繼成上天之功，測知神靈之理，首出羣類，立之法度，以為萬事之常道。〔註159〕」

因此司馬光所謂的聖人，是指先天能力勝過一般人，又能後天加以鍛鍊，在現實中運用此一能力來促進團體生存的人。這樣的人，在每個時代的群體中都自然多少有一兩位，其出類拔萃的創造能力能超越個人的欲望，看到整體的利益。《易說》：「然則聖人其有私乎？曰：有。聖人之私大，眾人之私小。

〔註154〕禮的創造行為亦是人與禽獸最大的分別。《太玄集注・交・次五》：「鸚鵡能言，不離飛鳥；猩猩能言，不離禽獸。……交不以禮，而求榮耀，安可得哉？」，頁37～38。

〔註155〕勞思光《新編中國哲學史》（台北：三民，2001）：「……故聖人與常人之性無分別，唯聖人能『化性起偽』……性由何而得化？偽由何而能起？」（頁321）、「但荀子徒以『偽』（『人為』之意）釋『善』，而不能說明『性惡』之人何以能有『人為之善』，亦不能說明師法何由立，禮義何由生，遂伏下荀子理論之致命因子。」（頁319）、「今荀子所論之價值根源，既不歸於『心』，又不歸於非人格化之『天』；……荀子價值論之唯一出路，乃祇有將價值根源歸於某一權威主宰。」（頁324～325）、「就禮義生自一『在上之權威』而論，則禮義皆成為外在，所謂價值亦只能是權威規範下之價值矣。」（頁326）

〔註156〕《法言集註》：「聖人與人皆人也，形性無殊，何為不可跂及？」，見第三章第二節。

〔註157〕《太玄集注・晦・次七》，頁143。

〔註158〕《易說・繫辭上（六）》，頁222。

〔註159〕《法言集註》，頁696-313。

聖人者，以天下爲私者也。〔註160〕」正指出聖人雖與凡人之性相同，但由於其能力上的差別，使其在體悟、創造道德價值的能力上能高於凡人。

要強調的是，一、聖人制禮的能力並非先天現成，還是需要經過後天工夫的鍛鍊與在現實的摸索、實踐、權衡後，才能制禮（實踐先於禮文）。《易說》：「聖人謀之于人，謀之于鬼，以考失得，故舉無不當。能如是者，百姓與之。〔註161〕」〈答范景仁書〉：「昔者聖人造次而動，不爽於和，縱心所欲，不失其中。施之於身，則有餘矣。將以教天下，垂後世，……。〔註162〕」由上可知，禮是聖人在現實中親身體驗後，所萃取出的菁華。

二、聖人不是完人，其能力雖高於一般人，但其才性仍先天有所偏重，所以所謂制禮的「聖人」並非單獨的個人，而是一團體的「聖人」，且聖人制禮並非一時一刻，而是經過歷史的累積與淘選的。禮是一群聖人在歷史中前仆後繼的實踐「窮理盡性」之工夫後，所累積下來的成果。《易說》：「聖人窮理盡性以至于命，欲立有于無，統眾于寡，故設卦以觀萬物之象。〔註163〕」、《法言集註》：「聖人事業皆在制禮作樂之中也。〔註164〕」當每個聖人都竭力盡己之性來制禮，禮就不斷被創造出來，許多聖人的創造在歷史中被綜合起來，截長補短，就能顯現出一完整的價值理路與傾向，使禮文越趨完備。《易說》釋「易之興也，其於中古乎？」爲「易更三聖，然後能極深」、「有憂患則慮事深〔註165〕」此意指《易》是經過三代的共同創作而來的人文結果，是三代累積下來的共同思慮。有憂患才能慮事深，思慮來自於外在環境的刺激與外在經驗的影響，這表示《易》與禮這樣的人文規則來自於聖人社會性經驗的累積與心智的創造。這樣的創造一面需要傳承，所以人需要學習、承繼前人的歷史經驗，一面需要主觀地體驗外界，綜合創造才能將禮不斷的生發出來。這很明顯與荀學成性的理路相和，而與復性理路相遠。

禮經過團體聖人的制作與歷史的淘選，即能作爲司馬光哲學中價值的歸依。此種對團體與歷史之淘選的信任，即是對作爲弱性本體之氣的信任，因爲其雖然沒有一強而有力，立即發用的價值標準可馬上判斷，但那些不符合

〔註160〕《易說·同人》，頁64。
〔註161〕《易說·繫辭下（九）》，頁282。
〔註162〕《傳家集》卷六十二，頁754。
〔註163〕《易說·繫辭上（二）》，頁209。
〔註164〕《法言集註》，頁696-321。
〔註165〕《易說·繫辭下（六）》，頁273。

氣之運行規律的規則會被慢慢淘汰而不存留，真正符合氣之規律的創造就會
被人群所自然的留下。這種慢慢篩選的過程，就是文化累積的過程。禮作為
人文成果的累積，以此作為日用之常道，作為人遵循之路，事實上是對人類
文明的一種依賴與放心，一種對人類理性之創造的肯定，價值不需非得歸根
於某一永存現成的理體，或宗教神的天啓才行。司馬光對禮之來源的理解，
實表現了儒學中，荀學理路對人文精神的一貫重視。

　　禮雖有歷經歷史與團體之篩選淬煉，可作為價值依歸的永恆一面，但禮
絕非只是歷史沉積物而已，因為禮永遠不會真正的完成（氣之潛藏脈絡的實
化工作不會停止），其尚有不斷在時間中變動、修正、創新的一面。《易說》
釋「天行健，君子以自強不息」為「反復道也，君子進德修業，反復以求先
王之道而力行之。〔註166〕」強調君子遵從、傳承前代經驗的必要性。但君子
對先王禮教的力行，並非死守其表面的制度，而是要在此一實踐中不斷透過
自我和外在環境的權衡溝通，讓作為文化累積的禮，能隨時制宜，不斷保持
在一被時代與環境淘選與刺激的狀態裡。司馬光對此多有強調：

> 器械舟車宮室，皆聖人因物之性，制而用之，推而行之。苟或識聖
> 人之心，則禮雖先王未之有，可以義起也，故曰「由己」。〔註167〕
>
> 水舟陸車，理之常也。如履雖新，必施於足，冠雖敝，必冠於首。
> 然湯、武達節，應天順人，君臣易位，其道當然，則不得不變也。
> 〔註168〕
>
> 言雖幽深遠大，而不可考驗於今者，所謂無稽之言也。〔註169〕
>
> 聖人守道不守法，故能通變。〔註170〕

君子對聖人之禮的傳承，不重在外在的禮制，而重在其內在制禮精神的傳承。
因此，禮並非是某一固定不變的標準，而是一需要不斷與不同的時代、情境、
人物等變因互相辨證的動態過程。在司馬光的認知裡，傳承與變革是同樣重
要，缺一不可的，《法言集註》：

> 前人所為，是則因之，否則變之，無常道。……故因而能革，天道
> 乃得，革而能固，天下乃馴。夫物不因不生，不革不成。故知因而

〔註166〕《易說・乾・用九》，頁10。
〔註167〕《法言集註》，頁696-292。
〔註168〕《太玄集注・更・次六》，頁60。
〔註169〕《法言集註》，頁696-299。
〔註170〕《易說・繫辭下（二）》，頁257。

> 不知革，物失其則；知革而不知因，物失其均。革之匪時，物失其
> 基，因之匪理，物喪其紀。因革乎！因革，國家之矩範也，矩範之
> 動，成敗之效也。〔註171〕

司馬光對因革這兩面的同等重視，正表現出其對禮之來源的完整理解，禮來自於前人在歷史中的經驗與今人在當下的創造。禮若只是守舊不變，遲早會失去彈性而無法作為萬物的守則，必須要一直存在於一與現實權衡的情境下，才能維持其作為價值依歸的地位。但若禮沒有傳承前人成果，那麼這樣的權衡可能就有流於單純取一中間點或妥協點之「中庸」的危險（俗語所謂的「中庸」，有平庸或取兩端硬作平均，不辨是非，隨波逐流之意）。因此，真正的權衡應是要不斷思索如何讓新事物、新情境能夠從被歷史所淘選過，作為既有標準的「禮」中去比對、找出其與世代相傳的「理」相符之所在，盡可能讓事物的實行能貼近、符合這一價值，這才是司馬光所強調的「中庸」之真意。《太玄集注》：

> 君子屈身而伸道者也，故曰「詘其節，執其術」。君子外雖遜順，而
> 內主正直，執是道也，與之共沒其身而不變者也。〔註172〕

> 君子守正堅剛不可奪也。〔註173〕

君子雖然在實踐上有時會因順環境而有所權衡委屈，但這並不表示中無定見，其內在自有堅守著的終極價值，承自被歷史所自然淘選過的聖人創造成果。代代聖人君子對前人文化的傳承堅守與當下的窮理盡性創造，正是使禮能亙古彌新，作為代代共同價值依歸的關鍵。

二、禮的具體實踐及其功用

前述禮來自於人對氣之潛藏脈絡的體會與實化，且此一制禮過程必須在現實生活中才能進行。在現實生活中，人必須以團體形式方能存活，因此禮最初被制定的動機，便來自於聖人對此一事實的領會，所以聖人是以人性為出發點，以團體生活為目標來制定禮的。由此可知，禮的主要功能，就是維繫團體的秩序。對荀學來說，最大之惡即是對團體秩序的破壞，而團體秩序的被破壞多來自於個體欲望的不知節制。《荀子・禮論》中將禮歸因於人因欲

〔註171〕《法言集註》，頁 696-293。
〔註172〕《太玄集注・窽・次七》，頁 40。
〔註173〕《太玄集注・毅・次二》，頁 62。

而爭，爭則亂，亂則窮的說法〔註174〕，在司馬光哲學中亦不斷被強調，這種論述背後潛藏著此一理路之哲學對資源之有限的強烈感受。

這種對資源之有限感可追溯至此一哲學背後的世界觀，其以潛藏發展脈絡之氣為本體，氣自有一聚散循環的正常規律，但若有事物破壞此一規律的運行，氣沒有可以馬上對其糾正的強大力量，只能透過聚散機制使其慢慢恢復到正軌上。在這種弱性本體的影響下，人強烈的感受到天與人的雙重有限感，人無力改變天，天亦無力救助人。因此，人對資源的感受也傾向一種有限感，由氣所組成的宇宙本應有能讓萬物均生存下去的夠用資源，但若萬物不遵行氣之規律而行，過份的爭奪、使用資源，那麼資源自然會因為失中而導致消亡的結果。這種消亡，是沒有任何外力可挽救的，因為天與人均無力去改變此一規律，如果把資源用完了，那麼滅亡是一必然的結果，是無可挽救的。因此，人必須要意識到資源有限的嚴重性，努力去遵行按此規律所制定的禮，主動去合理分配資源，才能避免此種無可挽回的危機出現。這一危機感，與荀學合中有分的天人關係極為密切，由於天的有限，所以人必須主動去介入資源分配的過程，不能任其隨意，甚至要主動促進萬物的生長運行。《易說》釋「備物致用，立成器以為天下利，莫大乎聖人」為「備物致用，蕃育萬物以為人用；立成器以為天下利，謂法度也。〔註175〕」這與荀子「制天」之說實為同一理路。因此，禮的功用由資源有限這一角度來看，其重在能同時維繫萬物與人之生命。從此亦可推論，禮基於這樣的功用，便不可能有違人身體之正常生理需求，其應用在人身上，必是以保養照顧為大原則的，這與本章第二節的論述是相互呼應的。

這種對資源之有限感的強烈感受，使司馬光特別強調節用的概念，其思想中對聚斂、奢侈的強烈指責應來自於此一理念的延伸。《太玄集注》：

賦斂不妄，生之有時，用之有節，故六畜繁衍，蠶桑饒美也。〔註176〕

君子賦斂薄而有常，不稱貸於民，故利用安人正國。〔註177〕

〔註174〕《荀子‧禮論》：「禮起於何也？曰：人生而有欲，欲而不得，則不能無求。求而無度量分界，則不能不爭；爭則亂，亂則窮。」，頁369。
〔註175〕《易說‧繫辭上（十一）》，頁245。
〔註176〕《太玄集注‧斂‧次五》，頁73。
〔註177〕《太玄集注‧斂‧初一》，頁72。

> 小人貪於聚斂，喜見小利，漸而入於匪正，非所以爲光美者也。
> 〔註178〕

這可能正導致了司馬光與王安石在實際政治主張上的不同偏重，王安石在經濟上的開源主張與司馬光正好針鋒相對，這樣的爭論或許亦與二者哲學理念上的差距有關。

在團體組成的初期，其動機主要是爲了資源的合理分配，但當團體的組成到了一更爲複雜的階段，資源就不再只限於物質性的資源，還必須包含精神性的資源的分配與安頓。團體中的互動已不只限於資源的共享關係，還包含了共同分擔種種勞務與義務的關係，因爲人與人的關係已從單純的血緣（家）延伸至非血緣間的關係（國），組成了種種複雜的社會網絡。爲了維持這複雜的社會秩序，禮發展出所謂的階級、位份等社會制度。《太玄集注》：「君子制禮，使貴賤有序，差若魚鱗。執此道而大施之於天下，天下莫不治也。〔註179〕」禮之所以能使天下大治，是因其使貴賤有序，此即指禮制定位份的這一功能而言。

位份的制定，首先是規定了人在各種社會位置中應該盡的責任與限制。《易說》釋「其稱名也，雜而不越」爲「雜而不越，雜舉事物以名其卦，而皆有倫理，不相逾越。〔註180〕」每一名份所相應的義務與權力，合理分配了此一團體中的所有資源與義務，如果任一團體成員隨便逾越或改變，其自然就會造成團體秩序的混亂。《法言集註》：

> 禮主上下之體也。〔註181〕
>
> 自天子至於庶人，上下相承，如身使臂，臂使指。〔註182〕
>
> 天子爲四方之綱，諸侯爲一國之綱，大夫、士、各紀其職，亂何自生？〔註183〕

《太玄集注》：

> 男代女事則家凶，君奪臣職則國亂，明事各有常也。〔註184〕

〔註178〕《太玄集注・斂・次二》，頁72～73。
〔註179〕《太玄集注・禮・次六》，頁101。
〔註180〕《易說・繫辭下（五）》，頁271。
〔註181〕《法言集註》，頁696-308。
〔註182〕《法言集註》，頁696-322。
〔註183〕《法言集註》，頁696-322。
〔註184〕《太玄集注・事・次四》，頁58。

司馬光以身體爲喻，說明禮對階級位份的維繫之功，逾禮則亂的道理。其次，禮除了合理分配團體中的資源與每一成員的義務外，從個人的角度來看，其透過名份的制定，統一了團體成員彼此間的行爲模式，使人與人間有共同的默契，避免人際之間的衝突或混亂，進而維護整個團體秩序的運作。因此，人與他人的交流必須遵守禮對其位份的規定，不能逾禮，否則就會破壞秩序。《易說・比》：

> 外比者何？棄親而從疏也。棄親而從疏者，非親賢而從上，則不可
> 也。親賢而從上者，苟不出乎正，猶不免乎凶也。〔註185〕

人與無血緣關係之外人的相處有一定的行爲模式，其關係不應比親人更親。若硬要違反此一模式，疏遠親人而親近外人，那麼就可能會帶來破壞秩序的危險。

由上可知，位份的制定實來自於人情之自然，其爲每一團體成員在種種複雜的情理關係中找到一最符合人性化公平的行爲模式。《法言集註》：

> 人好生悲死，苦貧樂富，重貴輕賤，乃其常情，聖人因之以設勸沮，
> 立政教。若信然齊等，則聖人號令典謨，徒囂囂然煩言耳。〔註186〕

由此可知，荀學對階級、位份的強調與合理化，其實是來自於對自然人情的體貼。《孝經指解》：「此皆民自有之情，非聖人強之。〔註187〕」這些位份的制定，是爲了安頓個人在團體中的情感，使其能適當滿足此一出自情感的需求，在行爲上能放心，不違犯到他人與團體的整體利益。

承上所述，禮爲了要達到維繫團體秩序的目的，就必須讓個人能穩固的被安頓在團體秩序中，使個人不但不違團體利益，更能積極促進團體的發展。換言之，禮對個人的最大功用，就是能讓個人透過禮的內化而成爲「團體人」或「社會人」，使個人的種種生活舉止能被禮所完全構成與支配，自然而然，不勉強地就能凡事合於禮。當個人行爲爲禮所完全內化，其一面能絕對有益於團體，另一面則可使個人在團體中得到最適當的安頓與發展。此種「團體人」、「社會人」之境界，亦即荀學工夫論中所謂身修的境界。由此角度來看，禮在工夫論中所扮演的角色，即爲工夫實踐在現實生活中的具體實施內容、項目與準則，任何本章所論之工夫論的要素、精神都必須在日常行禮中來實

〔註185〕《易說・比・六四》，頁48。
〔註186〕《法言集註》，頁 696-346。
〔註187〕《孝經指解》，頁 182-100。

踐，捨此無工夫可言。例如前述正心、執一應萬等心性工夫，其具體的實踐方法均是行禮：

> 《潛虛‧行圖‧得》：「以禮制心，成湯之德，漢高入關，弗狗貨色。〔註188〕」

> 〈答范景仁書〉：「是以大夫無故不撤簨簴，士無故不撤琴瑟，朝夕出入起居，未嘗不在禮樂之間，以收其放心，檢其慢志，此禮樂之所以爲用也。〔註189〕」

讓心去欲，止於一的工夫，均是在日常行禮之間來實踐的，君子能以禮制心，使心執禮應萬，亦即等於前述的正心執一的工夫。對重視團體、外王性格強烈的司馬光來說，沒有能脫離日常實踐的純粹形上心性的工夫，用團體動機強烈的禮來作爲修身的準則與內容，此正表達了其正心爲平天下的外王精神，這是前文一再強調的。

從司馬光的身體觀來看，禮本立基於使生命存活、對身體保養的動機上，因此其認爲以禮修身正是最好的養生方法，不接納任何在禮之外的養生工夫或學說。這種工夫的具體實行內容，就是要在日常生活的一切大小事上，均以禮來衡量、管理，約束，讓自己的所有行爲均能盡量合乎禮。《法言集註》：「動則度其事之可否，事則度於禮，爲是爲非。〔註190〕」即是此意。要使身體完全合禮，一開始通常必須勉強或強迫自己去遵從禮。《法言集註》：「人皆苦禮之拘，難以彊之。……以其難，故彊使遵之。〔註191〕」這種對行禮之困難處的體認，與荀學對人性之惡的承認有關。由於人性中有惡，因此行禮在某層意義上來講，會讓人經歷到與自己某部分天性逆反或衝突的痛苦。《法言集註》：「人或性安於禮，或自彊以從禮，及其成名，一也。〔註192〕」按司馬光人性論中對人性差異性的主張，每個人行禮的困難度會因其性之不同而有所差異，但不管是天性安之或勉強行之，其最後境界是一樣的，均是爲禮所完全內化的狀態。

當人爲禮所完全內化，其就脫離勉強行禮的階段，天性中與禮衝突的部分被修正或削除，身體的一舉一動就能完全是禮的展現，達到能縱心所欲而

〔註188〕《潛虛》，頁26。
〔註189〕《傳家集》卷六十二，頁754。
〔註190〕《法言集註》，頁696-350。
〔註191〕《法言集註》，頁696-318。
〔註192〕《法言集註》，頁696-319。

不逾禮的自在境界。《法言集註》釋「周之士也貴」爲「閑於禮義故可貴。〔註193〕」;「聖人縱心所欲,皆合於道,不可殫盡,言深遠也。〔註194〕」均指此種爲禮所完全內化,優游自得的境界。人之行爲所以能自然不逾禮,是因其內在意識已完全爲禮所內化,《太玄集注》:「外貌之恭,必貫之以誠,然後善也。〔註195〕」外在的禮儀行爲必須出自內在行禮的誠意,才能算是眞正的行禮。但在實際的工夫實踐中,司馬光認爲人能從外在行爲的勉強修煉中來「內推至誠」,《易說・乾・文言》:

> 修辭立其誠,所以居業也。君子外修言辭,內推至誠,內外相應,
>
> 令無不行,事業所以日新也。〔註196〕

君子外修言辭,內在就能以至誠推之,其工夫就能內外相應。過去解釋「修辭立其誠」大多重在講內在之誠,但司馬光以內外相應來解釋,實際上是提升了外在行爲那部分鍛鍊的重要性。心中之誠需要外在之言辭來相應,若無外在之言辭,心中的誠亦無可證明,所以君子必須重視外在行爲的修煉。《法言集註》:「服儒衣,讀儒書,經時不輟,斯亦儒矣。〔註197〕」亦同樣指出人外在行爲之勉強修煉,對其內在心性之改造的功效。當人能以禮來約束自身的行爲,便能由外向內漸漸使其內在意識爲禮所完全滲透,這樣的內在精神表現在行爲上,均能不違禮,便可直接創造出新的禮文。《太玄集注》:

> 君子德義可尊,作事可法,容止可觀,進退可度,以臨其民,……
>
> 言以禮自約束,周旋無缺也。〔註198〕

君子的身體成了禮的展演場,能直接爲萬民的表率,使民能知禮法並遵行,整個團體的秩序就能被維繫,達到外王的目的。

另外,這種以禮修身之工夫的目的,實是爲了團體秩序之維繫而來的,團體之外自然無工夫可言。而家是團體的最基礎單位,亦是其他社會團體的基礎,因此行禮的基本單位並非是單獨的個人,而是家。個人的修身場域必須首先在家中開展,然後才能層層遞進至國與天下的實踐,家禮中即已隱含了天下之禮,家齊才能國治,因此家禮的實踐極爲關鍵:

〔註193〕《法言集註》,頁 696-318。
〔註194〕《法言集註》,頁 696-317。
〔註195〕《太玄集注・禮・次二》,頁 100。
〔註196〕《易說・乾・文言》,頁 13～14。
〔註197〕《法言集註》,頁 696-348。
〔註198〕《太玄集注・周・次四》,頁 8。

《易説・家人》：「家者，治之至小者也，然有嚴君之道焉。嚴，恭也，知事親則知事君矣。〔註199〕」

《孝經指解》：「禮者，所以治天下之法也。閨門之內，其治至狹，然而治天下之法舉在是矣。〔註200〕」

《孝經指解》：「長幼者言乎其家，上下者言乎其國。能使家之長幼順，則知所以治國之上下矣。〔註201〕」

對家禮的重視，亦會使「孝」這一德目被重視，《孝經指解》：

將明孝而先言禮者，明禮孝同術而異名。〔註202〕

人之修德必始於孝，而後仁義生。先王之教亦始於孝，而後禮樂興。〔註203〕

從「禮孝同術」、「修德始於孝」的主張可知，孝之所以被重視，是因其能維繫家之秩序，而家之秩序正是一切團體秩序的基礎。司馬光著有專論家禮的《家範》與詮釋古文《孝經》的《孝經指解》，其對家禮、孝的重視，亦是一承自荀學理路而來的重要工夫論特色。

小　結

　　司馬光的全套身心實踐工夫，呈現了一團體、外王色彩極重的工夫論，此種工夫實踐源於其本體論與心性論的荀學理路。由於其以一潛藏價值脈絡之氣為本體，這種弱性本體無法直接發用為價值，價值必須在現實的時間發展中，在個人與外在的來往中才能確立，因此其工夫實踐基本上是無法抽離團體而論的。也因此其心性工夫強調要以「虛壹而靜」來正心，使心能持守中庸之道（禮）來與外在環境權衡，在有限的人生中窮理盡性，判斷創造出新的道德價值，以有益於團體外王的實踐。從由心到身的修身角度來看，司馬光的工夫論表現出一以保養為重的身體觀，其「治心養氣」的養生工夫表現了荀學以對治、調適、保養身體為重的工夫，強調了修身工夫必須在日常生活的實踐中來進行，不能脫離日用常事而行。而日常生活的實踐內容就是

〔註199〕《易説・家人》，頁135。
〔註200〕《古文孝經指解》，頁182-99。
〔註201〕《古文孝經指解》，頁182-98。
〔註202〕《古文孝經指解》，頁182-97。
〔註203〕《古文孝經指解》，頁182-90。

禮，禮是人為了維繫團體秩序而進行的個人工夫實踐之成果（正心為平天下），是眾多人生實踐的長期累積（窮理盡性以至於命），其制禮的原則是要體貼安頓人的心身（保養的身體觀）。個人只要依禮而行，就能確保自己工夫實踐方向的正確，從個人角度來看，其能使個人身心得到最好的發展與安頓；從團體角度來看，其必能不破壞團體秩序，必能有益於團體的發展。由此可知，司馬光的工夫論，無論從哪一角度去論述，均流露出一重外王實踐與團體生活的思想性格。廣義來說，這種重社會性的思想，正是荀學的重要特色之一。

　　荀學這種重社會性之思想的發展，令人不禁想到由儒轉法的韓非，咸信其確實受過荀子這種思想的影響。從荀學的理路來看，荀學對法的態度是較孟學正面的，例如司馬光認為「居上祿以施其法，能紀綱天下，示人正光之道者也。〔註204〕」、「天之成物，必資於秋，君之馭臣，必資於法。〔註205〕」，法的存在是合理的，也是必須的。由於荀學對於維繫團體之秩序重於一切其他的價值，因此對於能以強制力去使人行禮的法，其態度是正面支持的。因此，對於讓法有強制力的「刑賞」，荀學主張應要善加利用。《易說・履・九五》：

> 夬者何？決也。履者何？人之所履也。人之所履有得有失，為人君者決而正之，得則有賞，失則有罰。勸賞畏刑，然後人莫敢不慎其履，而天下國家可得而治也。〔註206〕

按司馬光「人之所履者何？禮之謂也。……禮者，人所履之常也。〔註207〕」可知，法能使人不能不慎於行禮，使天下國家的秩序更為穩固，此點對荀學來說是極為正面的。這種對法的接受，亦是由於荀學對人性之惡有所體認，認為必須要強加管制或改造才能壓抑人之惡的發展（如前述行禮初期的勉強性），所以對於「刑」這種強制外力之存在，較孟學能接受。

　　但荀學後學是否因此而傾向法家之發展？這是有可能的，可是從人性論與工夫論來看，荀學與法家絕對還是有本質上的差異。荀學雖然體認到人性中會受欲望、利益左右的「惡」的部分，但其依然認為人性能發展出不受利害左右，能自主進行道德判斷的「善」的可能性。司馬光《太玄集注》：「君

〔註204〕《太玄集注・法・次六》，頁84。
〔註205〕《太玄集注・中・次七》，頁7。
〔註206〕《易說・履・九五》，頁54。
〔註207〕《易說・履》，頁52。

子率性自從於善，不待攻治也。〔註208〕」、「君子修德，而人自從之，鳴而求
之，不足善也。〔註209〕」均肯定人有對善的主動嚮往與欽慕。但法家基本上
認爲人性全受欲望與利害的控制，所以主張要完全以法來管理、誘導、規正
人群，以維持社會的正常秩序。這樣的差距是因爲法家比荀學更深刻體認到
人性之惡，對人性之善更沒有信心，所以傾向更具強制力的社會規範手段。
但荀學基本上希望能透過禮對人性中潛藏之善的誘導，能「盡性」，將善發展
出來，讓人不需只受到外在強制力的規範才能被規正，而能被此一規範內化，
達到從心所欲不踰矩的境界。《法言集註》：

> 禮樂可以安固萬世，所用者大；刑名可以輸劫一時，所用者小。其
> 自然之道則同，其爲姦正則異矣。〔註210〕

> 人在牢獄之中，不得動搖，因謂之多禮，不知其已陷危辱之地，不
> 若不入牢獄之爲善也。劍雖可以衛身，不若以道自防，不至於用劍
> 之爲善也。〔註211〕

因法刑等外在要求而行禮絕非終極的目標，自發性行禮才是。法只是暫時的
手段，是爲了讓人爲禮所內化、主動行禮的方法，禮才是其工夫論的根本。
司馬光對禮與法的主張，正可清楚應證荀學這樣的理路發展與法家的不同之
處。

　　由上可知，荀學與法家的最大差異處即在於荀學對人性性善的承認，此
應亦是儒家與法家最大的不同處。但在儒家陣營中，孟學與荀學的最大差異
處，又正好在於荀學對人性性惡的承認。孟學基於人內在之善的信任，主張
德治，對法刑的看法偏向消極。而荀學則持中，認爲必須德刑並重，這是因
其對人內在之善雖亦信任，但其信任有限，因此需要有外力適當的勉強，才
能將此善性導引出來。司馬光在《太玄集注》中說：

> 天有殺生，國有德刑，其道相逆，不可偏任，必以中和調適其間，
> 然後陰陽正而治道通也。〔註212〕

這種德刑並重的思想，在儒家思想史上，咸信應均與荀學這類型理路有所關
聯。

〔註208〕《太玄集注‧從‧次三》，頁43。
〔註209〕《太玄集注‧從‧次四》，頁43。
〔註210〕《法言集註》，頁696-295。
〔註211〕《法言集註》，頁696-280。
〔註212〕《太玄集注‧戾‧次八》，頁17。

第五章　結論：司馬光哲學的定位——
荀學與自然氣本論的綰結關鍵

第一節　作爲荀學典範的司馬光哲學

　　過去對於荀子哲學中本體論、心性論、工夫論等核心思想之研究，由於缺乏與後代哲學對話的空間，以致於無法像孟子研究那樣，透過對作爲孟學之延伸、轉化、發展的宋明理學的研究，反過來對其基本哲學理路有深入的釐清與粹煉。這使荀子哲學的研究大多只能限於對其先秦文本與語境的詮釋，未能充分的從整個學術流變的發展脈絡中，探討其基本理路對儒學與中國思想的影響。過去有些思想史研究認爲荀子後學主要轉至法家與黃老，這樣的理解反過來影響了其對荀子基本哲學理路的詮釋，甚至基於此點而將荀學斥爲儒家中的異端，將其趕出正統儒學思想的範疇中〔註1〕。因此儒學史中只見孟學一系的發展，荀學曾在儒家思想中的影響與貢獻彷彿不存。

　　由此角度來看，司馬光哲學之荀學性格的確立，對荀子哲學的研究與儒學史、思想史的研究來說，不啻打開了一可以重新詮釋儒家哲學與中國思想史的窗口。司馬光哲學確實表現了荀學在後代發展的可能樣態，其處於程朱理學成形前夕，漢學宋學典範交接之際，以荀學理路來承接理學時代的來臨，

〔註1〕　勞思光《新編中國哲學史》：「就荀子之學未能順孟子之路以擴大重德哲學而言，是爲儒學之歧途。而尤應注意者是此一學說之歸宿。荀子倡性惡而言師法，盤旋衝突，終墮入權威主義，遂生法家，大悖儒學之義。學者觀見此處之大脈絡，則益可知荀學之爲歧途，固無可置疑者。」，頁316。

表現出一「理學化」的荀子哲學。這使我們能一窺荀學在中國思想史中，與孟學一樣在歷經玄學、道佛思想之挑戰後，在理學氛圍與新時代需求中有所延伸轉化的可能模樣，豐富了我們對儒學史與理學成形過程的認識。從荀學的研究來說，司馬光的時代上承漢唐，下接宋明，因此其哲學一面豐富的呈現了從先秦、漢、唐一路以來荀學理路的種種發展樣態〔註2〕，加上其尚未受尊孟抑荀風氣的壓抑，思想的展現更爲自由，更能無顧忌的與荀子哲學密切相連〔註3〕，這對於釐清荀子哲學的基本核心理路極有幫助。另一面，司馬光哲學亦有助於分辨宋明清理學中可能的荀學表現與發展脈絡，因爲在荀子時代尚未具體成型的本體、心性、工夫論之哲學架構，在司馬光的時代中都正趨向成熟，其哲學正可補上某些荀子時代尚未能言明的部分，指出荀學理路未來在儒家哲學中的發展方向。

　　由於司馬光哲學在荀學史上的特殊地位，因此，我們可以以司馬光哲學爲基礎，提煉、結晶出幾個可作爲荀學典範的基本特徵與發展線索，在和孟學的對照下，提供我們去重新辨識、歸類思想史中隱而未顯之荀學思想的標準。

一、以氣爲本體的弱性本體與合中有分的天人關係

　　司馬光的哲學以「氣」爲本體，整個宇宙就是氣的開展與完成。氣作爲宇宙本原，其性質爲一素樸自然、蘊含種種可開展爲萬物秩序之脈絡的渾沌元氣。當氣在時間中漸漸開展，透過聚散的機制（以中爲原則），便會自然地在運行中呈現出某些規律，這些規律即氣中潛藏理路的實現，亦是司馬光哲學的價值來源。這種價值需在後天發展中漸漸實現的「氣」本體，與孟學那種價值先天神聖飽滿、永恆存在、能存有又活動的「理」本體相比，其作用是較爲緩慢、隱藏的，甚至是較爲「無力」的。因此，與孟學的本體相較之下，這種氣本體可說是一種價值有限（待後天發展實現，先天力量有限）的「弱性」本體。

〔註2〕例如天人關係中，司馬光同時呈現天人有分與天人感應的兩種看似矛盾的觀點，從荀學理路的發展來看可知，此並不矛盾，只是同一理路的兩種不同發展而已。因此司馬光哲學同時涵括了荀學在先秦與漢代的兩種發展樣貌。詳見本文第二章第三節。

〔註3〕例如司馬光引用荀子「虛壹而靜」的概念來詮釋《中庸》，這樣的引用在後來程朱理學尊孟抑荀的風氣下，是不可能出現的。詳見本文第四章第一節第二大點。

　　從荀學的角度來看，雖在先秦時本體論尚未顯題化，尚無法如此明確的表達，但荀子哲學中，其宇宙的基礎組成成分亦是氣，且此氣應亦是一素樸自然、未有明確價值意涵的氣〔註4〕。由其性惡論等強調價值來自後天培養的理路性格來看，此種價值本體先天有限、待後天發展的理路，實源起於荀子。這種有限價值的弱性本體，若以理學詞彙來表達，即所謂的「理在氣中」。理非氣之外的任何實存理體，而僅僅就是氣之「中」，氣的最適當運行條理就是其價值所在。因此，理需要在氣的後天運行中才能被呈現，離開氣在現實中的運行，就無理可言，而這正是明清自然氣本論的重要觀點。司馬光這種以氣為本、價值有限的弱性本體論，使氣本論與荀學有了直接的關聯，此正是荀學本體論的共同特徵。

　　由這樣的弱性本體，可合理推知荀子天人關係何以呈現合中有分型態的原因。因為天與人均以氣為本，共享一共同的氣之規律，所以天與人均無法逃脫、違背或主動控制此一規律，只能因順之。所以從人的感受來看，天與人的力量都是有限的，天沒有自主意識可以違背規律來予人禍福；人也沒有辦法透過拜神行為來扭轉或控制此一規律。天人共同在同一規律下，這就是荀子天人關係中的「合」；但天有天事，人有人事，無法互相干涉或改變彼此規律，這就是「分」。由於天不能違抗規律，所以人不應過於求天，只要求因順此一規律就好。但人只要能掌握這規律，就能反過來知道如何利用它。因此荀學強調「知天」而非「求天」；人可「用天」、「制天」，而非受制於天。

　　這種天人的雙重有限感，與前述那種作用緩慢、看似無為的弱性本體之理論性格極有關聯。這種在天人之間的強烈有限感，使人在面對規律時，會承認有人所未能易知的隱微層次（人的理智有其限度）。所以這一規律按人的感受來看，有「常」與「變」兩層次可論，前者是人容易知道的常道，後者是不容易知道的，奧秘的規律，如命運。前者在現實生活中的呈現即為禮法，後者則為儒家傳統的占卜機制。在荀學的發展中，按人對「變」的主張可分為兩種發展方向，一種是人只要因順常道即可，不需對變道過分企求（不需求天）。另一是人可以主動去求知此一規律的隱微處（變），由於此一規律具體展現於天，所以要求知天。前者表現在思想上，即「盡人事聽天命」或「修道以俟命」；後者則由於主張要適當求知隱微規律以更好地對其因順，所以日

〔註4〕段宜廷：《荀子、董仲舒、戴震氣論研究》（政大中文系碩士論文，2007），頁20～27。

後發展出重視災異的「天人感應」論。表面上這兩種思想對天的態度一被動一主動，似乎不可能同爲荀學，但事實上由其理論中共同透露出來的強烈天人有限感，可知其實與孟學天人合一，天人均無限的思維不同。司馬光兼具「修道以俟命」與「天人感應」兩面的天人關係，證明了董仲舒與荀子的關聯，此種因弱性本體而來的天人關係，實爲荀學的重要特色。

　　荀學這樣的天人關係矛盾，實際上一直存於中國政治與種種民間習俗上，與孟學天人合一的理論相比，或許反而更是一般中國人對天人關係的普遍理解。中國人畏天敬天，但儒家並沒有因此發展出像西方那種強烈人格神色彩的宗教信仰。因爲雖然天一定有人所未能全知的地方，但天大體來說，也只是規律的代表而已，只要人行正道，就不需懼天。但中國人也並未能全像孟學天人合一那般自信，只相信自身內在的天理就已足夠，相反的，占卜與重視災異的行爲在儒家文化中實際上是一直存在的，並未被禁止。占卜行爲中所透露出來的，對自身能力的有限感，正是荀學已內化至一般中國人之思想內蘊的證據。如果說，中國哲學爲「天人合一」，西方哲學爲「天人二分」，那麼由上可知，過去對荀學那種天人二分的誤解應被合理的修正，荀學的「分」並未超出中國哲學天人合一的範疇，是合中有分的。中國哲學中並沒有那種要求天人絕對二分的思想，但中國哲學也未必全部都是天命下貫於人式的天人合一，否則我們無法解釋何以儒家能容許種種的占卜、敬神的行爲。因此，荀學這種合中有分的天人關係，應與孟學並列爲儒家天人合一的兩種主要類型，而孟荀之所以會有這樣的分殊，應是來自於其本體性格的不同。關於這兩種天人關係的比較，茲列表說明如下：

儒家天人合一的兩種類型

	孟　學	荀　學
合一的方式	天命（天理）下貫爲人性	天與人組成素質相同（氣），共處於同一規律下（氣的規律）
對天人的感受	**天爲無限，人本來亦無限，受後天蒙蔽才爲有限**	天與人都不能違背基於共同素質而來的大規律，天與人均爲有限
終極境界	人因與天合一而成爲（恢復）無限	人能完全認識並自然順應天與人共享的規律，不勉強
超越人現實之有限的方法	用天的無限來超越人在現實中的有限（相信自己本來是無限的，	承認天人均有限，因此不需承擔過於自己力量的那部份（只要負責做好人能作到的事），以此超越

	有限只是暫時的狀態） 相信天是無限的存在，而人身上有與無限的天能共通的東西，能恢復其狀態就能達到與天一樣無限的境界，超脫原本有限的狀態	（修道以俟命） 因天也是有限的，人不能透過天達到無限，但人可以在認識天人共享的規律後（主動透過天的提示認識；此爲天人感應的來源），自己努力改進作到完全順應不違，與規律完全同一的地步
本體型態	**神聖飽滿的價值本體** 終極無限的存在	**非完美，有限的弱性本體** 在時間中慢慢依潛在脈絡自然發展出價值
工夫型態	**復性＼由體認到體現** 努力去體會自己本來就是這規律的一部分	**成性＼由認識到實行再到內化** 努力去認識這規律，然後努力合於此一規律 直到自己能朝向潛在規律凝定自己（習與性成；積善成性）

理路發展	理本論	心本論	荀子	董仲舒	自然氣本論
	理一分殊 人透過格物致知來認識宇宙萬物共享的天理，好悟得自己身上本有的天理，以此達到天人合一的境界，超越己身的有限	**心即理** 人心即天理本就與天合一，人只要向內求索，悟得此一真理，就能發揮本身的良知，即可超越己身的有限，達到無限	**天人有分** 天有天事，人有人事，天不因人而改，人必須主動知天制天，對天有所參。當人了解天到一個地步，就能隨心所欲不違天（積善成德而神明自得）	**天人感應** 人若違反規律，天會出現警示。天人的合一是因爲天人同類，因同由元氣所組成。人必須主動注意在同一規律中之天的反應，以此改進自己的行爲	**理在氣中** 人與天均由氣所組成。人與天均處於氣的規律之下，不能違逆。人對於此一規律了解到一個境界，就可以隨心所欲不違天，讓自己規律化

二、性善惡混論與性惡論

司馬光的本體論揭示其道德價值必須在後天的發展中才能實現，其人性論對善惡來源的理解，亦呼應了此一有限價值本體的哲學立場。司馬光對性的定義爲人的本始材質，並無先天的價值意涵，也就是在性尚未在現實中開展前，其基本上是無善惡可言的。他承自揚雄性善惡混的說法，認爲性非全善也非全惡，而是同時有發展出善與惡的因子。善惡的比例，每個人有先天

上的差別，因此先天有聖人、小人、中人之分。雖然性有先天上的差別，但在經過後天的引導後，每個人都有揚善去惡的可能；相反的，人若不經過後天的引導，則就算是聖人亦有成為惡人的可能。這種人性論中的善，並非來自於性當中現成完美理體的發用，而是需要後天輔助引導，在時間發展中才能實現的善。但這種人性論中的惡，若沒有後天的壓抑或轉化，那麼人就會自然順從惡去發展。由此角度來看，性善惡混論中的善只是一種待後天實現的潛藏脈絡，因此其與孟學的性善論不同，可說是一種「弱性善觀」。這種人性論中的惡，其在未經後天引導前，其發展的可能性是明顯大於善的。荀子的性惡論雖然未明言人有善，但同樣指出人在經後天改造可以為善，但若無後天引導則必導向惡，因此認為性是惡的，但實際上，其與揚雄、司馬光這種性善惡混論的理路是一致的。

由上可知，對惡之先天能力的承認與善需後天引導的主張，是此類型人性論的特點，思想史上承認性中有惡的思想，應大多是屬於弱性善觀這一理路的。另外，由於此類型人性論沒有一統一完美的理體作為性之實體，因此其對於人先天的個別性、現實差異性、有限性大多有高度的承認。認為人各有性、人各有命，其工夫境界是各自成性，而非回復共同的本性。這樣的理路可以解釋何以主張性善惡混論的思想家大多也有性三品論的主張，雖然有些性三品論會從現實的角度來立論，認為有後天無法移易的善人惡人，但無論如何，只要其主張人性中有惡，就等於承認本體的非完美，就仍在此類型哲學的理路中。由於重後天的引導，此型哲學也多重學。

在這種弱性善觀人性論中，善無法自己直接由內在心性確證，需外在的配合或引導，才能實現性中的潛藏之善，而此一實現的關鍵就在於心。心的性質與性一樣，並沒有現成價值意涵，但其有創造價值的能力。過去對荀學的心多以認知心來概括，但其能力除了認知外，還包括了判斷、權衡與溝通，可以讓人在對外在事物的接觸、來往中思索、開展出價值。此型哲學的道德價值來自於人內在心性與外在團體權衡的結果，因此其在實踐上非常重視團體。

荀學這樣的心性論，其價值來源雖不同於孟學，但其立論完備，並無自我矛盾，是一可與孟學並列的儒家心性論類型，茲將此二者心性論之重點綜合比較，列表如下：

儒家心性論的兩種類型

	孟　學	荀　學
性的定義	人身上據以與禽獸分別的最大特點(仁義、良知、惻隱之心等……)	人出生即有的所有可供發展的材質（包括血氣心知、欲、情、才等）
性之善惡屬性	性善（性本爲善） 發展前與發展後均是善（善的品質是永恆的，不受時間或發展與否影響）	性惡或性善惡混（性中有惡有善，惡≧善） 未發展前中性（無善惡可謂），發展後若無師法禮義等外力輔助則會流於惡 （善惡的多寡或比例先天就已不同，而且還會隨時間發展而改變）
對現實中人性之差異的看法	人普遍爲善，但因後天影響，善性能發展的空間不同，所以有善有惡，但只要回復本性就齊一了（對差異性並不擔心）	人普遍有善有惡，但每個人比例不同 善多惡少（幾近無惡）爲聖人，惡多善少爲惡人（幾近無善），其餘爲中人，可善亦可惡，看後天發展 （承認人先天在素質上有等差）
善之來源	性被完全發展出來（回復性最初的狀態） （善來自性）	性經過後天師法禮義的引導改造，將其原本蘊藏的善之可能發展出來（完成性本蘊藏之可能性） （善來自性，但要壓抑惡才能實現）
惡之來源	性沒有被發展出來 被外在的物所牽引而使情慾失控 （惡來自於外）	性若沒有經過好的引導改造，就會照著性中惡之可能去發展爲惡 （惡來自於性，因無外界壓抑惡）
工夫路徑	**復性** （對本性之力量的絕對信任）	**成性** （本性只是潛藏發展可能，需要後天幫助才可能將好的發展出來，將壞的壓抑下去）
心的性質	完美的天理在人身上的發動關鍵（心即理／心能通至、發動作爲性的天理）	認識、感應外界與自我思考、抉擇、立志的關鍵（認知道德與知識，以此決定行動方向）
心與道德價值之創造	心中有完美理體作爲潛伏的力量，只要喚醒（回復）即可直接成立道德	心能認識外物並從中理解、創造、發展出物當中潛存的適當理序，在團體中彼此權衡後，共同確立道德的定義、內容、形式

心的工夫	格物致知、致良知（求喚醒自身心中的天理）	虛壹而靜（讓心澄靜使心能發揮最好的感應與思考、認識的能力以接近最可能的價值）
學習方式	自我內省、反思、頓悟	閱讀經典、拜師求問、漸修、遵禮而行
思想史上的發展	孟子性善論、宋明理學（理本論、心本論）	荀子性惡論、董仲舒性善惡混論、揚雄性善惡混論、韓愈性三品論、杜牧性惡論、司馬光善惡混論、明清自然氣本論（以氣論性）等

三、保養爲重的身體觀與以禮爲實踐的工夫論

從荀學心性論來看司馬光的工夫論，首先，由於道德創造之關鍵是心，因此其心性工夫首重在要讓心能發揮正常的功能，才能順利將價值在現實的開展中實現出來，此即「正心」的工夫，是其工夫論的基礎。其次，因爲心必須在團體中才能確立價值，因此其工夫必須在團體的實踐中來進行才有意義。所以此理路非常強調要「就著外王來內聖」，這與孟學的「內聖即外王」正好形成對比。第三，由於其人性論極重視人性的現實差異性與有限性，因此人生的任務重在能盡力發揮自己先天之性中的種種資質，此即「窮理盡性」。雖然每個人的性先天能發展的方向都不同，但只要能發揮到極致，其境界是一樣的。人只要負責使自己的性有所「成」，其餘的命運際遇問題，就不需內咎或以此來證明自己的工夫修養成果了，此即「待命」的工夫，這與前述之合中有分的天人關係是一脈相承的。

從荀學的本體論與身體觀來看司馬光的工夫論，首先，由於弱性本體並非一強而有力，可作爲道德直接來源的終極理體，而是一需要在發展中漸漸讓價值脈絡實現出來的本體，所以在修身工夫的型態中，修身不是復性，是成性。修身工夫並非是要戰勝生理的身體好讓本性回復，而是要從對身體的安頓與保養中讓其性能漸漸被完成。因此，荀學的身體觀是一以保養爲重的身體觀，這與孟學的身體觀形成了明顯的對比。在孟學中，「養氣」指的是要使有絕對價值的浩然之氣能發用出來，爲此目的，生理的身體是可以犧牲的。但在荀學的「治氣」工夫中，氣是要對治修整的對象，而非要超越以回復另一更高理體的對象。因爲宇宙中並沒有價值純粹、浩然有力的精氣存在，所有的價值都蘊含在自然的氣當中，這樣的氣組成了身體，因此，只有在正常

的安頓修治身體的過程中，才能找到真正的價值所在。所以司馬光反對任何會違背日常生活正常運作的工夫，這包含了當時日漸盛行的佛道工夫，這樣的工夫主張，使其與後來受佛道工夫影響極深的理學走向了不同的道路。

　　能使身體被正常安頓的日常生活規則，就是由聖人所製作的禮。因此，禮為司馬光工夫論的具體實踐工夫，以禮為工夫，是荀學工夫論的最大特色。禮是為了能讓團體共同生存下去而製作的，因此此一工夫論有極強烈的外王性格。所有的修身都要以禮為標準，而修身的目的並非先為了個人精神的超脫，而是先為了要促進團體的共同利益，其終極境界為個人完全為禮所構成，能從心所欲不踰矩。由於要維繫團體的秩序，首先就必須節制個人欲望，避免資源浪費，因此荀學多強調節用。而團體的最小單位首先是家，家為一切團體規律的基礎，因此對家禮、孝的重視，亦是荀學工夫論的特色。另外，認為法刑能使團體秩序更有效的被維繫，所以荀學對法刑的態度是與德並重的，其日後開出法家是合理的。但荀學並非法家，其不同點在於荀學仍以禮的內化為目標，而非全求以外在規律來控制人。以上種種荀學工夫論的特點，在與孟學比較下，更能清楚感受其實為儒家中不同於孟學的一種工夫論類型，茲列表整理如下：

儒家工夫論的兩種類型

	孟　學	荀　學
心的工夫	格物致知、致良知（求喚醒自身心中的天理）	虛壹而靜（讓心澄靜使心能發揮最好的感應與思考、認識的能力）
致知的方式	知言（天理發動，瞬間完成認識）	格物窮理（慢慢認識後歸納）
由心到身的工夫	**盡心養氣**（使心／氣能浩然）	治氣養心（治氣／心即是養心／氣）
身體觀	心氣化的身體	禮義的身體
對生理身體的態度	需超越之以求為超越理體所充滿的，精神化的身體	以禮來適當調適保養，直到其完全為禮所充滿構成
個人修身工夫的終極境界	**踐形，睟面盎背**　精神改變了身體，彰顯在身體的外在表顯上	從心所欲不踰矩　身體能完全服於禮義的規約，沒有勉強
實踐方式	靜坐、禁睡、節制飲食、苦修（可犧牲身體，用異於日常生活的方式來求得精神之頓悟）	以禮修身；在日常生活中修養（必須在日常生活的實踐中來使人漸漸為禮所內化）

內聖與外王的關係	內聖即外王 （個人內聖一達成，外王事業亦可順理成章達到，故要先內聖再外王。行內聖即等於同時行外王，外王成果需要受內聖的檢驗）	就著外王來內聖 （要在外王的實踐中來進行內聖工夫，捨外王無內聖可言。內聖若無益於外王，非真正的內聖。內聖成果需有外王實踐的證明）
對法的態度	重德治，對人內在之德有絕對的信心，對法刑的看法消極（視為不得已的手段）。	德刑並重，對人內在之德信心有限，內在之德的培養需要有外力適度的勉強。視法刑為合理的存在。
思想史上的影響	例如宋明理學與心學中，對佛道教等宗教性工夫的接納，此脈思想之宗教性與神秘主義色彩大多強烈。是能與釋道並列為儒教的思想。	除了法家以外，儒家中強調以禮為工夫的思想流派，多重視實學（包含小學、史學、禮學等），如司馬光、陳亮、葉適等〔註5〕，明清自然氣本論者亦多有實學上的實踐，戴震即是最好例證。

　　由司馬光哲學的研究，我們可以得知一荀學更清晰的輪廓，可以以此和孟學後學作一清楚對比，這是司馬光哲學對荀學的重要意義之所在。在上述孟荀之本體論、天人關係、心性論、工夫論的比較中，我們可以清楚辨明此二者思想上的差距，以及其後學可能會出現的重要特徵，釐清儒家思想中的兩種哲學典範。

儒家思想中的兩種哲學典範

	孟　學	荀　學
本體本原	無限價值的本體、神聖完美的價值理體（包含有此一性質的「理」、「心」、「氣」）	有限價值的本體（弱性本體）、潛藏發展脈絡的氣（自然元氣），價值必須在後天的發展中才能漸漸實現。
天人關係	天命（天理）下貫於人，天人合一。人恢復與天命（天理）合一的本性，即可達到與天合一的境界，進而超越現實中的有限，達到無限的境界。	天與人共同受氣之規律的限制，天人合中有分。天人均無法改變此一規律，天與人無法以自由意識互相干涉，但人可以主動去理解此一規律並因順之。對規律之主動理解與否，分別發展出「修道以俟命」與「天人感應」兩種天人關係

〔註5〕從朱熹的工夫論中，可知其對家禮的重視，此實暗示了其與標準孟學間的某種差距，心學之所以必須對理學有所超越改進的原因，可能亦在於此。

性	人身上據以與禽獸分別的最大特點，具有絕對的普遍性，即作爲本體的天理，屬性是絕對完美的善。	組成人的本始材質，蘊有善與惡均能發展的可能性，均非現成，就後天發展難易來說，惡≧善，所以人性論中有性惡論與性善惡混論兩種表現。性中善惡比例先天不同，強調性的先天限制性與現實差異性。
心	完美的天理在人身上的發動關鍵，性質等同於本體，亦是絕對的善。（心即理／心能通至、發動作爲性的天理）	無現成價值意涵的器官，有統整內外在精神與軀體的地位與能力。具有認識、感應外界與自我思考、抉擇、立志的能力，可以在與外物的接觸中確立價值。（認知心／認知道德與知識，以此決定行動方向）
道德動力	天理（本性善端）的發動	爲了維持團體形式以求生存而追求道德
道德來源	人回復本性本心，將天理發揮出來，就是道德的呈現。	人主動運用心去認識外物，綜合判斷後，再與外界權衡溝通後才確認。人需要先學習前人歷史的成果，才能進行判斷。
工夫實踐	能使內在心性接近悟道的方法，例如靜坐冥契、禁食、禁睡、默想等。	在日常生活中以行禮爲實踐，以禮爲一切生活的準則。禮之外無特殊工夫。
工夫目的與境界	使個人恢復其內在本有的性與天理，與天合一，外在行爲與身體均完全是天理的展現，能超越現實的有限，成爲無限。	使個人完全社會化、團體化，隨心所欲不踰矩，發揮其先天才性至極致，促進團體的生存（促進團體生存即等於促進個人生存）。

第二節　司馬光哲學在思想史上的意義

一、明清自然氣本論的前奏

　　對宋明清理學中「氣本論」的研究，目前學界雖仍有分類上的爭議，但大多能同意在明中葉以後，以王廷相、王夫之、吳廷翰、羅欽順、顧炎武、黃宗羲、戴震等人爲代表人物，形成了一股「以氣爲本」的哲學風潮。關於氣本論的分類，本論文採用劉又銘先生的分類，將其分爲「神聖氣本論」與「自然氣本論」〔註6〕，前者指「以蘊有全幅價值的『神聖元氣』爲本體，其

〔註 6〕〈宋明清氣本論研究的若干問題〉，收入楊儒賓、祝平次編：《儒學的氣論與工夫論》，（台北：台灣大學出版中心，2005），頁 203～246。

理論性格與理論效果大致跟理本論或心本論相當，可以看做跟『理本論』或『心本論』相容相結合的氣本論」；後者則指「以素樸渾沌但自能運行有序的自然元氣爲本體，可以理解爲一種『有限價值蘊涵的本體觀』」。雖然學界對此名稱還未有定論，對其涵蓋的思想家分類也尚有爭議，但大多能同意氣論中有此二種不同型態的存在〔註7〕。在對「神聖氣本論」的研究中，學者大多同意北宋張載爲此類氣本論的起源；而相較之下，「自然氣本論」似乎眞是明代中葉才以反程朱陸王的姿態，絕地突起的新哲學型態。

在〈明清儒家自然氣本論的哲學典範〉一文中，劉又銘先生歸納自然氣本論之哲學典範爲下列幾點：（一）在本體論上「以氣爲本」：氣爲天地萬物的本原；氣之運行中有自然義與價值義兩層（「道」和「理」）。簡單來說，自然氣本論的價值蘊於自然，此即「自然中有必然」，其哲學中沒有獨立的價值理體，只有在氣（性）的自然開展中顯露出來的價值脈絡。（二）在心性論上以人稟受之氣爲「性之實體」；所稟之氣（性）之發用與本體一樣，有具體內涵與價值傾向兩層（自然義與價值義）。性中的價值傾向不是先天現成的，而是需要在具體內涵的開展中來實現的，因此其在心性論上是成性理路而非復性。（三）在修養工夫論上主張心的自我操持存養；格物致知、博學明善、以情絜情；知行並進、定性成性、踐形盡性等特點。這樣的整理，將自然氣本論的幾個特點勾勒的相當清楚。若以這樣的哲學典範來看司馬光的哲學，可以發現，司馬光哲學以一素樸、潛藏價值發展脈絡之氣爲本體本原，無獨立的價值理體，其價值來自於此氣在現實中的自然開展，這與自然氣本論在本體論上可謂如出一轍。而其工夫論與心性論的重學、成性、重團體，也表現了與自然氣本論類似的哲學主張。因此，司馬光的哲學可以說是明清自然氣本論在北宋的前奏、先聲，其蘊含了日後這一路哲學在理學中的發展樣態，亦證明了此路哲學在思想史上的承先啓後。

司馬光的氣論，從理學史來看，其代表著宋明清理學在「氣」這一哲學範疇上的早期嘗試與建構。「氣」作爲中國哲學中的一重要範疇，從先秦時的血氣觀到漢代的元氣宇宙論、再到宋明清理學中的氣本論，其哲學的內蘊是被不斷發展與豐富的。雖儒家思想中本即已潛藏了可供「氣」這一範疇發展的元素，但若要談到「氣」被儒家哲學正式作爲哲學本體論之建構材料的過程，就不能不提到在理學成形過程中，道家的影響。在北宋初年，許多儒者

〔註7〕參見〈明清儒家自然氣本論的哲學典範〉（「體知與儒學」學術研討會，台北：2006年11月21～22日。），頁1～2。

都開始以「氣」來作為其哲學宇宙論的底蘊，這一事實在一般理學史著作中似乎較少被關注，反而是許多道家研究紛紛以此一風潮來作為理學受道家之影響的證據，例如：

> 以氣為宇宙萬物之本原是宋初儒家元氣自然論的一個基本觀點，他們自覺或不自覺的援用道家傳播的氣化流行說，來構建其宇宙本體結構。〔註8〕

這當中，有關於氣之論述的儒者在宋初已有胡瑗、范仲淹、歐陽修、李覯等人，與司馬光同時代的政敵王安石也有氣論，更不用說周敦頤、張載、二程等人的氣論。顯見當時儒家在道家或佛家等思想的刺激下，已開始有所轉變，許多儒者開始試圖要以氣論來建構儒家自己的宇宙論與本體論，「氣」因此漸漸成為理學的重要範疇與重要命題。儒者們在原有的儒學基礎上，加上以氣為基底的宇宙論論述，於是呈現出各種哲學性格的氣論，這些嘗試在日後理學的發展中漸漸明朗，以「理」與「心」為本體的哲學所發展出的氣論，成為理學中氣論的主調。

由上可知，在宋初氣論的氛圍下，司馬光的哲學中有氣論，其實並不特殊，其氣論的規模與其氣化宇宙論的主張，若從傳統理學史的角度來看，其哲學突破的力度並未超越同時代的張載、二程，對日後的理本論心本論影響是有限的。但若從明清自然氣本論的角度來看，其氣論中所顯現出來的宇宙本體論，雖與日後理學主流中的氣論發展方向不同，卻正與明清自然氣本論遙相呼應，表現了一自然氣本論的雛型。雖然並無任何直接的思想證據證明明清自然氣本論者受到司馬光的影響，但司馬光哲學的存在，正可證明在理學建構的初期，自然氣本論的形式就是可能存在的了，其不一定要等到對理學或心學有所反動才產生，此一哲學理路在思想史中是一直存在的，只是基於時代的需求而有所沉潛罷了。另外，司馬光哲學本有極為強烈的荀學色彩，其以荀學理路嘗試將氣論加入哲學的建構中，走出了自然氣本論的初步理路，這更加證明了自然氣本論與荀學間的密切關聯。

司馬光這樣的哲學，過去在哲學史上，由於其史學地位顯赫、疑孟主張、與理學主流不同調、哲學著作不易解讀（多為揚雄著作的註解，揚雄著作的不易解讀，也影響了對司馬光哲學的研究），所以缺乏進一步的仔細研究，也

〔註8〕 李仁群、程梅花、夏當英：《道家與中國哲學（宋代卷）》，北京：人民出版社，2004，頁134～135。

就因此並未被學界承認其重要性。但由其作爲自然氣本論的雛型、源流來看，其哲學極有意義，且不一定是孤例。本論文限於研究範圍，只能著重於司馬光本身哲學的建構，以及其哲學與荀學與自然氣本論的比較，未能太過旁及其與同時代儒者的交涉狀況與其相互影響的可能，是本研究的缺憾之處。司馬光在北宋作爲一代鴻儒、舊黨領袖，其從遊士人與弟子不可謂不多，這可由《宋明學案》中的〈涑水學案〉得知〔註9〕。其思想是否眞是此時代的特例？其思想是否眞無傳人？上述之北宋其他有氣論的儒者，其氣論與司馬光氣論有何關聯？咸信這會是一個新的研究可能。

　　另外，從司馬光的學術傾向與其在外王領域的表現來看，其實與清代自然氣本論者有某種相似處。司馬光向來以史學聞名，除了哲學外，其學術成就還包括了文字學、禮學、政治、地理學、醫學等〔註10〕，在史學史與實學史上地位重要。司馬光這樣的學術成就，咸信亦與其哲學的理論性格有關。自然氣本論在對宇宙的解釋上，傾向將宇宙規律化，在天人關係上要人主動去理解規律以更好的因順它來進行人事。這種對規律的追尋要求，使自然氣本論者相對於哲學，其更多用力於歷史、文字、政治、自然科學中的規律，例如顧炎武的史學、地理學、文字學，戴震的文字學等，其學術實踐的方向與範圍均與司馬光十分相似。雖中國儒者的學術實踐本就不止於哲學，但自然氣本論性格的儒者，其在外王領域中的實踐，實呈現某種對實學之重視的共同傾向，咸信此亦是清代學術風氣與宋明有別的原因之一。這或許可以啓示我們對清代學術研究的新方向，過去多認爲明末清初，理學思想由心學轉向經世致用之學，但此類經世致用的哲學也許並非是因對心學的反動才產生的，而是一直都在思想史上默默發展的一脈思想。其只是一直被理學心學等哲學結構更爲精微成熟的思想所掩蓋，等到心學因時代而沒落，才使此類型原本即存，只是不太被注意到的儒學被顯題化。清代哲學延續此一哲學理路，其並非理學的衰亡，而只是另一脈理學理路的發展。

〔註 9〕　《宋元學案・涑水學案》（黃宗羲原著，全祖望補修，北京：中華書局，2007），
　　　　　頁273～362。

〔註10〕　在文字學上，司馬光著有《類篇》四十五卷、《司馬溫公切韻》二卷。在禮學
　　　　　上，著有《書儀》八卷、《家範》四卷。在政治上，著有《本朝百官公卿表》
　　　　　六卷，《資治通鑑》的寫作目的實亦爲政治，另外，《傳家集》中有許多奏章，
　　　　　均可見其政治主張。在地理學上，有《河外諮目》三卷、《遊山行記》十二卷。
　　　　　在醫學上，著有《醫問》七篇（已亡佚）。

　　自然氣本論主張自然中有必然，價值必須在現實中才能漸漸開展，這使其在工夫實踐上重形下事物中的實踐，重團體間的權衡溝通，重傳統歷史的累積，所以此類儒者的學術興趣並不一定在純理論的哲學建構上，而多在現實世務的應用上。因此這樣的儒者不一定以哲學聞名，但這不表示此一思想在中國歷史中就消失了，其或許隱身於各種實學的發展中，以某種廣義的儒學姿態來作為實學的哲學基礎，默默的影響著中國文化的發展。此類型哲學在思想史上的命運，若以司馬光的研究為例，由過去史學研究者試圖以《資治通鑑》為主來分析其史學思想可知，若非司馬光有哲學著作，且其份量足夠後人去研究、建構其基本的哲學理路，否則光靠其史學或禮學等著作，很難去分析出其基本哲學性格，只能籠統指其思想為一廣義的、傳統的儒學〔註11〕，無法更進一步分析其與整個儒學史、理學史、思想史的關係。再加上若思想史研究只提供以孟學為基準的儒學思想，那麼往往使這樣的研究遇到思想與其外王領域之發展無法密切結合的瓶頸，這是思想史研究必須對此有所省思的地方。司馬光如此，則史學史、實學史中的儒者，其思想是否亦如此？荀學與自然氣本論這類型儒學思想的研究，提供了儒學對中國文化之影響的另一種可能性。司馬光的哲學與明清自然氣本論的關係、自然氣本論與清代學風的關係，提醒我們去注意那些在中國思想史上雖不以哲學建構或突破聞名，卻確實在歷史中持續發揮影響力，並一直不斷被實踐的儒家思想。這是司馬光哲學在思想史上的重要意義，亦是自然氣本論研究可再進一步延伸的文化課題。

二、荀學與自然氣本論理路的一脈相承

　　承上所述，司馬光為自然氣本論的在北宋的前奏、先聲，這提示了自然氣本論在明中葉以前的思想源流，更重要的是，其補充了由荀學到自然氣本論之間的發展環節。自然氣本論在理學史與思想史上不再無根可尋，其思想內蘊源出於儒學中的荀學，與由孟學發展而來的理本論、心本論、神聖氣本論，可並列為儒學中兩大典範的思想發展。

〔註11〕　如許凌雲：《儒學倫理與中國史學》第四章〈政治倫理史學的樣板——論司馬光的史學思想〉（濟南：齊魯書社，2004，頁303～337）中雖然多處指出司馬光史學思想或政治思想與荀子的相似處，也反對把司馬光思想稱作「唯心主義的英雄史觀」，但終究未能深入分析司馬光的儒學思想定位，只攏統地說「司馬光以儒家綱常名教、道德人倫做為修史的指導思想」（頁310）。

關於荀學與明清自然氣本論的一脈相承，劉又銘先生是目前學界對此觀點最持肯定態度的學者。其早在〈從「蘊謂」論荀子哲學潛在的性善觀〉一文中就曾提出，戴震的性善論可以說是荀子哲學潛在的性善觀的「清代革新版」〔註12〕。在〈荀子的哲學典範及其在後代的變遷轉移〉一文中，其試圖跳脫荀子哲學原有的特殊形式，將其轉化爲一效果相當，但比較具有普遍意義的形式。文中歸納荀子哲學典範的特點主要有六：一、基於自然元氣的本體宇宙觀；二、「合中有分」的天人關係論；三、性惡論話語中蘊涵著的「人性向善論」；四、學知禮義的致知論；五、「化性起僞」話語底下蘊涵著的「積善成性」的修養工夫論；六、以禮義治國的政治觀。其指出：

> 如果我們同意用這樣的形式來作標準，那麼歷史上原來不曾自覺，或不曾被意識到的荀學論述，就可以重新獲得顯明，一個更完整更壯闊的「荀學哲學史」就可以清晰浮現了。〔註13〕

劉又銘先生以上述理念來重新檢視思想史，認爲秦漢之際的〈大學〉、漢代董仲舒、魏晉的裴頠、唐代韓愈、以及清代戴震，均極有可能是屬於荀學這一型態的思想。其尤其認爲以戴震爲代表的自然氣本論，是當代以前，最接近「荀學哲學的理想型」的哲學。以此文爲基礎，劉又銘先生在〈明清自然氣本論的哲學典範〉一文的結論中提出：

> 由於荀子所強調的性惡以及天人之分的觀點頗不合於一般中國人的心理傾向，漢唐時期儒者已經少人正面地、積極地讚揚、追隨荀子，宋明時期更形成了尊孟抑荀的風氣。影響所及，自然氣本論者也繼續或多或少地推尊孟子，也仍然看輕甚至貶抑荀子。問題在於，自然氣本論者所詮說的孟子思想常常不合孟子原義，因而屢屢遭到當代學者的質疑、批評。在自願地、共同地以孟學爲標準的情況下，自然氣本論被判爲「誤解孟學」、「無法理解孟學」、「不合聖人之教」等也就無可避免了。……以這樣的荀學內涵爲標準，我判定明清儒家自然氣本論屬荀學一路，是荀學在明清的復興與開展。如果自然氣本論者一開始就能明朗地、透明地這樣自我定位，他們的心境會輕鬆、明快得多，他們的思想建構也會順暢、容易得多。應該説，

〔註12〕 〈從「蘊謂」論荀子哲學潛在的性善觀〉(《「孔學與二十一世紀」國際學術研討會論文集》，台北：政治大學文學院，2001)，頁62。

〔註13〕 〈從「蘊謂」論荀子哲學潛在的性善觀〉，頁58。

在宋明以孟學為主流的時代之後，明清學術已經實質上逐漸轉向荀學，只是學者們在意識型態上繼續維持孟學一路罷了。〔註14〕由此角度來看，司馬光哲學的意義更為重要。因其尚未受到太多尊孟抑荀思想的壓抑，其哲學可大膽疑孟或引用荀子的觀點，因此其哲學能同時顯示出荀學與自然氣本論哲學的特色，這證明了此二者在思想理路上實為一貫。與後代因受孟學典範所制，而無法清楚知道自己學術之源流為荀學的自然氣本論者相比，司馬光哲學雖然在以孟學為主流的思想史裡被遺忘，但其哲學不需透過重重理學的慣用語彙來曲折表達，可以直接論述人性的善惡混或天人有分，不需太過顧忌孟學的主張，這使其氣論的性格要比明清自然氣本論更能明朗地表現出荀學色彩。

但從另一面來講，司馬光思想雖屬荀學思想，但他也並非全盤否定《孟子》，從他某些對《孟子》的詮釋（例如養氣）似乎也暗示了日後自然氣本論者會在《孟子》詮釋中尋找思想出路的未來。如果從詮釋學的角度來看此現象，自然氣本論這種對《孟子》的詮釋其實也未必全都是不合《孟子》原義的，這或許反而暗示了《孟子》的詮釋不一定只有理學這一路的方向而已。若跳開傳統理學對孟學的解釋，從自然氣本論能以荀學理路對《孟子》作出合理詮釋的這一現象來看，孟子與荀子思想是否是絕對的涇渭二分？筆者認為，其畢竟均屬儒家，其共享的經典與文化資源是相同的，其相同的部分本應多於相異的部分，只是孟學在後人的詮釋與發展下，變的離原始《孟子》越來越遠；再加上理學在成形的過程中，又大大受到道家佛家的影響，因此便發展出一與《荀子》越來越截然不同的思想理路了。自然氣本論式的《孟子》詮釋，對於孟學的研究，也並非全無幫助，這是必須要指出的。

承上所述，司馬光哲學使荀學與自然氣本論一脈相承的關係更加明確〔註15〕，這使荀學的發展不再只停在先秦或漢，也並非只轉入法家，而是往後延伸至宋明清理學時代。荀學並未在理學發展中缺席，其潛存在理學的陣營中，在理學的氛圍下成熟，使用理學的命題、概念、術語，但其表現的思

〔註14〕 〈明清自然氣本論的哲學典範〉，頁12。

〔註15〕 段宜廷：《荀子、董仲舒、戴震氣論研究》（政大中文系碩士論文，2007），從氣論研究的角度分別將荀子、董仲舒、戴震的氣本論作一縱貫的研究，確認其氣論性格的一脈相承。但以戴震為代表之自然氣本論與荀子的關係只能從思想的比對上來確認，而司馬光哲學則直接同時表現了自然氣本論與荀學的特色，可以更直接的確認此二者在思想上的一貫。

想是荀學而非孟學。當時代氛圍有所改變，孟學發展有所疲弊，這一路思想就以理學化的面貌重新回到思想史的聚光燈下，這一理學化的荀學，就是明清自然氣本論。因此，清代對荀學的回歸，並非無意義的復古，或跳過宋代來繼承漢學，而是前有所承，不斷接續此一理路之發展的結果。除了提示了荀學在宋明清的可能發展外，司馬光哲學也使宋代之前的荀學發展圖像有所澄清。其思想與董仲舒、揚雄、韓愈的種種相通之處，對荀學基本理路的釐清極有幫助，有助於對其他疑似荀學之思想的研究。

司馬光哲學前承荀子、董仲舒、揚雄、韓愈，下啓自然氣本論的發展，爲荀學史勾勒出一從先秦到明清，源遠流長的發展圖像。這一思路的發展，在思想史上還相當缺乏肯定與承認，思想史的書寫在宋以來尊孟抑荀風氣的影響下，仍多以孟學之發展爲主流，缺乏對這一思路的適當關注與積極肯定。對荀學與自然氣本論這一儒學理路的研究，可以有助於下列兩點的發展：

一、儒學與中國文化的關係

從司馬光的研究中可推知，具有荀學性格的儒者多相當注重外王的實踐，從哲學結構來說，荀學與外王實踐的聯繫明顯比孟學更緊密。這並非指孟學對實學就沒有影響，只是相對於荀學，孟學是較具有浪漫神秘色彩的，其對中國文化的貢獻更多是在文學、藝術、宗教上，這一點是荀學所不及的。但在史學、自然科學、實學、政治學、文字學、社會學的發展上，荀學的影響在過去是被忽略的，這使得實學的發展彷彿與當時哲學的發展脫節。但若要進行這一面的研究，哲學研究必須提供更多關於荀學的資源，將荀學的研究加入儒學的研究當中，與孟學共爲儒學思想的兩大來源，豐富儒學的內涵與多元性，才能將儒家哲學更完整的與整個中國文化的發展串連起來。

二、增加儒學適應時代的彈性

儒學在孔子之後分爲八家思想，但在時代的淘選中，如今能見到的儒家思想只剩下孟荀這兩路儒學發展。孟子成爲目前思想史中公認的儒學主流，固然有其時代與思想上的因素，但從司馬光哲學與自然氣本論可知，荀學並未在思想史上中斷，也並未在儒家發展史的舞台中缺席，荀子作爲儒學思想在戰國時的集大成者，其在儒學中的存在與發展有其意義，不可等閒視之。若儒學只以孔孟爲正宗，忽略荀子思想，那麼不啻自行削弱了儒學本身的豐富性。

從當代哲學研究來看，港臺新儒家試圖從宋明理學的研究中找到能與西

方哲學宗教對峙的哲學資源，希望從中國哲學中亦能開出適應現代精神的民主科學。但在這樣的宗旨與目的下，此波儒學研究卻跳過清代，只求以宋明理學爲儒學正宗，爲可適應現代精神的儒學思想。這等於是忽略了清代四百年的儒學成果，只求復古於宋明，卻忘了我們現今的時代發展是不可能跳過清代的累積影響而回到宋明的。明清自然氣本論之所以是最晚成熟的理學思想，有其時代的因素，近代儒學史若忽略此而不論，是否太過小看儒學因應時代的自我反省與自我改造的能力？對清代理學的忽視，也即等於對荀學這一理路的忽視，儒學內部理路單一化的結果，反而使儒學適應時代的能力被削弱了，更加無法開出適應現代精神的儒家哲學。

因此，筆者認爲，儒學若要成爲現今時代亦能接受、使用的哲學，在現今多元發展的時代下，不能再堅持只有孟學一系的儒學才是合法的儒家思想，而不願接受在同樣的文化資源下，雖有不同的解讀立場，但仍同樣主張儒學大方向的荀學。孟學與荀學的並存，代表了儒學自身的豐富開展性，其二者間不應有高下或正統異端的分判。對於過去在歷史中被污名化的荀子，應給予一合法地位，承認儒學中荀學這一系的影響。荀學源自於儒家，在時代中與孟學一樣經過種種思想的挑戰，吸取各家精神，適應時代需求，展現出儒學作爲中國人精神主軸的豐富面貌。

總　結

司馬光的哲學代表了荀學經過先秦、漢、唐，到宋初的發展成果，也預告了荀學在宋明清理學時代的發展，即明清自然氣本論。從此角度來看，司馬光哲學在思想史上的意義，即爲讓荀學與自然氣本論能有所綰結的關鍵。其哲學一面確立了荀學的基本理路，一面確立了自然氣本論與荀學的關係，使荀學史在中國思想史上的圖像更爲清晰。透過司馬光哲學的研究，使荀學能在儒學中更加被承認、確立，增加更多儒學研究的可能性，此爲本研究希望達成的目標，亦是對未來研究的最大期望。

附　錄　《潛虛》諸圖

（一）氣圖

（二）體圖

```
                              ‖ 王
                              原原
                              左右
                          ‖  ‖‖  公
                          原焭 焭焭
                          左右 左右
                      ‖ ‖‖ ‖‖‖ 岳
                      原本 焭本 本本
                      左右 左右 左右
                  ‖ ‖ ‖‖ ‖‖‖ 牧
                  原北 焭北 本北 北北
                  左右 左右 左右 左右
              ‖X ‖X ‖‖X ‖‖‖X XX 率
              原丌 焭丌 本丌 北丌 丌丌
              左右 左右 左右 左右 左右
          X丅 ‖丅 ‖‖丅     X丅 ‖丅 侯
          原委 焭委 本委 北委 丌委 委委
          左右 左右 左右 左右 左右 左右
      ‖‖ ‖‖ ‖‖ ‖‖‖ X‖ ‖‖ ‖‖‖ 卿
      焱原 焭焱 本焱 北焱 丌焱 委焱 焱焱
      左右 左右 左右 左右 左右 左右 左右
    ‖ ‖‖ ‖‖ ‖‖‖ X‖ ‖‖ ‖‖ ‖‖‖ 大夫
    末原 末焭 本末 北末 丌末 委末 焱末 末末
    左右 左右 左右 左右 左右 左右 左右 左右
  ‖ ‖‖ ‖‖ ‖‖‖ X‖ ‖‖ ‖‖ ‖‖ ‖‖‖ 士
  刃原 刃焭 刃本 北刃 丌刃 委刃 焱刃 末刃 刃刃
  左右 左右 左右 左右 左右 左右 左右 左右 左右
 丅‖ 丅‖‖ 丅‖‖ X丅 丅丅 ‖丅 ‖丅 ‖‖丅 丅丅 庶人
 聚原 聚焭 聚本 聚北 丌聚 委聚 焱聚 末聚 刃聚 聚聚
 左右 左右 左右 左右 左右 左右 左右 左右 左右 左右
```

體圖校勘：

　　此圖諸版本基本上沒有太大的差異，第七等中的「‖‖丅本左焱右」，諸本均寫爲「‖‖丅本左刃右」，但據數列規則及體圖內文來看，應爲「‖‖丅」較正確，目前只看到清代蘇天木所著之《潛虛述義》〔註1〕中的體圖有改正。但《潛虛述義》中的體圖在六到十等中出現了十個與性圖不同的符號：「丨丅、丨‖‖、丨‖‖、丨丅、‖‖‖、‖‖‖、‖丅、‖‖‖、‖‖丅、‖‖丅」這與其理解《潛虛》筮法有關，應是基於其理解而改動其圖。但事實上由文本內證來看，不需改動符號亦能解釋其筮法，體圖與性圖、名圖、行圖的符號應是一脈相承的。

〔註1〕蘇天木：《潛虛述義》，收入《麻衣道者正易新法外四種》（《叢書集選》0159，臺北：新文豐，1987）頁4～5。

（三）性圖

水　土　金　木　火　水

火　水　土　金　木　火

木　火　水　土　金　木

金　木　火　水　土　金

土　金　木　火　水　土

　　土　金　木　火　水

　　水　土　金　木　火

　　火　水　土　金　木

　　木　火　水　土　金

　　金　木　火　水　土

性圖校勘：

　　性圖各本符號無太大出入，只是排列方式有所出入。明嘉靖本與四庫全書本第一行是由「｜｜」列到「ⅢⅢ」，然後「＋＋」跳到下一行，依此類推，所以總共有七行。不過其餘諸本均一行十數，共六行。據性圖圖說：「凡性之序，先列十純，十純既浹，其次降一，其次降二，其次降三，其次降四，最後五配，而性備矣。始於純，終於配，天地之道也。〔註2〕」因此先列十純（兩個數均為同一數），最後列五個天數地數的配對（一六、二七、三八……），應是較正確的排法。

〔註　2〕《潛虛》，頁8。

（四）名圖

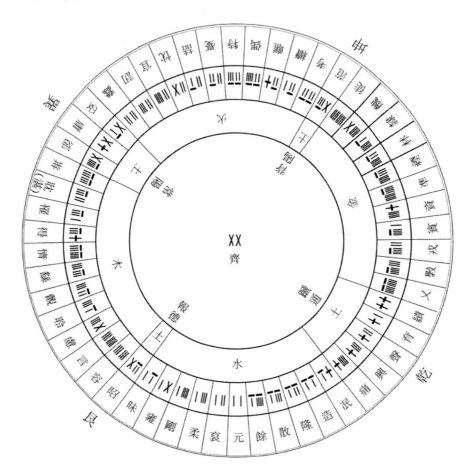

名圖校勘：

《潛虛》名圖的各種版本出入甚多，本圖主要以《麻衣道者正易新法外四種》（《叢書集選》0159，臺北：新文豐，1987，以下簡稱麻衣本）中之《潛虛》名圖為本，並據宋影鈔本與明嘉靖叢書本、明末刊本、清順治叢書刊本、四庫全書本校勘。其中宋影鈔本應是目前可知年代最久遠之版本，但依文本內證，其錯誤最多，校勘結果如下：

一、五行配名，一行各配十一名，其中「土」行的狀況特殊，除了中間的齊，宋影本「土」只配四名，明清刊本與四庫本則無圓圈最內層的分配格線，未能知分配的情形，惟麻衣本清楚將「土」常陽配三名，蹠通配五名，另兩方各配一名，加上中間的「齊」共是十一名。據張敦實《潛虛發微論》

中的〈名論〉:「昭，一土也，處報德之維，分王於丑。郤、庸、妥，三土也，處常陽之維，分王於辰。范，一土也，處背陽之維，分王於未。績、育、聲、興、痛，五土也，處蹏通之維，分王於戍。〔註3〕」由此可知，南宋張敦實之時，「土」在名圖中的配置應已如麻衣本所繪。據明清刊本無此格線的情況看來，有可能原本此圖是無格線的，此層格線爲後人所加，但因後人不明司馬光以五行配五十五名的想法，只知土配四方，因此便只以一名配一方，因此造成錯誤。因此，由文本內證來看，麻衣本名圖所繪之格線較能正確表達司馬光設計此圖的原義，故取之。

二、名圖中符號與名之校對，據文本內證，名圖中的符號應與體圖、性圖、行圖相同，故名圖中若出現不同的符號，則疑爲誤，由各本出入處互校，以四庫全書本之名圖符號最爲正確（但土的方位不對），宋影鈔本錯誤尤多：

懠：宋影鈔本作𝍢𝍧，但體圖與性圖中無此數，據明末刊本、清順治本改正爲𝍦𝍧。

得：宋影鈔本作𝍢十，性圖中無此數，據行圖改爲𝍦十。

眈：宋影鈔本名圖中作「眈」，行圖中作「湛」，明清刊本中兩者皆有，亦有下注眈即湛，所以兩者姑且並存。

郤：宋影鈔本作X𝍣，性圖中無此數，據明清刊本改爲X𝍧。

資：宋影鈔本與明清刊本均作𝍣十，性圖體圖無此數，暫時存疑，但四庫本作𝍧十，應可據此改正。

乂：名圖內文中述爲「理」，但行圖各本均作乂。

罹：有明清刊本名圖內文述爲「厲」，但各本名圖與行圖多爲「罹」。

三、名圖四方配易之「乾、坤、巽、艮」四卦，四庫全書本置此四卦的方位與其他刊本不同，清順治刊本則再加上另外四卦，但只是孤證，今以其他諸本爲主，只取四卦。

〔註3〕《潛虛》，頁104。

（五）命圖（僅列其中一部分）

聆	慮	言	容	昭	昧	雍	剛	柔	袤	
二	三	四	五	六	二	三	四	五	六	吉
四	二	六	四	四	四	二	六	四	四	臧
五	五	五	三	二	五	五	五	三	二	平
六	六	二	六	五	六	六	二	六	五	否
三	四	三	二	三	三	四	三	二	三	凶

參考書目

一、司馬光相關原典

1. 《司馬文正公傳家集》,臺北:商務印書館,1965。
2. 《溫公易說》,臺北:廣文,1974。
3. 《太玄集注》,北京:中華書局,1998(2003 重印)。
4. 《潛虛》,臺北:中國子學名著集成編印基金會,1978。
5. 《揚子法言集注》,四庫全書影印本。
6. 《道德眞經論》,《中華道藏》影印本,北京:華夏出版,新華書店經銷,2004。
7. 《古文孝經指解》,四庫全書影印本。
8. 《家範》,臺北:廣文,1995。
9. 《涑水記聞》,北京:中華書局,1989。
10. 《稽古錄》,北京:北京師範大學出版,1991。
11. 《資治通鑑》,北京:中華書局,2007。
12. 〔明〕馬巒、〔清〕顧棟高:《司馬光年譜》,北京:中華書局,1990(2005 重印)
13. 〔清〕陳宏謀修訂:《宋司馬文正公年譜》,臺北:台灣商務印書館,1978。
14. 李裕民:《司馬光日記校注》,北京:中國社會科學出版社,1994。

二、古籍

1. 北大哲學系譯注:《荀子新注》,臺北:里仁書局,1983。
2. 〔漢〕班固:《漢書》,台北:鼎文書局,1983。
3. 〔漢〕董仲舒著,賴炎元譯:《春秋繁露今註今釋》,台北:商務印書館,1984。

4. ﹝清﹞汪榮寶：《法言義疏》，北京：中華書局，1987。

5. ﹝清﹞蘇天木：《潛虛述義》，《叢書集選》0159，臺北：新文豐，1987（收入《麻衣道者正易新法外四種》）。

6. ﹝宋﹞張載：《張載集》，臺北：漢京文化事業有限公司，1983。

7. ﹝宋﹞邵雍：《皇極經世書》，臺北：中華書局，1966。

8. ﹝宋﹞程顥、程頤：《二程集》，臺北：漢京文化事業有限公司，1983。

9. ﹝宋﹞程顥、程頤：《二程語錄》，上海：商務印書館，1937。

10. ﹝宋﹞朱熹：《四書章句集注》，北京：中華書局，2005。

11. ﹝宋﹞朱熹：《朱子大全》，臺北：中華書局，1964。

12. ﹝宋﹞趙順孫：《中庸纂疏》，上海：華東師範大學出版社，1992。

13. ﹝明﹞黃宗羲：《宋元學案》，臺北：正中書局，1963。

14. ﹝清﹞戴震：《戴震全書》，安徽：黃山書社，1995。

三、近人論著

（一）司馬光與宋代學術相關

1. 潘富恩、徐余慶：《程顥程頤理學思想研究》，上海：復旦大學出版社，1988。

2. 蔣義斌：《宋代儒釋調和論及排佛論之演進》，臺北：商務印書館，1988。

3. 夏長樸：《李覯與王安石》，臺北：大安出版社，1989。

4. 陳克明：《司馬光學述》，武漢：湖北人民出版社，1990。

5. 董根洪：《司馬光哲學思想評述》，太原：山西人民出版社，1993。

6. 張立文：《宋明理學邏輯結構的演化》，臺北：萬卷樓圖書公司，1993。

7. 宋衍申：《司馬光傳》，臺南：大行，1994。

8. 蔣義斌：《宋儒與佛教》，臺北：三民書局，1997。

9. 李昌憲：《司馬光評傳》，南京：南京大學出版社，1998。

10. 關長龍：《兩宋道學命運的歷史考察》，上海：學林出版社，2001。

11. 漆俠：《宋學的發展和演變》，河北：河北人民出版社，2002。

12. 張立文：《宋明理學研究》，北京，人民出版社，2002。

13. 潘富恩、徐洪興主編：《中國理學》，上海：東方出版中心，2002。

14. 陳來：《宋明理學》，上海：華東師範大學出版社，2003。

15. ﹝美﹞田浩編；楊立華，郭艷紅等譯：《宋代思想史論》，北京：社會科學文獻出版社，2003。

16. 周淑萍：《兩宋孟學研究》，北京：人民出版社，2003。

17. 何俊：《南宋儒學建構》，上海：上海人民出版社，2004。

18. 許凌雲：《儒學倫理與中國史學》，濟南：齊魯書社，2004。

19. 李仁群、程梅花、夏當英：《道家與中國哲學（宋代卷）》，北京：人民出版社，2004。

20. 杜保瑞：《北宋儒學》，臺北，商務印書館，2005。

21. 傅小凡：《宋明道學新論──本體論建構與主體性轉向》，北京：社會科學文獻出版社，2005。

22. 黃俊傑：《孟學思想史論（卷二）》，臺北：中研院文哲所，2006。

23. 李曉春：《宋代性二元論研究》，北京：中國社會科學出版社，2006。

24. 孔令宏：《宋代理學與道家、道教》，北京：中華書局，2006。

25. 樂愛國：《宋代的儒學與科學》，北京：中國科學技術出版社，2007。

26. 向事陵：《理氣性心之間──宋明理學的分系與四系》，北京：人民出版社，2008。

27. 林素芬：《北宋中期儒學道論類型研究》，臺北：里仁書局，2008。

（二）司馬光與易學相關

1. 劉瀚平：《宋象數易學研究》，臺北：五南圖書出版公司，1994。

2. 朱伯崑：《易學哲學史》，北京：華夏出版社，1995。

3. 龐樸：《一分為三》，深圳：海天出版社，1996。

4. 張其成：《易圖探秘》，北京：中國書店，2003。

5. 李樹菁：《周易象數通論──從科學角度的開拓》，北京：光明日報出版社，2004。

6. 鄭吉雄：《易圖象與易詮釋》，臺北：臺大出版中心，2004。

7. 王鐵：《宋代易學》，上海：上海古籍出版社，2005。

8. 余敦康：《易學今昔》，桂林：廣西師範大學出版社，2005。

9. 余敦康：《漢宋易學解讀》，北京，華夏出版社，2006。

10. 梁韋弦：《漢易卦氣學研究》，濟南：齊魯書社，2007。

11. 高懷民：《宋元明易學史》，廣西：廣西師範大學出版社，2007。

12. 潘雨廷：《易學史叢論》，上海：上海古籍出版社，2007。

（三）荀學相關

1. 牟宗三：《名家與荀子》，臺北：學生書局，1979。

2. 魏元珪：《荀子哲學思想》，臺北：谷風出版社，1987。

3. 徐平章：《荀子與兩漢儒學》，臺北：文津，1988。

4. 韋政通：《荀子與古代哲學》，臺北：商務印書館，1992。

5. 李哲賢：《荀子之核心思想——「禮義之統」及其時代意義》，臺北：文津，1994。

6. 廖名春：《荀子新探》，臺北：文津出版社，1994。

7. 張曙光：《外王之學——《荀子》與中國文化》，河南：河南大學出版社，1995。

8. 孔繁：《荀子評傳》，南京：南京大學出版社，1997。

9. 馬積高：《荀學源流》，上海：上海古籍出版社，2000。

10. 惠吉星：《荀子與中國文化》，貴陽：貴州人民出版社，2001。

11. 韓德民：《荀子與儒家的社會理想》，濟南：齊魯書社，2001。

12. 余治平：《唯天爲大——基於信念本體的董仲舒哲學研究》，北京：商務印書館，2003。

13. 陳昭瑛：《儒家美學與經典詮釋》，臺北：國立臺灣大學出版中心，2005。

14. 李亞彬：《道德哲學之維——孟子荀子人性論比較研究》，北京：人民，2007。

15. 吳數勤：《禮學視野中的荀子人學：以"知通統類"爲核心》，濟南：齊魯書社，2007。

16. 劉國民：《董仲舒的經學詮釋及天的哲學》，北京：中國社會科學出版社，2007。

（四）氣本論相關

1. 張立文主編：《氣》，北京：中國人民大學出版社，1990。

2. 李存山：《中國氣論探源與發微》，北京：中國社會科學出版社，1990。

3. 李志林：《氣論的傳統思維方式》，上海：學林出版社，1990。

4. 楊儒賓、祝平次編：《儒學的氣論與工夫論》，臺北：巨流，1993。

5. 楊儒賓主編：《中國古代思想中的氣論及身體觀》，臺北：巨流，1993。

6. 楊儒賓：《儒家身體觀》，臺北：中研院文哲所，1996。

7. 劉又銘：《理在氣中：羅欽順、王廷相、顧炎武、戴震氣本論研究》，台北：五南出版公司，2000。

8. 丁爲祥：《虛氣相即—張載哲學體系及其定位》，北京：人民出版社，2000。

9. 曾振宇：《中國氣論哲學研究》，濟南：山東大學出版社，2003。

10. 王俊彥：《王廷相與明代氣學》，台北：秀威資訊科技，2005。

11. （日）小野澤精一、福永光司、山井湧編，李慶譯：《氣的思想—中國自然觀與人的觀念的發展》，上海：上海人民出版社，2007。

（五）其他

1. 李杜：《中西哲學思想中的天道與上帝》，臺北：聯經，1978。
2. 楊慧傑：《天人關係論──中國文化一個基本特徵的探討》，臺北：大林出版社，1981。
3. 施湘興：《儒家天人合一思想之研究》，臺北：正中書局，1981。
4. 傅佩榮：《儒道天論發微》，臺北：學生，1985。
5. 陳鐵凡：《孝經學源流》，臺北：國立編譯館，1986。
6. 唐君毅：《中西哲學思想之比較論文集》，臺北：學生，1988。
7. 楊慧傑：《天人關係論》，臺北：水牛圖書出版社，1989。
8. 藍秀隆：《揚子法言研究》，臺北：文津出版社，1989。
9. 鄭萬耕：《揚雄及其太玄》，臺北：藍燈文化事業股份有限公司，1992。
10. 李杜：《中國古代天道思想論》，臺北：藍燈文化事業股份有限公司，1992。
11. 陳福濱：《揚雄》，臺北：東大圖書公司，1993。
12. 葛榮晉：《中國哲學範疇導論》，臺北：萬卷樓圖書有限公司，1993。
13. 葛榮晉主編：《中國實學思想史》，北京：首都師範大學出版社，1994。
14. 葛兆光：《中國思想史》，上海：復旦大學出版社，2001。
15. 勞思光《新編中國哲學史》，台北：三民，2001。
16. 葛蓉晉：《中國實學文化導論》，北京：中共中央黨校出版社，2003。
17. 徐復觀：《中國人性論史》，上海：華東師範大學出版社，2005。
18. 郭君銘《揚雄《法言》思想研究》，四川：巴蜀書社，2006。

四、碩博士論文與期刊論文

（一）碩博士論文

1. 吳錫鏗：《司馬光的政治思想與政見政績》，東海中文系碩士論文，1973。
2. 夏長樸：《王安石的經世思想》，臺大中文系博士論文，1980。
3. 張立平：《司馬溫公通鑑「臣光曰」研究》，政大中文系碩士論文，1987。
4. 施輝煌：《王安石與北宋孟子學》，成大中文系碩士論文，1999。
5. 黃美華：《司馬光《書儀》研究》，中興中文系碩士論文，1999。
6. 邱佳慧：《道學運動中的劉安世》，文化史學研究所碩士論文，2001。
7. 邱佳慧：《諸儒鳴道與道學之再檢討》，文化史學研究所博士論文，2005。
8. 王曉薇：《宋代《中庸》學研究》，河北大學中文系博士論文，2005。
9. 田富美：《清代荀子學研究》，政大中文系博士論文，2006。

10. 顏汝庭：《北宋天人感應思想政治思想之研究》，臺灣師大歷史系碩士論文，2007。

11. 段宜廷：《荀子、董仲舒、戴震氣論研究》，政大中文系碩士論文，2007。

12. 黃嘉琳：《揚雄太玄法言之氣論思想研究》，文化中文系碩士論文，2007。

（二）期刊論文

1. 《紀念司馬光、王安石逝世九百週年學術研討會論文集》，臺北：國立政治大學，1986。

2. 《國立政治大學哲學學報—》第十一期（國際荀子研究專號），臺北：國立政治大學哲學系，2003 年 12 月。

3. 《漢學研究集刊》第三期（荀子研究專號），雲林：國立雲林科技大學，2007。

4. 劉蔚華：〈略論司馬光的《潛虛》〉，《中州學刊》，1984 年第 1 期，頁 78～81。

5. 郭志坤：〈淺說荀子及其荀學之浮沉〉，《學術月刊》，1994 年第 3 期，頁 44～50。

6. 董根洪：〈司馬光《溫公易說》探析〉，《周易研究》，1996 年第 1 期，頁 24～29。

7. 董根洪：〈司馬光是理學的重要創始人〉，《山西大學學報》，1996 年第 4 期，頁 53～60。

8. 夏長樸：〈司馬光疑孟及其相關問題〉，《臺大中文學報》，1997 年 6 月，頁 115～144。

9. 葉福翔：〈司馬光哲學發展大綱〉，《中華文化論壇》，1997 年第 3 期，頁 99～101。

10. 鄭文：〈揚雄「性善惡混論」實際上是荀況的性惡論〉，《西北師大學報》，1997 年 7 月，頁 6～9，16。

11. 何家駿：〈司馬光《潛虛》〈行圖〉修養論探析〉，《思辨集》，1999 年 12 月，頁 113～130。

12. 李文澤：〈司馬光文集版本考述〉，《大陸雜誌》，1999 年 8 月，頁 23～31。

13. 劉固盛：〈北宋儒家學派的《老子》詮釋與時代精神〉，《西北大學學報》，2001 年 8 月，頁 40～45。

14. 劉又銘：〈從「蘊謂」論荀子哲學潛在的性善觀〉，《「孔學與二十一世紀」國際學術研討會論文集》，台北：政治大學文學院，2001 年，頁 50～77。

15. 于瑞桓：〈司馬光的史學思想及其理學精神〉，《山東大學學報》，2002 年 3 月，頁 9～14。

16. 王立軍：〈司馬光禮學思想初探〉，《中州學刊》，2002 年 3 月，頁 136～141。

17. 舒大剛：〈今傳司馬光「古文孝經指解」「合編本」之時代與編者考〉，《中國文哲研究通訊》，2002 年 9 月，頁 75～89。

18. 楊儒賓：〈理學家與悟—從冥契主義的觀點探討〉，《中國思潮與外來文化》，臺北：中央研究院中國文哲研究所，2002 年，頁 167～222。

19. 范立舟：〈理學發生原由及創始人問題的再考察〉，《暨南學報》，2003 年 9 月，頁 93～103。

20. 陳谷嘉：〈北宋時期史學研究新潮的興起及其對理學的引領〉，《學術探索》，2003 年第 9 期，頁 77～78。

21. 孫立堯：〈「史者儒之一端」試解—兼論司馬光、范祖禹的史論〉，《南京大學學報》，2003 年第 2 期，頁 137～144。

22. 楊儒賓：〈宋儒的靜坐說〉，《臺灣哲學研究》第四期，2004 年，頁 39～86。

23. 楊建宏：〈略論司馬光的禮學思想與實踐〉，《長沙大學學報》，2005 年 1 月，頁 50～53。

24. 王君萍：〈司馬光「疑孟」與余允文「尊孟」之比較研究〉，《世新中文研究集刊》，2005 年 6 月，頁 117～143。

25. 劉又銘：〈荀子的哲學典範及其在後代的變遷轉移〉，《漢學研究集刊》，雲林科技大學漢學資料整理研究所，2006 年 12 月，頁 33～54。

26. 楊儒賓：〈兩種氣學，兩種儒學〉，《臺灣東亞文明研究學刊》，2006 年 12 月，頁 1～39。

27. 劉又銘：〈明清儒家自然氣本論的哲學典範〉，「體知與儒學」學術研討會，台北：2006 年 11 月 21～22 日。

28. 劉又銘：〈合中有分——荀子、董仲舒天人關係論新詮〉，《台北大學中文學報》，2007 年 3 月，頁 27～50。

29. 張晶晶：〈論司馬光對《中庸》之詮釋及其思想史意義〉，《東方人文學誌》，2007 年 3 月，頁 75～98。

30. 夏長樸：〈論《中庸》興起與宋代儒學發展的關係〉，《中國經學》第二輯，桂林：廣西師範大學出版社，2007 年 5 月，頁 131～187。

31. 楊儒賓：〈檢證氣學——理學史脈絡下的觀點〉，《漢學研究》，2007 年 6 月，頁 247～281。

32. 丁為祥：〈氣學—明清學術轉換的真正開啟者〉，《中國哲學》，2007 年 8 月，頁 78～87。

33. 張晶晶：〈論司馬光《潛虛》中的氣本論〉，《道南論衡：2007 年全國研究生漢學學術研討會論文集》，臺北：政大中文系，2008 年 4 月，頁 175～200。

34. 林素芬：〈司馬光易學思想蠡測〉，《東華人文學報》，2008 年 7 月，頁 67～110。